교원임용 교육학
논술대비

최○○○ ○○교육학

셀프모닝
300제

최원휘 저

SELF

박문각

수험기간 동안 저를 두렵게 했던 것은
'제대로 알고 있나?'라는 불확실성이었고,
'혹시 모르는 문제가 나오면 어떡하지?'라는 불안감이었습니다.

그런 두려움이 애써 만들어온 저만의 루틴을 깨뜨리기도 했고,
그로 인해 슬럼프에 빠지기도 했습니다.

합격하던 해,
저는 그 어떤 해보다 많은 문제를 풀었습니다.
컨디션이 조금 좋지 않은 날에도,
날씨가 마음에 들지 않은 날에도,
언제나 문제 풀이로 하루를 시작했습니다.

다양한 문제를 풀어보면서 제가 잘하는 부분, 보충해야 할 부분을 확실하게 알 수 있었고,
많은 문제를 풀어보면서 그 어떤 문제가 나오더라도 풀 수 있다는 자신감을 얻을 수 있었습니다.
그리고 어떤 상황에서도 흔들리지 않을 단단한 루틴을 만들었습니다.

돌이켜보건대 매일같이 똑같았던 평범한 아침이
저를 합격으로 이끌었던 '미라클모닝'이었다는 생각이 듭니다.

임용시험을 준비하는 선생님들도 합격의 기적을 경험했으면 하는 마음을 담아 이 책을 만들었습니다.
부족한 부분을 확인할 수 있도록 파트별 핵심 이론을 문제로 구현하였고,
현장형 문제에 대한 불안감을 줄일 수 있도록 평가원의 출제 원칙, 최근의 출제 트렌드를 모두
반영하고자 했습니다.

합격이라는 미라클,
고민 끝에 엄선한 300문제가 합격의 기적을 현실로 만들 것이라 확신합니다.

이 책이 나오기까지 함께 문제를 고민해주고 검토해주었던 아내와
언제나 행복한 마음이 들도록 응원해주는 두 공주 솔이, 별이에게
사랑한다는 말을 전합니다.

2023.7. 최원휘 드림

출제 경향 분석 및 학습 방법

1 중등 임용 교육학 시험 기본사항

1 중등 임용시험 일정

○ (시험 절차) 시험 공고 및 접수(10월) → 1차(11월) → 2차(1월) → 발표(2월)

▌중등 임용시험 절차

사전 예고	본 공고 및 접수	1차 시험	2차 시험	합격자 발표
6~8월	10월	11월	1월	2월

○ (1차 일정) 교육학(1교시) → 전공(2, 3교시)

▌1차 시험 당일 세부 일정

시험과목		유형	문항 수	시간	배점
교육학		논술형	1문항	1교시 09:00~10:00(60분)	20점
전공	A	기입형/서술형	4문항/8문항	2교시 10:40~12:10(90분)	40점(8점/32점)
	B	기입형/서술형	2문항/9문항	3교시 12:50~14:20(90분)	40점(4점/36점)

2 교육학 출제 과목 및 범위

○ (교육학) 교육학 논술은 1문항(1개의 큰 주제)으로 출제하되, 문항 내에서 4개 내외의 세부 문항 (4개의 소주제) 출제

▌교육학 출제 범위 및 내용

구분	출제 범위 및 내용	배점
내용	교육부 고시 제2017-126호(2017. 8. 30.)의 [별표2] '교직과목의 세부 이수기준'에 제시된 교직이론 과목 ※ 교육학개론, 교육철학 및 교육사, 교육과정, 교육평가, 교육방법 및 교육공학, 교육심리, 교육사회, 교육행정 및 교육경영, 생활지도 및 상담	15점
구성 및 표현	논술의 내용과 주제 연계(3점) + 표현의 적절성(2점)	5점

2 출제 경향 분석

1 출제 경향 변화

◈ 교육학 논술 도입(2014학년도) 이후 이론의 현장 적용형으로 출제 유형 안정화

○ (도입기: 2014~2016) 이론과 개념의 명칭, 특징, 장단점을 주로 물었으며 **사실상 서술형 문제**

○ (과도기: 2017~2020) **지문은 현장형**(신문기사, 대화, 메모 등)으로 변화했으나 **문제 자체**는 도입기와 유사

○ (안정기: 2021~) 주된 교육 패러다임과 관련한 **큰 주제**와 함께 교육학 이론의 **현장 적용 방안*** 출제
  * 교수 전략, 실행 전략, 학교의 지원 방안, 구체적 적용 방안 등

┤ 중등 임용 교육학 출제 원칙(KICE)

  ■ 중등학교 교사에게 필요한 전문 지식과 자질을 종합적으로 평가
  ■ 학교 교육현장에서 **실제적으로 적용할 수 있는 지식, 기능, 소양**을 종합적으로 평가

↳ 출제 경향 분석 기반의 교육학 학습 전략
    "이론 숙지와 현장 적용의 균형"
  ① (전략 1) 현장에 적용 가능한 교육학 이론 숙지
  ② (전략 2) 현장형 문제에 대한 충분한 연습

2 주요 출제 영역

○ (출제 파트) **교육과정, 교육 방법, 교육평가, 교육행정**은 매해 출제되며 **교육심리**는 2~3년에 한 번씩 출제
  ※ 2023학년도의 경우 교육심리이론을 활용한 교수 전략 출제

출제 경향 분석 및 학습 방법

▌학년도별 출제 경향 분석

구분	교육사, 교육철학	교육사회	교육과정	교육 방법	교육평가	교육심리	생지상담	교육행정
2023	–	–	경험중심, 학문중심	–	형성평가, 타당도	자기효능감, 자기조절	–	관료제
2022	–	–	교육과정 재구성	딕&캐리모형, 원격수업	진단평가, 총평관	–	–	학교중심 연수
2021	–	–	스나이더모형	원격수업, 매체활용	자기평가	–	–	의사결정모형
2020	–	–	영 교육과정	앵커드, 위키기반	–	비고츠키	–	학교문화
2019	–	–	타일러모형, 잠재적 교육과정	–	신뢰도, 리커트 척도	가드너 다중지능	–	변혁적 지도성
2018	–	–	워커모형	PBL	절대평가	–	–	동료장학
2017	–	–	내용 조직 원리	구성주의	타당도	–	–	교육 기획
2016	–	–	경험중심	–	형성평가	에릭슨, 반두라	–	비공식조직
2015 (상)	–	기능론	–	ISD모형	절대평가	–	–	학교조직
2015	자유교육	–	백워드모형	학습 동기	–	–	–	학습조직
2014 (상)	–	비행이론	학문중심	–	–	–	행동중심, 인간중심	장학
2014	–	문화실조	잠재적 교육과정	협동학습	형성평가	–	–	교사 지도성

3 **교육학 답안 작성 방법**

1. 문제 읽는 법과 초안 작성법

> **2022년 첨삭 답안 분석 결과**
>
> **| 공통적인 장점 |**
> - **출제 유력한 이론의 경우 기본적인 개념, 특징에 대한 숙지도는 높은 편**
> - **빈출 파트**(교육과정, 방법, 행정)의 기출이론에 대해서는 **누구나 답안 작성 능숙**
>
> **| 보완 필요 사항 |**
> - **빈출 이론·파트 외 부분에 대해서는 논리적 전개 미흡**
> - 문제의 핵심(출제자의 의도)을 놓치고 **지나치게 이론중심으로만 답안 서술**
> - 실행 방안, 전략 등을 물어보는 경우 **답안의 구체성 부족**
> - 기본 분량을 채우지 못하거나 **후반부로 갈수록 답안 내용이 부실**해지는 경우 다수

1 문제 읽는 법

○ (방법 1) 큰 주제 → 소주제 → 지문 → 소주제

○ (방법 2) 큰 주제 → 지문 → 소주제

> ↳ (Tip 1) 자신의 글 읽는 속도에 따라서 방법을 선택하되, 소주제와 지문을 계속 왔다갔다 읽는 것은 금물
> ↳ (Tip 2) **문제를 읽으면서 바로 초안 작성**

2 초안 작성법

○ (작성 시간) **최대 10분**

  ※ (시간 배분) 문제 읽기(5분) → 초안 작성(10분) → 서론(3분) → 본론(40분) → 결론(2분)

○ (작성 방식) **키워드중심 개조식 작성**

  ※ 단, 초안 작성 속도가 현저히 느리면 문제지에 바로 작성 가능

○ (작성 절차) ① 큰 주제를 읽으면서 **초안 틀 작성** ② 문제(세부 문항)를 읽으면서 **초안 밑그림** ③ 지문을 읽으면서 답을 내고 **초안 완성**

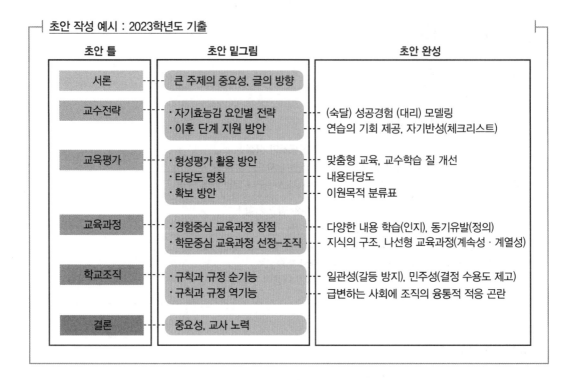

2. 답안 작성법

┌─ 잘 쓴 답안의 특징

- 주제의 중요성과 방향을 분명하게 밝혀주는 서론
- 문단 간, 문장 간 **논리적인 연계**
- 눈에 띄는 **가시적인 답안**
- **문법**적으로 올바른 문장
- 현실에 적용 가능한 **구체적인 방안**
- **큰 주제와 연계성 높은** 답안
- 글을 정리하는 결론

1 주제의 중요성과 방향을 분명하게 밝혀주는 서론

○ (작성 시간) 3분 내외

○ (작성 내용) ① 큰 주제의 중요성 + ② 글의 방향(4구성요소)

┤ 좋은 답안

서론 1 학교, 교사, 학부모, 학생, 지역사회가 함께 교육에 관심을 갖고 더 나은 교육을 위해 고민하고 노력할 때 학생들의 성장이 극대화 될 수 있으므로, 모두가 함께 만들어가는 교육이 강조되고 있다. 이하에서는 '모두가 함께 만들어가는 교육'이라는 주제로, 구성주의, 예술적 교육과정, 교수·학습 방법, 학교풍토에 대해서 논해 보고자 한다.

서론 2 2015 개정 교육과정에서 강조하는 바와 같이, 학생의 바람직한 성장과 교육 목표 달성을 위해 다양한 교육 주체의 교육 참여가 중요해지고 있다. 따라서 본 글에서는 '모두가 함께 만들어가는 교육'을 위해 구성주의 교육관, 예술적 교육과정, 교수학습 방법, 학교풍토 등 다양한 방면에 걸쳐 혁신적인 방안을 논의해 보도록 하겠다.

② 연계성이 좋은 답안

○ **(문단 간 연계성)** 도입어, 도입 문장의 활용

   ※ (도입어) 우선, 먼저, 다음으로, 이어서, 마지막으로 등
   ※ (도입 문장) 큰 주제와 연계되는 문장, 소주제의 방향을 설명해주는 문장

○ **(문장 간 연계성)** 적절한 **연결어, 접속어** 활용
   ※ (예시) 이를 통해, 따라서, 또한, 한편 등

┤ 좋은 답안

본론 먼저, 구성주의적 관점에서 '모두가 함께 만들어가는 교육'을 설계할 수 있다.
　　　　구성주의 교수이론에서 수업의 특징으로는 첫째, 학생들이 함께 힘을 합쳐 문제를 해결해 나가는 문제해결식 수업 및 협동학습이 나타난다는 점을 들 수 있다.
　　　　둘째, 수업 과제는 실제적 맥락에 가까운 성격을 가진다는 점을 들 수 있다. 이를 통해 미래사회에 필요한 역량을 기를 수 있다. 또 구성주의 교수이론을 실현하기 위한 교사의 역할로는, 첫째, 학습의 보조자로서 학습자가 자신의 잠재적 능력을 함양할 수 있도록 돕는 것이다. 둘째, 학습의 촉진자로서 학습자의 능력을 향상 시키도록 동기를 부여하는 것이다. 이렇듯 '모두가 함께 만들어가는 교육'을 위해 교사는 구성주의 교수이론의 특징을 알고 실제 현장에서 보조자, 촉진자로서의 역할을 수행할 필요가 있다.

③ 가시성이 좋은 답안

○ **(수사 활용)** 2개 이상을 묻는 경우 **'첫째, 둘째'** 등 수사 활용

○ **(묻는 것 중심의 서술)** 문제에서 묻는 것을 **명확하게 서술**
   ※ (예시) 경험중심 교육과정의 "특징으로는" 첫째, a이다.
   　　　수업 장학의 "구체적인 예로는" b이다.

4 문법적으로 올바른 답안

○ (주술 호응) 주어에 맞는 올바른 서술어 활용

※ (예시) ~가 필요한 이유는 ~를 해야 한다(x) ~가 필요한 이유는 ~라고 할 수 있다(o)

5 현실 적용 가능한 구체적 방안

○ (요소) ① 분명한 목적(효과) + ② 목적 달성을 위한 수단(tool)

※ (예시) 온·오프라인 학생 상담을 통해(수단) 학습자의 정의적 특성을 파악할 수 있다.(효과)

┤ 보완 필요 답안

본론 협동 학습 시 학생의 폭넓은 참여를 유도하기 위해서는 먼저, STAD모형, TGT학습 및 직소모형 등 다양한 교수 학습 방법을 활용하는 것이다. 이를 통해 학생들이 경쟁과 협동을 적절히 할 수 있을 것이다. 다음으로 무임승차를 하는 학생이 없도록 하는 것이다. 이를 통해 공부를 잘하는 학생들뿐 아니라 학생 모두가 참여하는 수업이 된다.

┤ 좋은 답안

본론 협동 학습 시 학생들의 폭넓은 참여를 유도하기 위한 방안은 첫째, 직소모형을 활용한다. 직소모형에서는 학생들의 역할이 분명하게 나누어져 있으므로 모든 학생들이 자신의 역할을 수행하도록 하면서 학습에 대한 책임감을 느끼게 하고 이를 통해 참여를 유도할 수 있다. 둘째, STAD모형을 활용한다. STAD모형에서는 향상 점수를 통해 집단 보상을 하기 때문에 성취가 낮은 학생들도 적극 참여 할 수 있고, 성취가 높은 학생들도 다른 학생들을 적극적으로 도와줄 수 있다.

6 큰 주제와 연계성 높은 답안

○ (연계성) ① 큰 주제와 관련한 특징, 장단점, 방안 서술

② 문단 시작/마지막에 큰 주제와 관련한 정리 문장 제시

┤ 좋은 답안

본론 마지막으로 수업 내부뿐만 아니라 교육행정의 관점에서도 '모두가 함께 만들어 가는 교육'에 대해 살펴볼 수 있다. 교사의 댓글에서 언급한 학교풍토모형은 폐쇄형으로, 상급자인 교장이 교사를 통제하여 자유로운 의사 교환이 이루어지지 않는다는 문제가 있다. 이 문제점을 극복하기 위한 풍토로는 개방적 풍토를 들 수 있다. 이를 실현하기 위해서 학교의 주요 의사결정 단계에서 교사의 의사를 반영하여 모든 조직 구성원의 사회적 욕구를 고려할 수 있도록 한다. 이처럼 학교 차원에서 개방형 풍토를 조성함으로써 모두가 함께 만들어가는 교육을 실현할 수 있다.

7 글을 정리하는 결론

○ (작성 시간) 2분 내외

○ (작성 내용) ① 글의 정리(핵심 키워드 중심) + ② 제언(교사의 노력)

┤ 좋은 답안

결론 지금까지 모두가 함께 만들어가는 교육을 실현하기 위해 구성주의 관점에 따른 수업 방법과 교사의 역할, 예술적
교육과정을 통한 목표 설정, 협동학습 활성화 방안, 개방적 학교풍토 조성 방안 등을 알아보았다. 이처럼 모두가
함께 만들어 가는 교육을 위해 교사는 다양한 측면을 검토하고 관련 전문성을 쌓도록 노력해야 할 것이다.

CONTENTS
이 책의 차례

최원휘 SELF 교육학
미라클모닝 300제

영역 구분			문제 번호
교육의 기초		교육의 의미	1
		교육의 목적	2
		교육의 이념	3
교육사		한국교육사	4~5
	서양교육사	6~8월	6~7
		6~8월	8~10
교육철학		전통철학과 교육	11
		교육철학 사조	12~14
		현대의 교육철학	15~20

I

교육철학 및
교육사

교육철학 및 교육사

모범답안 해설 p.164

---

001 | 교육의 비유

교육에 관한 각 교사들의 관점과 부합하는 교육 방법 각 1가지, 학습자 맞춤형 교육이라는
주제와 관련하여 최 교사가 갖는 관점의 한계 1가지, 정 교사가 갖는 관점의 의의 1가지(4점)

> 최 교사 : 아이들은 어떤 모양으로든지 만들 수 있는 진흙과 같은 존재입니다. 따라서 일정한
> 내용을 주입하면 그 사회가 원하는 인간으로 만들 수 있는 것이지요.
> 정 교사 : 저는 그런 생각에 반대해요. 아이들은 꽃이라고 생각합니다. 꽃들마다 잘 자랄 수
> 있는 환경, 일조량 등 생육조건이 다른 것과 마찬가지로 교사들은 학생에 맞는
> 교육환경을 마련해줘야 합니다.

---

002 | 교육의 목적

교육기본법 제2조에서 드러나는 교육의 목적 2가지, 이러한 목적 달성을 위한 구체적 교수방법
2가지(4점)

> 〈교육기본법〉
> 제2조(교육이념) 교육은 홍익인간(弘益人間)의 이념 아래 모든 국민으로 하여금 인격을 도야
> (陶冶)하고 자주적 생활능력과 민주시민으로서 필요한 자질을 갖추게 함으
> 로써 인간다운 삶을 영위하게 하고 민주국가의 발전과 인류공영(人類共榮)의
> 이상을 실현하는 데에 이바지하게 함을 목적으로 한다.
>
> 박 교사 : 교육의 목적에는 크게 내재적 목적과 외재적 목적이 있습니다. 우리나라 교육기본법
> 에는 그러한 목적들이 모두 반영되어 있는 것 같네요.

003 교육의 이념

교실 현장에서 형평성(equity)과 수월성(excellence)이 필요한 이유 각 1가지, 이 두 가치를 교실 현장에서 조화롭게 실현할 수 있는 구체적인 방법 2가지(4점)

헌법 제31조 제1항에 따르면 "모든 국민은 능력에 따라 균등하게 교육받을 권리를 지닌다"라고 명시하고 있다. 이처럼 교육의 형평성과 수월성은 헌법으로부터 보장받은 핵심 가치라고 할 수 있다. 따라서 이러한 가치는 어느 하나만이 우월하다고 보는 것보다 교육 현장에서 두 가치를 조화롭게 실현하는 것이 중요하다고 할 수 있다.

004 한국교육사   2022년도 행시 제3문 응용

시험방법이 교육에 미치는 영향 1가지, 시험방식으로서 지문에 나타난 강경(講經) 방식의 단점 2가지 제술(製述) 방식의 장점 1가지(4점)

판부사(判府事) 변계량이 상서하여 말하기를, "문과의 [초시] 초장(初場)에서 강경(講經)으로 시험하는 것은 옳지 못함이 한두 가지가 아닙니다. … (중략) … [과거 시험의] 초장에서 강경하는 것은 곧 배우는 자로 하여금 오로지 기송(記誦, 기억하여 욈)과 훈고(訓詁, 자구의 해석)에 힘쓰게 하여, 뜻이 좁고 기운이 졸렬하여져서 마침내는 성리(性理)의 심오한 뜻에 통하지 못하며, 글 짓는 재주 또한 조잡하고 좀스러워져서, 대체로 배우는 자의 큰 병폐가 되니 실로 사문(斯文, 유학)을 떨쳐 일으키는 방법이 아닙니다. 또한 강경은 시험관과 응시자가 대면하게 되는데 어찌 사심(私心)이 없겠냐고 할 수 있습니까. 따라서 제술(製述, 시문을 지음)로써 시험을 치루는 것이 합당합니다."

005   한국교육사

다음의 교육개혁안에서 공통으로 강조하는 교육 방법, 이러한 교육 방법이 주는 교육적 의의 2가지(3점)

> (가) 아! 백성을 가르치지 않으면 나라를 굳건히 하기가 매우 어렵다 … (중략) … 교육은 실로 나라를 보존하는 근본이다. 그러므로 짐이 임금과 스승의 자리에 있으면서 교육하는 책임을 스스로 떠맡고 있다. 교육에는 또한 그 방도가 있으니, 허명(虛名)과 실용(實用)의 분별을 먼저 세워야 할 것이다. 책을 읽고 글자를 익히어 고인(古人)의 찌꺼기만 주워 모으고 시대의 큰 형국에 어두운 자는 문장(文章)이 고금(古今)보다 뛰어나더라도 쓸모가 전혀 없는 서생(書生)이다.
>
> (나) 이 개혁안은 「입시 지옥의 해소와 인간 중심의 교육개혁」이라는 제목 하에 7개 영역에 걸쳐 총 66개에 걸친 교육 공약을 구체화한 것이다. … (중략) … 이 개혁안에서는 학교급별에 따라 체계화된 인성교육을 실시하고, 지식 중심의 도덕·윤리 교육을 실천중심의 교육으로 개선한다. 이를 위해 학교급별에 따른 인성교육 실시, 인성교육 방법의 개선 등을 강조한다.

006   고대의 교육

그리스 자유교육(liberal education)의 개념, 그리스 자유교육이 현대 교육에 주는 시사점 2가지(3점)

> 김 교사 : 교육은 결국 학생들을 바람직한 성인으로 성장시키기 위한 과정입니다. 하지만 우리는 학생들이 더 좋은 대학에 가기 위해, 더 좋은 직업을 갖기 위해 교육을 수단화하고 있습니다. 그러다 보니 지식 습득에 편중된 교육으로 흘러가는 것이지요. 이러한 문제를 극복하기 위해 우리는 그리스의 자유교육에서 어느 정도 해답을 얻을 수 있을 것입니다.

---

007   고대의 교육

소크라테스(Socrates)의 교육 방법 중 조 교사가 수업 중 활용한 방식 2가지, 이러한 교육 방법이 주는 장점 2가지(4점)

> 조 교사 : 저는 수업 중에 학생들과의 질의응답을 많이 활용합니다. 이때 단순히 특정 지식을 암기했는지 여부를 묻는 것이 아니라 진정한 진리에 다가가도록 질문합니다. 특히 학생들은 아직 고정관념을 가진 경우가 많기 때문에 질문을 통해 고정관념을 깨뜨리고, 그 이후에 새로운 진리에 다가갈 수 있도록 질문합니다.

---

008   중세 및 근대의 교육

실학주의의 여러 입장 중 권 교사가 언급한 입장의 명칭, 실학주의자인 코메니우스(J.A. Comenius)가 강조한 교육 방법의 구체적 예 1가지와 현대에 주는 시사점 2가지(4점)

> 권 교사 : 원격수업을 하면서 다양한 매체를 활용할 수 있어서 저도 새롭고 학생들의 흥미를 높이는 데도 좋았던 것 같아요. 매체를 활용한 수업을 준비하면서 여러 책을 읽어 보았는데 매체를 활용하는 교육이 사실 20세기 전부터 강조되었다는 점에 놀랐어요. 특히, 현실의 객관적 문제 해결에 초점을 둔 실학주의적 입장에서 감각을 통해 받아들이는 모든 경험이 모든 교육의 기초라고 하는 입장이 지금 시대에 매체를 활용하는 교육에 많은 함의점을 준다고 생각해서 관련 서적을 찾아 여러 번 읽었네요.

009   중세 및 근대의 교육

다음의 내용을 참고하여 교육의 목적으로서 헤르바르트(J. Herbart)가 강조한 흥미의 명칭, 이러한 흥미가 주는 교육적 의의 1가지, 흥미를 유발하기 위한 교사의 구체적 교육 방법 1가지 (3점)

> 일반적인 의미에서의 흥미란 '무엇을 하고 싶다'라는 욕망과 관련되어 있다. 그러나 헤르바르트는 '무엇이 어떻게 되어있는가'와 같이 아는 것에 머무는 것을 흥미라고 보았다. 즉, 헤르바르트는 흥미를 어떤 것을 위한 수단이 아니라 그 자체로 목적이 될 수 있다고 생각하였다. 이러한 흥미는 기존의 욕망을 불러일으키는 교수법과 다른 형태로 자극해야 한다. 인류가 지금까지 품어온 생각의 총체를 넓혀주고, 다양한 것들에 공감하게 할 때 이러한 흥미가 유발될 수 있다.

010   중세 및 근대의 교육

루소(J. Rousseau)가 《에밀(Emile)》을 통해 제시하는 인간관과 소극적 교육관을 설명하고, 이 관점에서 홍 교사가 실시했던 기존 교육방식의 문제점 2가지(4점)

> 홍 교사 : 오랜만에 루소의 에밀을 읽어보았어요. 첫 문장에서 "조물주가 처음에 만물을 창조할 때는 모든 것이 선하였다. 그러나 인간의 손이 닿으면서 모든 것이 타락한다." 라고 표현되어 있더라고요. 한동안 머리에 무엇인가 맞은 것처럼 멍했어요. 저는 그동안 학생들을 미성숙하다라고만 생각하고 무엇을 어떻게 공부해야 할지 제 계획에 맞춰서, 그리고 교과서에 충실한 교육을 진행했는데, 이런 방식이 교육적으로 바람직하지 못했던 것 같다는 생각이 드네요.

011 전통철학과 교육

다음의 관점에 따를 때 지식(진리)에 대한 관점과 교육목적, 이러한 지식과 교육목적을 달성하기 위한 구체적 교육 방법 2가지(4점)

> 교육이란 진리를 동경하게 하는 작용이다. 다시 말해, 교육이란 가멸자(可滅者, 인간 개개인)가 불멸자(不滅者, 완성된 인류)가 되기 위한 덕의 잉태라고 할 수 있다. 부부가 육체적 교섭에 의해 자녀를 잉태하듯이, 교사와 학생은 서로 교섭하여 진리를 낳는다.

012 교육철학 사조

"기초 학력 보장"이라는 측면에서 송 교사가 이전에 가졌던 교육철학 사조의 주된 교육 방법과 한계 각 1가지, 송 교사가 새롭게 관심을 갖게 된 교육철학 사조의 목적과 실천 원리 각 1가지 (4점)

> 송 교사 : 학습자 중심의 교육이 강조되면서 저도 학생의 흥미와 관심을 고려한 교육을 최우선 시하는 교육철학을 갖고 있었어요. 그런데 요즘 아이들과 대화하다 보면 아이들이 기본적인 소양, 기초적인 개념을 모르는 경우가 많더라고요. 그래서 요즘에는 학생의 흥미와 관심도 좋지만 전통적으로 내려오는 문화유산으로서 가르칠만 한 것은 가르치자는 교육철학에 관심이 생기더라고요.

013   교육철학 사조

다음은 어떤 교육협회가 강령으로 내세운 내용이다. 이 교육협회가 추구한 교육철학 사조의
명칭과 교육목적 1가지, "학습자의 전인적 성장"이 강조되는 현실에서 이 교육철학 사조가
가지는 현대적 의의 2가지(4점)

〈7대 강령〉

① 학생이 외적 권위에 지배되지 않고 자연적으로 발전할 수 있는 자유를 갖게 하여야 한다.

② 흥미는 모든 학습활동의 동기가 되어야 한다.

③ 교사는 학생의 모든 활동을 고무하고 적절한 정보를 제공하는 안내자가 되어야 한다.

④ 학생의 신체, 지성, 덕성, 사회성을 포함하는 종합적인 지도에 도움이 되어야 한다.

⑤ 학생의 신체적 발달에 영향을 주는 모든 것, 즉 학교의 시설, 환경, 인적 조건에 더 큰
    관심을 가져야 한다.

⑥ 학생의 욕구를 충족시키기 위하여 학교와 가정 간에 긴밀한 협조가 있어야 한다.

⑦ 생략

014   교육철학 사조

현재 우리 교육에서는 "모든 학습자의 기초 소양 습득"을 강조하고 있다. 이와 관련하여 다음을
주장한 교육철학 사조의 교육적 의의 2가지, 한계점 2가지(4점)

학습자들은 오랜 세월을 통하여 인간의 위대한 포부와 업적을 담고 있는 '위대한 저서(The
Great Books)'들을 학습해야 한다. 과거의 전통은 시대의 유물이 아니며, 위대한 저서들을
통하여 이 전통들을 학습함으로써 학습자들은 자신의 흥미나 현실적 유행에 몰두하는 것보다
더 중요한 진리를 발견하게 된다. 위대한 저서는 그것이 출판된 시대와 마찬가지로 오늘의
우리에게도 중요할 뿐 아니라, 이것이 취급하는 문제와 그 사상은 영속적인 것이기 때문에
읽어야 하는 것이다.

01

015   현대의 교육철학

제시문에 나타난 교육철학 사조가 강조하는 교육의 목적과 방법 각 1가지, 해당 교육철학 사조를 취한 부버(M. Buber)가 교육에서 강조한 것과 이에 근거할 때 원격수업의 한계 1가지(4점)

> 인간은 그 어떤 것을 위한 수단이 아니라 그 자체로 자유의지를 가지고 있는 가치있는 존재입니다. 따라서 교육은 이런 가치있는 존재인 인간이 스스로 주체적인 생각을 표현하도록 도와주어야 하는 것입니다. 또한 인간은 혼자서 존재하지 않습니다. 사회 속에서, 타인과의 상호작용 속에서 살아갑니다. 따라서 교육은 사람과 사람 사이의 직접적인 상호작용을 통해서 서로의 존재를 확인해 나가는 과정이어야 합니다.

016   현대의 교육철학

허스트(P.H. Hirst)가 제시한 사회적 실제의 개념, 기존에 지식의 형식을 강조했던 입장에서 사회적 실제로의 입문을 강조했던 입장으로 바뀐 이유 1가지, 교실 현장에서 사회적 실제로의 입문을 위한 구체적 교육 방법 1가지(3점)

> 나는 '교육'이라는 용어가 개인이 좋은 삶을 살도록 하는 데에 목적을 둔 학습활동이라고 생각한다. 분명히 '교육'은 좋은 삶을 위한 활동에 한정하여 쓰는 말이다. 일반적인 의미로, 교육은 개인의 좋은 삶을 발전시키고 촉진하는 것을 지향한다. 좋은 삶은 총체적인 접근이 필요함에도 나의 초기 입장의 주된 잘못은, 이론적 지식을 건전한 실제적 지식의 발달이나 합리적인 인간 발달의 논리적 기초로 보았다는 점이다.

017　　현대의 교육철학

"스스로 문제를 창의적으로 해결하는 인재의 육성"이라는 주제로 도구적 합리성을 강조한 교육의 문제점 2가지, 유 교사가 활용할 수 있는 구체적 교육 방법 2가지(4점)

> 유 교사 : 실제 삶에서 직면하는 문제가 복잡해짐에 따라 창의적이고 주도적인 문제 해결 능력을 함양하는 것이 요즘 교육의 주된 목적인 것임에 분명합니다. 하지만 기존의 문제 해결학습은 특정 상황에서 문제 해결을 위해 합리적으로 판단하고 적절한 도구와 기술을 사용하는 것에만 치중했다는 느낌이 듭니다. 즉, 도구적 합리성에 치중한 학습이었기 때문에 학습의 교육적 효과가 제한되어 있었다고 생각합니다. 따라서 상황이 복잡한 현실에서 효과적인 문제 해결을 위해서는 하버마스(J. Habermas)가 언급했던 의사소통적 합리성을 기반으로 학습을 진행하는 것이 어떨까 하네요.

018　　현대의 교육철학

양성평등 교육의 필요성 2가지, 연 교사가 교육 자료를 검토할 때 활용할 수 있는 기준 2가지
(4점)

> 연 교사 : 양성평등 교육은 단지, 여권(女權)을 우월하게끔 인식하게 하는 것이 아닙니다. 여성과 남성이 동등한 입장에서, 사람으로서 존중받기 위해 실시하는 것입니다. 즉, 사회적으로나 학습자 개인적으로나 양성평등 교육은 필요한 것입니다. 하지만 여전히 우리 교과서 등 교육 자료에는 잘못된 성(gender) 의식이 반영되어 있는 경우가 많습니다. 따라서 교과 교육을 하기 전에 이런 것들을 발견할 수 있도록 해야 합니다.

019　현대의 교육철학

다음을 강조한 현대 교육철학 사조의 교육적 의의 2가지, 이 철학에 근거한 교육을 실시할 때 교사의 구체적 역할을 교육내용 선정과 교육 방법 선정 측면에서 각 1가지(4점)

> 도덕적 지식을 포함하여 모든 지식은 그러한 지식을 생산하는 사람들의 이익과 가치를 반영한다. 근대 사회의 진리로서, 객관적이고 합리적인 것으로 받아들여졌던 지식과 신념은 실제로 특정 계층 혹은 집단의 주장이나 이익을 대변하고 있다. 따라서 보편적 지식은 존재하지 않으며 모든 사람이 도덕적 지식을 구성하는 데 참여할 수 있다. 이때 가장 중시되는 절차는 대화적 절차이다. 즉, 개방적이고 비판적인 대화의 중요성이 그 무엇보다 중시된다.

020　현대의 교육철학

"실천성을 갖춘 인재의 육성"을 고려했을 때 기존 모더니즘적 인성교육의 한계 1가지, 이에 대한 대안으로 홀리스틱 철학을 반영한 인성교육의 특징 3가지(4점)

> 오 교사 : 학생의 전인적 성장이 강조되면서 인성교육의 중요성 역시 높아지고 있습니다. 그러나 그간의 우리교육은 모더니즘적 입장에서 이루어졌던 것이 사실입니다. 모더니즘 교육의 지식 위주 교육이 실제적으로 효과가 있었는지는 의문입니다. 따라서 우리는 균형과 포괄, 연관을 강조하는 홀리스틱적 접근에 따라 인성교육을 실시할 필요가 있습니다.

II

교육과정

---

021 교육과정의 의미

심 교사가 강조하는 관점에 근거하여 교육과정을 운영할 때 장점 2가지, 운영 시 고려해야 할 원칙 2가지(4점)

> 심 교사 : 교육과정을 운영하기 이전에 먼저 교육과정의 본질적 의미에 대해서 생각해볼 필요가 있습니다. 교육과정은 말이 달리는 길의 라틴어 쿠레레(currere)로부터 유래하는데, 이는 다시 말이 달리는 '코스'에 초점을 두는 접근과 말이 달리는 행위, 즉, '달리기'에 초점을 두는 접근으로 나닙니다. 현재 교육환경에서는 목표 달성이라는 결과뿐 아니라 그 과정이 중시되는 것을 감안하면 후자에 따라 교육과정을 운영하는 것이 바람직하다고 생각되네요.

---

022 교육과정의 성격

다음에 제시된 교육과정의 정의를 참고하여 공식적 교육과정의 성격 2가지, 공식적 교육과정을 결정하는 요소 2가지(4점)

> 공식적 교육과정 : 교육목표를 달성하기 위하여 학습자의 특성을 고려하고, 학습자를 사회에서 필요로 하는 인재로 성장시키기 위해 교사가 교실현장에서 실제로 운영하는 교육 프로그램

023 　교육과정의 구분

"교실 현장의 이해를 통한 교수학습의 질 개선"이라는 주제로 성 교사가 강조한 교육과정과 공식적 교육과정의 차이점 1가지, 이때 성 교사가 수업 개선을 위해 확인해야 할 요소 2가지
(4점)

02

> 오 교사 : 수업의 질 개선을 위해서 교육이 실제로 일어나는 교육의 모습을 확인할 필요가 있습니다.
>
> 성 교사 : 맞아요. 수업을 하다 보면 의도하지 않았음에도 여러 요인들로 인해 학생들이 경험하게 되는 교육적 경험이 있고, 이로 인해 당초 목적과는 다른 결과가 나타나기도 합니다. 따라서 교육을 개선한다는 것은 교육 경험에 영향을 미치는 다양한 요인을 복합적으로 고려하는 것으로부터 출발합니다.

024 　교육과정의 구분

잠재적 교육과정의 의의 2가지, 잠재적 교육과정을 고려하여 교사가 수업을 설계하는 경우 교사가 유의해야 할 점 2가지(4점)

> 박 교사 : 수업을 하다 보면 내가 의도하지도 않았고, 계획하지도 않았는데 학생들이 학습을 하는 경우도 많더라고. 앞으로는 수업을 준비하고 진행하고 평가할 때 이런 점을 유의해야겠어.

025 교육과정의 구분

이 교사가 비판적으로 인식하는 교육과정이 학생들의 성장에 미치는 부정적 영향 2가지, 이것을
방지하기 위한 교사의 구체적 실행방안 2가지(4점)

> 이 교사 : 우리 학교는 교장선생님의 지시로 아침 조회시간마다 특정 노래를 부르게 합니다.
> 아이들은 별 생각없이 노래를 부르지만, 노랫말을 보면 아이들에게 절대적 믿음,
> 충성, 복종 이런 것을 강요하는 것처럼 보여요. 저는 이러한 것들이 아이들의 사고와
> 행동이 성장하는 데 악영향을 줄까봐 우려스럽네요.

026 교육과정의 구분

아이즈너가 언급한 영 교육과정(null curriculum)이 발생하는 이유 2가지, "국가 교육과정의
보완을 위한 교사의 노력"이라는 주제를 고려했을 때 교사가 보충 자료 제작 시 고려해야 할
원칙 2가지(4점)

> 교과서를 비롯한 국가 교육과정을 분석하다 보면 가르칠 만한 가치가 있음에도 불구하고
> 고의로 배제되어 있는 교육내용들이 있다. 이는 현실적으로 어쩔 수 없는 측면이 있기는
> 하지만, 교사가 판단하기에 필요한 내용은 교과서 외 보충 자료를 제공하여 학생들의 학습경험을
> 존중해줄 필요가 있다고 할 수 있다. 다만 이때 교사는 국가 교육과정을 부정하기보다는 보완
> 하는 방식으로 보충 자료를 마련해야 한다.

027 교육과정의 구분

이 교사가 언급한 교육과정이 유발할 수 있는 부정적 효과 2가지, 이러한 부정적 효과를 방지하기 위한 교사의 역할 2가지를 타일러(R.W. Tyler)의 교육과정 개발 단계에 근거하여 제시
(4점)

> 이 교사 : 교과협의회를 통해 여러 선생님들과 의견을 나눠보니 국가가 정한 공식적 교육과정, 교과서에 가르쳐야 할 중요한 내용임에도 어떤 의도에 의해 빠진 경우가 많은 것을 알게 되었습니다. 교육과정 재구성이 중시되는 현실에서 이러한 점을 고려해서 교육과정을 개발, 운영할 수 있도록 노력해야겠습니다.

028 공식적 교육과정의 구분

"교육의 경쟁력 제고"라는 측면에서 볼 때 각 교사가 강조하는 교육과정의 장점 각 1가지, 이러한 교육과정을 운영할 때 나타날 수 있는 문제점 각 1가지(4점)

> 유 교사 : 요즘 우리 교육청에서는 IB교육을 강조하고 있어요. 처음에 IB교육이 무엇인지 몰랐는데 이미 150개국 이상의 나라에서 이를 적용하고 있고, 이를 통해 전 세계에 있는 학교·학생들과 교류한다고 하네요.
>
> 신 교사 : 가장 지역적인 것인 가장 세계적이란 말이 있듯이 진짜 경쟁력 있는 교육은 지역화된 교육이라고 생각해요. 특히나 지금처럼 지역마다 다양한 특성이 강조되는 상황에서는 시도별로 특화된 교육과정을 만드는 것이 교육의 경쟁력을 높이는 것이 아닐까 생각합니다.

029　공식적 교육과정의 구분

학교 수준 교육과정의 특징 2가지와 단점 각각 1가지(4점)

최근 단위학교의 자율성이 강조됨에 따라 교육과정의 편성·운영에서 단위학교의 역할이 강조되고 있다. 2022 개정 교육과정에서 학교 자율시간을 반영한 것이 그러한 예라고 할 수 있다. 따라서 단위학교에서는 양질의 교육과정을 편성·운영하기 위해 관련 전문성을 확보하는 것이 화두로 자리잡고 있다.

030　공식적 교육과정의 구분

최 교사가 언급한 바와 같이 교육과정을 개발·운영하는 경우 교사 측면과 학습자 측면에서의 의의 각각 1가지, 이때 교사의 구체적인 실행방안 2가지(4점)

최 교사 : 초임 시절에는 계획된 교육과정에서 의도한 내용을 잘 가르치기만 하면 학생들이 내가 가르친 내용을 모두 이해할 줄 알았는데, 실제로는 계획된 교육과정을 내가 그대로 가르치지도 않고 있고, 내가 가르친 내용을 학생들이 모두 학습한 것도 아니더라. 앞으로는 계획한 것, 가르친 것, 학습한 것을 일치시킬 수 있는 방법을 고민해야겠어.

031 　교육과정의 역사

밑줄 친 (가), (나)의 관점이 현재의 학교 교육에 주는 시사점 각 1가지, "학생맞춤형 교육"과 관련하여 해당 관점이 갖는 한계 각 1가지(4점)

02

> 공교육에 대한 관심이 본격화된 19세기 후반부터는 '국가가 만든 학교에서 무엇을 가르쳐야 하는가'에 대한 논의가 활발해졌다. 대중교육의 수요 증가로 스펜서(H. Spencer)는 온전한 생활을 위한 교육을 주장하였으나, 여전히 서구에서는 인문주의적 전통이 강조되기도 하였다. 다만 10인 위원회 등을 비롯한 (가) 인문주의의 수정적 접근으로 교과의 내용이 이전보다 다양해지기도 하였다. 다른 한편에서는 19세기 후반 급격한 산업·과학의 발달이 교육에도 영향을 미쳐 교육과정의 과학화, 표준화를 강조하는 (나) 사회효율성주의가 나타나기도 하였다.

032 　패러다임의 전환

타일러(R.W. Tyler)를 중심으로 한 교육과정 개발 패러다임의 의의와 한계 각각 1가지, 현재 교육환경을 고려했을 때 교육과정 이해 패러다임의 중요성 2가지(4점)

> 타일러(R.W. Tyler)는 「교육과정과 수업의 기본원리」를 통해 기존 교육과정 논의를 합리적으로 종합하고 정리하고자 했다. 특히 교육과정과 수업을 하나의 과정으로 보고 이를 계획하기 위한 단계를 일반화된 형태로 제시했다. 이에 대해 파이나(W. Pinar), 애플(M. Apple), 아이즈너(E. Eisner) 등의 교육과정 재개념주의자들은 현실의 교육과정을 제대로 이해하기 위해서 개발론적 접근이 아닌 이해론적 접근이 필요하다고 주장하였다.

033   이해 패러다임

슈왑(J. Schwab)의 교육과정 개발모형에 따를 때 실제의 문제를 해결하기 위한 과정의 명칭과
이를 실현하는 구체적인 방법 1가지, 이때 임 교사가 고려해야 하는 요소 2가지(4점)

> 임 교사 : 나는 교육과정 개발 시 슈왑(J. Schwab)이 주장했듯이 교육과정과 관련한 이해
> 당사자들의 다양한 의견들을 들어볼 필요가 있다고 생각해. 특히 이때는 하나의
> 의견만 듣는 것이 아니라 여러 견해들을 존중하고 교육과정과 관련한 다양한
> 요소들을 고려하는 것이 필요한 것 같아.

034   이해 패러다임

파이나(W. Pinar)의 쿠레레 방법론이 주는 교육적 의의 2가지, 박 교사가 활용하려는 방법이
쿠레레 방법론 중 몇 단계인지, 이 단계에서 교사의 유의점 1가지(4점)

> 박 교사 : 실제 학생들이 경험하는 교육과정을 이해함으로써 학생의 실질적 성장을 도와주는
> 것이 필요합니다. 우선 학생들이 스스로를 잘 이해하도록 자유연상을 통해 자신의
> 과거 교육 경험을 말하게 할 것입니다.

035   이해 패러다임

최 교사가 수동적 존재로 전락한 과정을 애플(M. Apple)의 구조적 재개념주의 이론에 근거하여
설명하고, 수동적인 교사가 되지 않기 위해 가져야 하는 교사의 태도 2가지(3점)

> 최 교사는 원래 교재연구도 많이 하고 학생 상담에도 적극적이어서 승진을 눈앞에 둔 교사였다.
> 그러나 2020년 전면 원격수업이 실시되자 모든 의욕을 상실하게 되었는데, 이전처럼 교육과정을
> 재구성하고 새로운 교재를 만들기보다는 'EBS온라인클래스'에 있는 내용을 그대로 가져오거나,
> 온라인에 있는 다른 교사들의 강의 영상을 그대로 보여주는 행동을 보였다. 최 교사는 그간의
> 근평으로 교무부장으로 승진했는데 다른 교사들에게 국가 교육과정에 충실해서 운영하라고만
> 하고 적극적인 지도·조언은 하지 않고 있다.

036   교과를 중심으로 한 교육과정

교과중심 교육과정과 학생중심 교육과정의 차이점 2가지, "학습자의 역량 강화"라는 측면에서
교과중심 교육과정의 장점과 단점 각 1가지(4점)

> 명확한 목표를 설정하고 교과의 기본내용을 강조한 교과중심 교육과정이 오랫동안 우리
> 교육에서 강조되었던 것은 사실이다. 그러나 학습자 맞춤형 교육이 강조되는 현실에서 학생의
> 참여, 학생의 다양한 역량 등이 부각되는 학생중심 교육과정이 보다 강조되고 있다.

037   교과를 중심으로 한 교육과정

교과중심 교육과정을 구성하는 핵심적인 요소 2가지, 각 요소들이 교육과정 전반에 미치는 영향 2가지(4점)

우 교사는 교과중심 교육과정에 기초하면서 다음의 수업 계획안을 작성하였다.

구분	주요 내용	비고
교육목표	글의 구조를 고려하여 효과적으로 요약한다.	성취기준 9국02-02
교육 방법	강의식	–
교육자료	교과서	교과서 15~20p.
평가	교과서 자료 요약 지필 평가	–

---

038   교과를 중심으로 한 교육과정

"기초학력을 보장하는 교육"이라는 주제로 경험중심 교육과정의 한계와 교과중심 교육과정의 의의 각 1가지, 블렌디드 수업상황을 고려하여 기초학력 보장을 위한 교사의 구체적인 전략 2가지(4점)

정 교사 : 학생의 흥미와 관심을 고려한 교육도 중요하지만 기초학력 보장을 생각한다면 그래도 과거로부터 전해 내려오는 교육 내용을 어느 정도 설명을 통해 가르칠 필요가 있는 것 같아. 특히, 블렌디드 수업을 할 때도 너무 학생들의 흥미만 높이려고 하지 말고 기초학력 보장을 위한 교육 방법과 내용을 생각해 봐야겠어.

039 　교과를 중심으로 한 교육과정

학문중심 교육과정에서 강조하는 지식의 구조 개념, 학생들이 지식의 구조를 발견하고 이해하기 위해 교사가 활용할 수 있는 지식의 표현 방식 2가지(3점)

> 강 교사 : 최근 학생들의 성적이 부진한 것 같아요. 우리가 가르치는 지식이 학생들에게 무의미한 것으로 여겨지는 것 같아요.
>
> 현 교사 : 그래요. 아마도 학생들이 어떤 지식을 배우는 게 좋은지 몰라서 그런 것 같아요. 우리가 가르치는 내용이 학생들에게 어떤 의미가 있는지 알려줘야 할 것 같아요.
>
> 유 교사 : 그렇다면 우리가 가르치는 지식이 어떤 구조로 이루어져 있는지 알려줘야 할 것 같아요. 지식이 구조적으로 이해되면, 그 지식이 어떤 의미를 가지고 있는지 더 잘 이해할 수 있을 것 같아요.
>
> 강 교사 : 그럼, 어떤 구조로 이루어져 있는지 어떻게 알려줘야 할까요?
>
> 유 교사 : 단순하게 개념만 설명하는 것이 아니라 학습자의 수준을 고려하고, 여러 개념들과의 관계를 파악하게 하는 것이 핵심일 것 같네요.

040 　교과를 중심으로 한 교육과정

2022 개정 교육과정에서 제시한 "학습 내용의 적정화"를 고려했을 때, 한 교사가 강조한 지식의 구조를 학습하는 경우 학습자 측면에서 갖는 효과 2가지, 지식의 구조 학습을 위해 한 교사가 계획하는 구체적인 방법 2가지(4점)

> 한 교사 : 적게 가르치고 많이 배우는 학습을 위해서는 중요하다고 생각하는 모든 지식을 가르치기보다는 교과를 구성하는 근본적인 개념과 원리를 가르치면 된다고 생각해. 그래서 이번부터는 내용을 조직하고 표현할 때부터 이런 점을 고려해야겠어.

041 학습자를 중심으로 한 교육과정

"교육의 본질에 집중해 깨어나는 교실"과 관련하여 경험중심 교육과정의 궁극적 목적 1가지, 교육내용을 선정·조직할 때 고려해야 하는 원칙 3가지(4점)

> 이 교사 : 교육의 본질은 학습자의 성장에 있습니다. 이러한 본질에 집중하면서 학생들이 주도적으로 교실수업에 참여할 수 있도록 하는 것이 교사의 역할이라고 할 수 있습니다. 경험중심 교육과정을 강조한 듀이(J. Dewey)에 따르면 학생의 경험과 교과, 사회적 내용을 연결시켜줄 때 이러한 목표가 달성될 수 있다고 보고 있습니다.

042 학습자를 중심으로 한 교육과정

경험중심 교육과정 중 윤 교사가 언급한 유형의 명칭과 학습자 측면에서의 교육적 의의 1가지, 이 유형의 교육과정을 운영하기 위해 교사가 수업 준비단계에서 해야 할 일 2가지(4점)

> 윤 교사 : 이번 연수를 들어보니 학생의 흥미와 욕구를 고려한 학습경험 선정이 중요한 것 같아요. 그러기 위해서는 학생의 욕구를 중심으로 교사와 학생이 상호 협력해서 경험을 구성하는 것이 필요하다고 생각합니다. 다만, 이러한 교육의 실현을 위해서는 수업 준비단계부터 현실적인 측면을 고려해야 할 것 같아요.

043   학습자를 중심으로 한 교육과정

다음의 일기에서 드러난 교육과정의 교육목적과 현재 우리나라 교육에 주는 시사점 1가지, 이
교육과정에 따른 수업의 특징 2가지(4점)

> 오늘 교육과정 연수를 듣고 나니 많은 생각에 잠겼다. 교육의 본질적 목적은 지식 습득만이
> 아니라 사회적, 정서적, 도덕적인 가치와 태도도 함께 배우는 것인데 그간 나는 학생들의
> 지식습득만 강조하고 교육과정을 운영하지 않았는지 반성한다. 교사로서, 나는 학생들이
> 다양한 가치와 태도를 이해하고 받아들일 수 있도록 교육과정을 개발하고, 적용하는 역할을
> 해야 한다. 또한, 학생들이 자신의 능력과 열정을 충분히 발휘하며 인간적으로 성장할 수
> 있도록 도와야 한다. 이러한 교육과정은 학생들의 인간관계와 성장에 큰 영향을 미치며,
> 학생들이 삶의 방향을 결정할 때도 큰 도움이 될 것이다.

044   사회를 중심으로 한 교육과정

전 교사가 강조하는 교육과정에 따를 때 생활장면에서 필요한 학습자의 역량 2가지를 해당
역량을 기르기 위한 구체적 수업 방법과 함께 제시(4점)

> 전 교사 : 교육과정에 구체적 목표들이 있지만 이런 목표들이 실제 생활활동과 유기적
> 관련성은 떨어진다고 생각해요. 특히나 중고등학교의 교육은 꼭 입시만을 위한
> 것이나, 직업세계로의 진출을 위한 것만이라고 할 수 없어요. 따라서 교육과정에는
> 학생이 항상 직면하고 있는 생활장면을 분석해서 학습자가 만족스럽게 생활할 수
> 있도록 준비시키는 것도 들어가야 하는데 우리 교육과정에서는 이런 측면이 소홀
> 했던 것 같아요.

045 사회를 중심으로 한 교육과정

중핵 교육과정의 개념과 목적, 이러한 목적 달성을 위한 중핵 교육과정의 구체적 운영 방안 2가지(4점)

> 이 교사 : 교과를 중심으로 하는 교육과정은 지나치게 분절적인 교과 학습만 강조합니다. 공교육은 단순히 학습자의 지식습득만이 주 목적이 아니라 학습자를 사회에서 필요로 하는 인재로 키워나가야 하는 과정이므로 사회적 책무성 역시 중요한 목적이 됩니다. 따라서 공교육에서는 중핵 교육과정을 적극적으로 운영할 필요가 있습니다.

046 사회를 중심으로 한 교육과정

김 교사가 중핵(core)을 발굴할 때 선정 기준 2가지, 중핵 교육과정의 성공적 운영을 위한 교사와 학생의 역할 각 1가지(4점)

> 김 교사 : 급변하는 사회에서 학습자들에게 사회의 질서, 사회에서 필요한 능력과 태도를 길러 주기 위해 중핵 교육과정을 적용할 수 있습니다. 중핵 교육과정에서 가장 중요한 것은 우선 중핵(core)을 잘 선정하는 것입니다. 교사는 명확한 기준을 가지고 중핵을 선정해야 할 것입니다.

047 역량을 중심으로 한 교육과정

학습자의 역량을 중심으로 한 교육과정이 강조된 이유 2가지, 역량의 기본적 특성 2가지(4점)

> 〈OECD 교육 2030〉
> 역량이란 문제 해결 능력, 비판적 사고, 창의성, 협력, 소통, 문제 해결 능력 등 개인이나 그룹이 다양한 상황에서 어떤 목적을 달성하기 위해 융합적으로 사용하는 지식, 기술, 자질, 태도 등의 조합을 의미한다.

048 역량을 중심으로 한 교육과정

"디지털 대전환 시대 필요한 인재 육성"을 위해 필요한 핵심 역량 2가지, 이러한 역량을 키워 주기 위한 교실 수업 방안 2가지(4점)

⟨디지털 대전환 시대의 가장 중요한 특징⟩	
항목	응답비율(중복 포함)
스마트폰, 태블릿 PC 등 디지털 기술의 확산	67.2%
빅 데이터에 대한 자유로운 접근	83.2%
새로운 비즈니스 모델의 출현	23.7%
국경을 넘어서는 연결	37.3%
사회・과학기술의 급변성	56.4%

049 역량을 중심으로 한 교육과정

역량중심 교육과정과 교과중심 교육과정의 차이점 1가지, 변혁적 역량의 가치 3가지를 2022 개정 교육과정의 인재상과 연계하여 설명(4점)

OECD 교육 2030에서는 변혁적 역량으로서 새로운 가치 창출, 긴장과 딜레마 조정, 책임감 갖기라는 세 가지를 제시한다. 이러한 변혁적 역량은 사전에 정해진 지식과 내용을 통해 함양된다기보다는 교수학습 과정상에서 함양된다고 할 수 있다.

050　　교육과정 개발의 기본적 이해

교육과정을 개발할 때 목표 설정이 중요한 이유 2가지, 단원 내 목표 설정 시 교사가 준수해야
하는 원칙 2가지를 그 이유와 함께 제시(4점)

〈박 교사에 대한 교원능력개발평가 내용〉	
A 학생	매 수업마다 명확한 학습목표를 제시해주셔서 수업 중에 어디에 집중해야 할지 알 수 있어요.
B 학생	수행평가가 끝나고 나면 제대로 된 평가였나 의문스러울 때가 많은데 선생님이 제시해준 목표를 보면 왜 그런 결과가 나왔는지 한 번에 이해가 돼요.

051　　교육과정 개발의 기본적 이해

"교육에서 지역의 역할 강화"라는 주제로 다음에 나타난 교육과정 개발 유형의 장점과 단점
각 1가지, 이를 현실에 적용하는 구체적 방안 2가지를 교육청과 단위학교 차원에서 제시(4점)

〈미래 교육과정 개발 관련 보고서〉	
개선 영역	개선 사항
개발 주체	• 국가는 총론적인 부분만 제시하고 총론에 지역·단위학교가 자율적으로 교육과정을 개발·편성·운영할 수 있는 재량 영역을 폭넓게 반영할 것 • 교수·연구자 중심에서 장학사·연구사·일선 교사 중심으로 재편할 것

052 전통적 교육과정 개발모형

타일러(R.W. Tyler)의 전통적 교육과정 개발모형에서 교육 목표 설정 시 고려해야 할 사항 3가지를 이유와 함께 설명(3점)

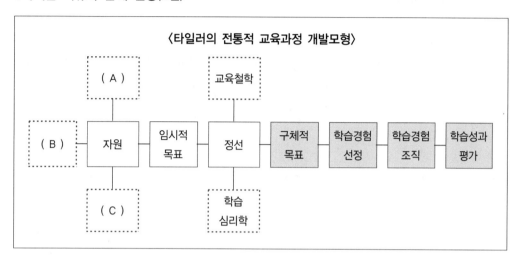

053 전통적 교육과정 개발모형

"학습목표를 중시하는 교육"이라는 주제로 타일러(R.W. Tyler)가 말한 학습경험 선정의 일반 원칙 중 유 교사가 고려한 원칙 2가지, 학습경험 조직의 원칙 중 정 교사가 고려한 원칙 2가지 (4점)

> 유 교사 : 다음 시간에 사형제 폐지에 관한 찬반 토론 수업을 진행하려고 합니다. 작년까지는 아이들이 아직 초등학교를 졸업한지 얼마 되지 않아 사회주제에 대한 고차원적인 생각을 다루는 수업을 하기 어려웠는데, 지난 1년간 아이들도 많이 성장했기 때문에 토론 수업을 진행할 수 있을 것 같아요. 특히 토론 수업을 하면 비판적 사고력, 토의토론 능력, 상호작용 능력 등도 학습할 수 있을 것 같아요.
>
> 정 교사 : 그러려면 사형제에 관련한 내용을 어느 정도는 학생들이 알아야겠네요. 우선 사형에 관한 핵심 내용을 학생들이 잘 알 수 있도록 사형제에 대한 역사, 윤리적 측면, 세계 각국의 현황, 사회의 요구 등 여러 교과에서 다뤄지는 내용을 설명해주되, 아이들의 이해를 돕기 위해 기본적인 내용으로부터 심화된 내용의 순서로 내용을 조직해야겠어요.

054 전통적 교육과정 개발모형

타바(H. Taba)의 교육과정 개발모형에 따를 때 단원 구성 시 교사의 실행전략 2가지, 단원
검증 시 검증의 기준 2가지(4점)

> 민 교사 : 교육에서 분권화, 전문화가 강조되면서 이제 교육과정 개발 시에도 교사의 적극적
> 역할이 필요한 것 같아. 특히 단원을 구성하고 그것이 적합한지를 판단하는 것은
> 교실에서 그 단원을 직접 가르치는 교사의 몫이라고 생각해.

055 전통적 교육과정 개발모형

"교사의 자율성을 통한 교육의 질 개선"이라는 주제로 타일러(R.W. Tyler) 교육과정 개발모형의
한계와 타바(H. Taba)의 교육과정 개발모형의 장점 각 1가지, 심 교사가 단원을 구조화할 때
고려할 수 있는 요소 2가지(4점)

> 심 교사 : 교육과정을 실제로 운영하는 것은 결국 교사입니다. 특히 하나의 단원 속에서 다룰
> 내용과 단원의 순서는 교사의 재량에 따라서 언제든지 바뀔 수 있는 부분이지요.
> 따라서 타바의 단원 개발모형이 주는 시사점을 우리는 기억할 필요가 있습니다.
> 타바의 모형을 바탕으로 여러 단원을 검증하고 개선하면서 우리는 여러 개의
> 구체적인 단원을 구조화할 수 있을 것입니다.

056 전통적 교육과정 개발모형

위긴스와 맥타이(G. Wiggins & J. McTighe)의 역행설계(backward)모형의 의의 1가지, 이 모형에서 주장하는 바람직한 교육 결과의 명칭, 교사가 수업을 계획할 때 구체적 실행전략 2가지 (4점)

> 오 교사 : 시간이 지나도 학생들의 머릿속에는 정말 중요한 원리와 개념이 남아있는 것이야 말로 바람직한 교육결과라고 할 수 있지 않을까? 지난번 연수를 들어보니까 역행 설계모형을 통해서 그것을 달성할 수 있고 수업을 계획할 때 WHERETO 원리를 적용해야 한다고 하더라고. 나도 다음 학기에는 그 원리를 고려하여 수업을 계획해 봐야겠어.

057 대안적 교육과정 개발모형

단위학교에서 워커(D. Walker)의 자연주의적 개발모형에 따라 교육과정을 개발할 때 장점 1가지, 이 모형에 따를 때 단위학교에서 양질의 교육과정을 개발하기 위한 단위학교의 운영 전략 2가지(3점)

> 김 교장 : 올해부터 학교 자율시간을 운영합니다. 한 학기에 한 주 동안 운영할 우리 학교만의 교육과정을 새롭게 만들어야 하는데, 저 역시도 이런 경험은 처음이다보니 선생님 들과 이야기를 나누고 싶네요. 그간 교육과정을 개발하고 자율적으로 운영했던 선생님들뿐만 아니라 신규 선생님들도 자유롭게 의견을 주시기 바랍니다.

058 대안적 교육과정 개발모형

전통적 교육과정 개발모형에서 강조하는 행동 목표의 한계 2가지, 아이즈너(E.W. Eisner)가 이야기하는 대안적인 목표 2가지를 구체적인 예와 함께 제시(4점)

> 타일러를 비롯한 전통적 교육과정 개발모형에서는 무엇보다도 학습 목표를 중요시한다. 사전에 구체적인 행동 목표로 학습목표를 제시하면 수업의 방향도 명확해지고 이후 평가를 할 때도 수월하게 진행할 수 있기 때문이다. 이는 교육에 있어서 표준화를 강조하는 입장과 맥을 같이 하는데, 아이즈너는 이러한 가정을 비판하면서 교육은 비가시적인 성장이라는 측면에서 예술성을 가지고 있다고 가정한다.

059 대안적 교육과정 개발모형

아이즈너(E.W. Eisner)의 예술적 교육과정 개발모형에 따를 때 교육과정 내용 선정 시 신 교사가 고려한 것의 명칭, 교육과정을 재구성하기 위해 교사에게 필요한 능력과 이 능력이 발현된 예시 2가지(4점)

> 신 교사 : 현실에 맞는 교육과정을 새롭게 만들기 위해서는 기존의 교육과정에 대한 진정한 이해로부터 시작해야 합니다. 기존 교육과정을 잘 살펴보면 가르칠 만한 가치가 있음에도 고의로 빠져있는 내용들이 있는데, 이것들이 우선 무엇인지 살펴볼 필요가 있죠. 기존 교육과정에 대한 분석이 끝났다면 교사는 기존의 교육목표와 내용을 학생에게 적합한 형태로 변형할 수 있어야 합니다. 우리는 연수를 통해서, 때로는 장학을 통해서 그런 능력들을 길러나가야 하는 것이죠.

060 대안적 교육과정 개발모형

아이즈너(E.W. Eisner)의 예술적 교육과정에 근거할 때 조 교사가 활용할 수 있는 교육내용의
구체적 제시방식 2가지, 교육평가를 위해 교사에게 요구되는 능력 2가지(4점)

> 조 교사 : 학생의 성장 정도를 수치적으로만 표현하기 어렵고, 표현한다 하더라도 그것은
> 일면의 모습만 보여주는 것입니다. 즉, 교육은 예술의 과정과 유사합니다. 따라서
> 교육과정에서 다루는 내용은 일반적인 교과를 뛰어넘어 다양한 내용을 포괄해야
> 하고 그 교육내용은 학생들이 충분히 학습할 수 있도록 다양한 방식으로 표현되어야
> 합니다. 평가 또한 바뀌어야 하는데 교육의 결과 학습자가 보여주는 아주 미묘한
> 변화를 찾고 그 변화를 평가하는 것이 올바른 평가자의 역할이라고 생각합니다.

02

061 대안적 교육과정 개발모형

(가) 단계에서 교사가 고려할 수 있는 교육과정 재구성 유형 2가지, 교육과정 재구성을 위해
필요한 교사의 역량과 단위학교에서 해당 역량을 기르기 위한 구체적 방안 1가지(4점)

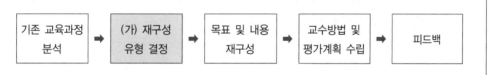

기존 교육과정 분석 ➡ (가) 재구성 유형 결정 ➡ 목표 및 내용 재구성 ➡ 교수방법 및 평가계획 수립 ➡ 피드백

> 교육과정을 재구성한다는 것은 기존의 교육과정을 제대로 읽고, 새로운 교육과정을 새롭게
> 작성하는 것을 의미한다. 단위학교의 자율성이 강조되는 현실에서 교육과정 재구성과 관련한
> 역량 역시 단위학교 차원의 다양한 활동을 통해서 길러질 수 있다.

062 대안적 교육과정 개발모형

교육과정 분권화의 필요성 2가지, 스킬벡(M.P. Skilbeck)의 학교중심 교육과정 개발모형 (SBCD)에서 상황분석 단계의 구체적인 방법 2가지(4점)

단계	내용
상황 분석	(가)
목표 설정	교육과정 운영 목표 설정
프로그램 구성	교수·학습 활동에 대한 설계
해석 및 실행	변화된 교육과정에 따라 야기되는 문제점 예측
모니터링, 피드백, 평가, 재구성	모니터링 및 평가 체제 설계

063 교육과정 설계모형

교육과정 설계모형 중 과정 모형에서 교육목표의 특징 2가지, 이 모형에 따를 때 기존의 교육이 경쟁력을 지니기 힘든 이유 각 2가지(4점)

> 급변하는 사회에서 혁신적으로 미래를 선도하는 인재의 육성은 우리 교육이 직면한 가장 큰 과제이고 지향점입니다. 더 이상 국가가 일의적으로 정한 교육목표 달성을 위해 모든 학생을 똑같은 틀에 맞추어 찍어내는 교육은 미래사회에서 경쟁력을 지니기 힘듭니다. 따라서 교육부는 기본적 내용을 반영한 국가 교육과정의 큰 틀 안에서 학교 현장이 자유롭게 학생들이 가진 다양한 역량들을 존중하고 이를 키워나갈 수 있도록 아낌없이 지원하겠습니다.

064 일반적 설계 원리

조 교사의 발표를 참고하여 교육 내용 조직 시 계열성을 확보하는 구체적인 방법 2가지, 이때 교사가 고려해야 하는 요소 2가지(4점)

> 조 교사 : 매년 아이들을 가르치기 위해 교과서를 분석하다 보면 아이들이 '이 내용을 바로 이해할 수 있을까', '이 단원은 상반기보다는 하반기에 배우는 것이 낫지 않을까'라는 생각이 들기도 합니다. 교과 전문가로서 교사는 아이들을 위해서, 학습 효과성을 높이기 위해 학습 내용의 순서를 바꿀 수 있어야 합니다.

065 일반적 설계 원리

학습경험의 선정 원리 중 다음 내용에서 확인할 수 있는 원리 2가지, 이 원리를 적용했을 때 교육적 효과 2가지(4점)

> 〈2022 개정 교육과정 총론〉
>
> Ⅲ. 학교급별 교육과정 편성·운영 기준
>
> 1. 기본 사항
>
>   가. ~바. 생략
>
>   사. 학업 부담을 적정화하고 의미 있는 학습 활동이 이루어질 수 있도록 학기당 이수 교과목 수를 조정하여 집중이수를 실시할 수 있다.
>
>   아. 학교는 학교급 간 전환기의 학생들이 상급 학교의 생활 및 학습을 준비하는 데 필요한 교육을 지원하기 위해 진로연계교육을 운영할 수 있다.
>
> … (후략) …

066   통합 교육과정

통합 교육과정의 유형 2가지, 통합 교육과정 운영 시 지켜야 할 원칙 2가지(4점)

> 이 교사 : 과거처럼 분과형 교과중심의 교육은 복잡한 문제를 해결하는 능력을 함양시키는
> 데 한계가 있습니다. 따라서 교과 간 구분에서 탈피하여 문제와 쟁점 중심의 교육을
> 통해 개인적이고 사회적인 통합의 가능성을 고양하는 통합교육이 요구되고 있습
> 니다. 교육의 목표, 학습자의 수준 등을 고려하여 적합한 통합 교육과정의 유형을
> 적용할 필요가 있습니다.

067   통합 교육과정

교육과정 통합에 영향을 미치는 요인 2가지, 교육과정 통합을 활성화하기 위한 지원 방안 2가지
(4점)

> 황 교사 : 우리가 직면하는 사회 문제들이 복잡해지는 상황에서, 또한, 학습자의 교육적
> 수요가 다양해지는 현실에서 이제 교육과정 통합은 필수인 것 같아요.
> 전 교사 : 맞아요. 성공적인 교육과정 통합을 위해 우리 교사들뿐만 아니라 학교, 사회의
> 노력도 필요하다고 봅니다.

068 교육과정 운영

자율적인 교육과정 운영의 필요성 1가지, 자율적인 교육과정 운영과 관련해 교원의 역할 측면에서 지켜야 하는 원리 3가지(4점)

> 손 교사 : 요즘 학생들이 많이 자율적인 교육을 원한다고 하던데, 교육과정의 자율적 운영이 필요한 거 같아.
>
> 황 교사 : 네, 맞아요. 학생들은 자기가 직접 선택하고 관심 있는 분야를 공부하면서 배우고 싶다는 욕구가 강해졌어요.
>
> 손 교사 : 근데 너무 자율적 운영만 강조하다 보면 중구난방으로 교육이 흘러갈 수 있어. 언제까지나 공식적 교육과정의 범위 내에서 재량권을 발휘하는 것이 중요한 것 같아.
>
> 황 교사 : 네 맞아요. 이제 교사는 단지 교육과정을 따르는 사람이 아니라 전문가로서의 역량을 발휘해야 하는 것 같아요.

069 교육과정 운영

스나이더(J. Snyder) 등의 분류에 따를 때, 교육과정 운영과 관련하여 성 교사가 가진 관점의 장점 2가지, 교육과정을 교사 자율로 운영할 경우 고려해야 하는 요인 2가지(4점)

> 성 교사 : 급변하는 사회, 다양한 교육적 수요를 고려했을 때 국가 교육과정만을 따르는 것은 한계가 있을 수 있습니다. 따라서 계획된 교육과정을 교사가 자율적으로 운영할 수 있어야 하되, 교육목적 달성을 위해 몇 가지 사항을 고려해야 할 것입니다.

070   CBAM모형

"새로운 교육과정의 현장 안착 방안" 이라는 주제로 홀(G.E. Hall)의 CBAM모형에 근거할 때 박 교사의 현재 관심 수준, 관심 수준을 높이기 위한 학교 차원의 구체적 지원 방안 2가지(3점)

> 박 교사 : 이번 2022 개정 교육과정에 대한 기대가 커. 특히 이번에 학교 자율시간이 눈에 띄는데, 이 기간을 효율적으로 보내기 위해 학기 초에 시간을 잘 계획하고 그 기간 동안 쓰일 교재를 충실히 준비하고 싶어.

071   평가모형

강 교사가 실시한 기존 평가모형의 한계와 새롭게 실시하려는 평가모형의 의의 각 1가지, 새로운 평가모형에 따라 평가를 할 때 평가의 준거 2가지(4점)

> 강 교사 : 이번 학기 진로 활동 프로그램은 자신의 진로에 대한 학생들의 흥미 유발, 동기부여에 초점을 두었습니다. 학기가 끝나고 이번 진로 프로그램의 효과성을 평가하고자 하는데, 예전처럼 목표중심의 평가로는 정확한 평가를 실시하는 데 어려움이 있는 것 같았습니다. 따라서 이번에는 사전에 정해지지 않은 목표도 평가하는 탈목표평가 방식으로 프로그램을 평가하려고 합니다.

072 　의사결정 평가모형

스터플빔(D. Stufflebeam)의 CIPP모형에 따를 때 각 교사가 하려는 의사결정 유형 각 1가지,
이때 각 교사가 활용할 수 있는 평가의 방식 각 1가지(4점)

> 김 교사 : 학교폭력 예방을 위한 "공감 쑥쑥 프로그램"을 본격적으로 실시하기 전에 우선
> 　　　　　목표를 분명하게 선정하고자 합니다. 우리 학교의 전반적 환경과 풍토를 검토해
> 　　　　　봐야겠어요.
> 신 교사 : 그러기 전에 작년에 시행했던 "어울림 프로그램"의 결과부터 평가해야 하지 않을
> 　　　　　까요? 올해 다시 새롭게 만드는 것보다 기존의 프로그램의 잘된 점, 잘못된 점을
> 　　　　　분석하고 이것을 바탕으로 새로운 프로그램에 반영하는 것도 좋을 것 같아요.

073 　2022 개정 교육과정

2022 개정 교육과정의 인재상을 길러주기 위한 구체적 교육 방법 3가지(3점)

> 인재상 : 포용성과 창의성을 갖춘 주도적인 인재

074 　2022 개정 교육과정

2022 개정 교육과정에서 강조하는 기초 소양 3가지의 개념과 각 소양을 쌓을 수 있게 하는
구체적 교과 활동을 각 소양별로 제시(3점)

075   2022 개정 교육과정

각 교사가 강조하는 역량 2가지를 2022 개정 교육과정의 핵심역량을 통해 제시하고, 이를 함양하기 위한 구체적 교육 방법 2가지(4점)

> 최 교사 : 학교 교육을 통해서 전인적 성장을 바탕으로 자아정체성을 확립하고 자신의 진로와 삶을 스스로 개척하는 사람을 키우는 것이 중요합니다.
>
> 오 교사 : 저는 우리나라의 인재로서가 아니라 세계 시민으로서의 인재를 키워나가는 것이 학교 교육의 목적이라고 생각합니다. 다양성을 바탕으로 서로 존중하고 지속 가능한 인류 공동체의 발전에 책임감 있는 자세를 갖게 하는 것이 중요합니다.

076   2022 개정 교육과정

학교 자율 시간 운영의 교육적 효과 2가지, 학교 자율 시간의 구체적 운영 방안 2가지(4점)

> 윤 교사 : 이번 2022 개정 교육과정에서는 학교 자율 시간을 운영할 수 있는 근거를 새롭게 마련했습니다. 연간 34주를 기준으로 교과나 창의적 체험활동 수업 시간 중 학기별 1주의 수업 시간을 확보하여 학교별로 자유롭게 운영하는 것이라고 할 수 있습니다.

077   2022 개정 교육과정

학습량 적정화의 필요성 2가지, 학교에서 운영하는 교과 교육과정에서 학습량 적정화를 위한 실행방안 2가지(4점)

> 2022 개정 교육과정에서 교과교육의 지향점으로 깊이있는 학습, 교과 간 연계와 통합, 삶과 연계한 학습, 학습과정에 대한 성찰을 강조한다. 학교에서 교육과정을 운영할 때 교과교육의 지향점을 고려할 필요가 있다.

078 고교학점제

고교학점제 운영 시 중점 사항 3가지를 이를 실현하는 구체적인 방안과 함께 제시(3점)

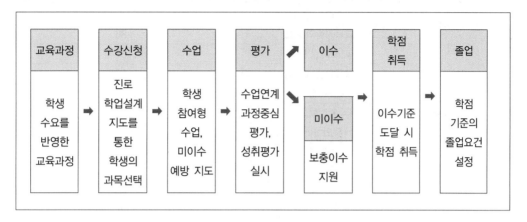

079 고교학점제

고교학점제 시행 시 발생할 수 있는 문제점을 학생·교사의 측면에서 각각 1가지, 이를 해결하기 위한 방안 2가지(4점)

> 고교학점제 : 학생이 기초 소양과 기본 학력을 바탕으로 진로·적성에 따라 과목을 선택하고,
> 이수 기준에 도달한 과목에 대해 학점을 취득·누적하여 졸업하는 제도
> ※ 3년간 취득한 학점이 192학점 이상이면 졸업

080 교수평기 일체화

'교육과정 – 수업 – 평가 – 기록의 일체화'의 필요성과 교사의 역할 각 1가지, 이때 구체적인 수업 전략 2가지(4점)

영역 구분		문제 번호
이해	교수학습의 기초	81~85
	교육공학의 기초	86
이론	패러다임 변화	87
	프로그램 교수법	88
	학교학습모형	89
	완전학습	90
	유의미학습	91~92
	발견학습	93~94
	ARCS	95
구성주의 이론	공통	96
	학습환경 설계	97
	PBL	98
	프로젝트학습법	99
	상황학습이론, 맥락정착적 교수이론	100
	자원기반학습	101~103
	인지적 유연성이론	104
	인지적 도제이론	105
	실천공동체	106
	상보적 교수이론	107
	목표기반 시나리오	108
교수설계	ISD모형	109
	이론	가네 이론	110
		정교화이론	111
		내용요소제시이론	112
	ADDIE	113
	Dick & Carey	114
교수매체	연구, 모형	115~117
	미래형 교수매체	118
	ASSURE모형	119~120
실행	다양한 교수방법	121~126
	새로운 교수방법	127~130

III

교육 방법

081　교수학습의 기초

조이스(B. Joyce) 등이 제시한 교수학습 유형 중 구 교사가 적용하려는 교수학습의 유형과 장점 2가지, 지문의 상황에서 구 교사가 활용할 수 있는 구체적 학습 방법 1가지(4점)

> 구 교사 : 앞으로의 교육은 사회성, 포용성과 같은 정의적 능력의 함양도 강조하고 있습니다. 따라서 이전보다 여러 학습자 간의 협력, 토론 등을 활성화해야겠어요. 또한 우리가 경험하는 문제가 복잡해지면서 다양한 갈등 상황이 나타날 수 있는데, 갈등 상황에 직접 참여해보면서 상호작용을 통해 학생 스스로가 갈등을 원만히 해결하는 방법을 배울 수 있는 수업 방법을 고민해볼까 해요.

082　교수학습의 기초

라이겔루스(C. Reigeluth)의 교수 3대 변인에 근거할 때, 기존 교수 방법의 장점과 단점을 결과 변인의 측면에서 각 1가지, 새로운 교수설계 시 고려해야 하는 것을 조건 변인의 측면에서 2가지 (4점)

> 선 교사 : 저는 그동안 교과서에만 충실하면서 최대한 많은 정보를 전달하는 데 집중했어요. 수업 준비에 시간도 적게 들고 교과서만 활용하니까 부차적인 비용도 들지 않아 좋았지만, 사회 문제와 관련한 학습 내용을 가르칠 때는 기존 교수 방법으로는 아이들이 쉽게 지치고 흥미를 잃어버리는 것 같더라고요. 그래서 이제는 도서관, 대학 등 지역사회의 자원을 충분히 활용하는 교수 방법을 적용하고자 해요.

083 교수학습의 기초

구체적인 행동 목표의 장점을 교수(instruction) 측면과 평가(evaluation) 측면에서 각각 1가지, 목표진술 시 교사의 유의점 2가지(4점)

03

084 교수학습의 기초

"배움과 삶을 일치시키는 교육"이라는 주제로 교수설계를 할 때 수업 준비 과정에서 교사가 고려해야 하는 요소 2가지, 준비 이후의 단계에서 교사의 실행방안 2가지(4점)

> • 배움과 삶을 일치시키는 교육을 실현하기 위해서는 단순히 지식을 전달하는 것만으로는 불충분
> • 교과 속에 담겨있는 배움과 학생의 삶을 일치시키기 위해 교수설계 시부터 이를 반영할 필요
> • 교사들은 학생들이 실제로 학습에 참여하고, 배운 지식을 삶에 적용할 수 있도록 돕는 다양한 교수전략을 구사하고 결과중심의 지필평가를 탈피할 필요

085 교수학습의 기초

학습자 맞춤형 교육을 위해 김 교사가 수업 준비 단계에서 분석해야 하는 내용 2가지를 구체적인 분석 방법과 함께 제시하고 이때 교사의 유의점 2가지(4점)

> 김 교사 : 수업을 시작하기 전 교사는 학습자가 목표 달성을 위한 최소한의 기본 능력을 갖추고 있는지 확인해야 합니다. 학습자를 정확하게 파악하기 위해서 학생의 전인적 측면에서 종합적으로 학습자의 특성을 분석할 수 있어야 합니다.

086   교육공학의 기초

"테크놀로지를 통한 교육의 질 제고"라는 주제로 김 교사가 교수설계 시 구체적인 실행전략을
교육공학의 4가지 영역별로 각 1가지(4점)

> 김 교사 : 원격수업처럼 여러 에듀테크를 활용한 수업을 효과적으로 준비하려면 어떻게 해야
>   할지 잘 모르겠어요.
> 이 교사 : 제가 연수에서 들었는데, 미국 교육공학회(AECT)가 제안한 대로 설계, 개발, 활용,
>   관리 등의 영역으로 나누어서 수업을 설계한다면 어떤 상황에서도 체계적인 설계가
>   가능하다고 하더라고요.
> 김 교사 : 아, 그런게 있었군요, 저도 영역별로 할 일을 생각해 봐야겠어요.

087   교수학습 패러다임 변화

"지식에 대한 개방적 접근과 활용"이라는 주제로 과거 전통적 패러다임에 따른 교육의 한계,
새로운 패러다임에 따른 교육의 특징 각 1가지, 새로운 패러다임 하에서 교사와 학생의 역할
변화 각 1가지(4점)

> 과거에는 교사만이 지식에 접근할 수 있었고, 이로 인해 교사중심의 수업이 주로 나타났다.
> 이제는 누구나 지식에 접근할 수 있는 새로운 교육환경이 펼쳐졌기 때문에 과거의 전통적
> 패러다임에 따른 교육은 한계를 지닐 수 밖에 없다. … (중략) … 정보통신의 발전, 에듀테크의
> 발전 등으로 미래 공학적 패러다임이 현실화된 현재 교육환경에서 교육의 방향은 달라질 수
> 밖에 없다. 교육환경은 이전보다 역동적이고 개방적이며 다양하다. 이에 대응하는 교육,
> 그리고 그 안에서 교사와 학생의 역할 또한 전통적 패러다임과 확연히 달라야 한다.

088 프로그램 교수법

스키너(B. Skinner)의 프로그램 교수법에서 제시하는 학습원리 중 다음 프로그램과 관련있는
원리 2가지, 이러한 프로그램이 가지는 장점 2가지(4점)

> 교육부는 기초학력 진단을 위해 2025년까지 AI진단 검사 프로그램을 개발하기로 발표하였다.
> 학습자의 수준별로 문제를 단계적으로 만들어 탑재한 후, 학생들이 특정 문제에 대한 응답
> 수준을 AI가 확인하고 이후 AI가 단계적으로 다른 수준의 문제를 즉각적으로 제공하는
> 프로그램이다.

089 학교학습모형

캐롤(J. Carroll)의 학교학습모형에 근거하여 정훈이의 학습의 정도가 낮은 이유 2가지, 학습의
정도를 높이기 위한 구체적 방안 2가지(4점)

> 정훈이는 운동부 학생인데 최근 부상으로 인해 더 이상 운동을 할 수 없는 상황이다. 정훈이의
> 부모님은 정훈이가 운동을 그만두고 공부를 하기를 바라고 있다. 하지만 정훈이는 그동안
> 운동부 활동에 참여하느라 학습시간도 충분치 않았고 자신의 꿈이 좌절되었다는 생각에 모든
> 의욕이 사라진 상태이다.

090 완전학습

블룸(B. Bloom)이 주장한 완전 학습을 위해 김 교사가 수업 전 분석할 수 있는 학습자 특성 2가지, 수업 중 활용할 수 있는 교수전략 2가지(4점)

> 김 교사 : 우리 학교에는 기초 학력이 부족한 학생들이 많아요. 그런데 제가 교직 경력이 짧다 보니 어떻게 대처해야 할지 잘 모르겠어요.
>
> 이 교사 : 블룸의 완전 학습 모형에서 대처 방법을 찾아보는 것은 어떨까요. 학생들의 특성을 고려하고 수업의 질을 개선하면서 학습에 필요한 시간을 줄일 수 있고, 학습의 기회를 충분히 제공하면서 학습에 사용한 시간을 늘린다면 완전 학습이 가능할 수 있어요.
>
> 김 교사 : 말씀 감사드려요. 저도 한번 블룸의 모형을 적용해 봐야겠어요.

091 유의미학습

오수벨(D. Ausubel)의 유의미학습 이론에 근거하여 밑줄 친 (가)와 관련있는 개념과 이것의 교육적 효과 2가지(3점)

> 중학교 음악교사인 A 선생님은 생상스의 '동물의 사육제'를 가르치고자 한다. 수업 도입부에 (가) A 선생님은 우선 영상을 통해 사자, 당나귀, 거북이 등 동물의 울음소리와 걷는 모습을 보여주었다. 이후 동물의 사육제를 실제로 들려주면서 실제 모습과 음악 간의 유사성과 차이점을 설명하고 학생들에게 음악 감상문을 쓰게 하였다.

092   유의미학습

오수벨(D. Ausubel)의 학습이론에 따를 때 유의미한 학습이 일어나기 위한 조건을 학습 과제와 학습자 측면에서 각 1가지, 최 교사가 활용할 수 있는 선행조직자의 유형과 해당 선행조직자를 활용할 때 교사의 유의점 1가지(4점)

> 최 교사 : 제가 다음 시간에 가르칠 내용은 이전 학기에서 가르친 내용과 명칭부터 특징까지 비슷한 부분이 많다 보니까 시험문제에서 학생들이 가장 많이 틀리는 부분이기도 해요. 어떻게 해야 학생들이 이전 학기에 배운 내용과 다음 시간에 배울 내용을 헷갈리지 않을 수 있을지 고민스럽네요.

03

093   발견학습

브루너(J. Bruner)의 발견학습을 통해 발견하고자 하는 것과 기르고자 하는 역량 각 1가지, 효과적 발견학습을 위한 구체적 수업 전략 2가지(4점)

> 박 교사 : 학습자 중심의 교육을 실현하면서 미래사회에서 필요로 하는 역량을 함양하기 위해서는 교수학습방법의 변화가 필요합니다. 특히 교사는 많은 내용의 지식을 일방적으로 가르치기보다는 여러 사실로부터 근본적인 개념과 원리를 학습자가 스스로 발견하도록 다양한 전략을 마련할 필요가 있습니다.

094 　발견학습과 유의미학습

다음에서 제시된 두 교수학습이론의 차이점을 교육 목표와 교사 역할 측면에서 각 1가지씩
제시하고 양 이론의 모두 적용한 수업 방안 2가지를 에듀테크를 활용하여 제시(4점)

> 대표적 교수학습이론으로 브루너(J. Bruner)의 발견학습이론과 오수벨(D. Ausubel)의 유의미
> 학습이론을 생각할 수 있다. 탐구식을 지향하는 발견학습과 설명식을 지향하는 유의미학습은
> 추구하는 목표와 목표달성을 위한 교사의 역할과 관련해 차이점을 갖는다. 이 둘 간의 차이로
> 인해 언뜻 하나를 취하고 하나를 버려야 하는 것처럼 인식할 수도 있지만, 현대 교육환경에
> 서는 이 두 이론을 조화롭게 활용하면서 두 이론이 가진 목표를 동시에 추구할 수 있다. 특히
> 메타버스 교실, 원격수업 등 다양한 형태의 에듀테크 기술이 발전되는 요즘, 두 이론을 조합할
> 수 있는 새로운 교수학습의 방법이 요구되고 있다.

095 　ARCS

학습 동기와 관련한 켈러(J. Keller)의 ARCS에 근거할 때 제시문의 학생들이 학습 동기가 낮은
이유 2가지, 송 교사가 학습 동기를 높일 수 있는 구체적인 방안 2가지(4점)

> 송 교사 : 우리 중학교 전체 학생 중 40%가 다문화가정의 학생들인데, 대부분 기초 학력
> 　　　　　수준도 낮고 학습 동기도 비다문화가정의 학생들에 비해 굉장히 저조해요. 특히
> 　　　　　우리말에 익숙치 않아서 초등학교 때부터 학습에 성공한 경험도 극히 드물고,
> 　　　　　대부분 저소득층이다보니 하루빨리 취업을 해야 한다는 생각에 수업 시간에 배우는
> 　　　　　내용이 자신들의 진로에 중요치 않다고 생각하고 있어요.

096 구성주의 공통

구성주의 이론의 특징을 학습과제와 학습자의 역할 측면에서 각 1가지, 구성주의 이론에 따를 때 나타나는 교육환경의 변화 모습 2가지를 디지털 기술과 관련하여 제시(4점)

> 전통적 교육환경에서는 학습자를 세상의 지식을 담는 물통이라 가정하였다. 빈 물통에 물이 담겨질 동안 물통은 스스로 아무것도 하지 않는다. 내가 품을 물을 선택할 수도 없고 그 물을 스스로 버릴 수도 없다. 그 물이 마실 물인지, 식물에게 줄 물인지 알지 못하고, 이 물로 무엇을 할 수 있을지 스스로 결정하지 못한 채 언제나 묵묵하게 물을 품고 있을 뿐이다. 구성주의 이론에서는 학습자를 빈 물통으로 바라보지 않는다. 학습자는 스스로 필요한 물을 찾을 수 있고, 그 물로 하고 싶은 것을 스스로 결정할 수 있는 능동적 주체이다.

097 구성주의 학습환경 설계

조나센(D. Jonassen)의 구성주의 학습환경 설계모형에서 문제의 해결을 위해 제시하는 도구 2가지, 이러한 도구의 활용을 촉진하기 위한 교사의 역할 2가지(4점)

> 신 교사 : 이번 수업은 학생들에게 문제를 제시하고 이를 해결하도록 설계하고 싶네요. 구체적으로 어떻게 설계하면 좋을까요?
> 방 교사 : 그렇다면 교수설계의 핵심은 단순히 목표와 수업 방법을 제시하는 것에 그치지 말아야 합니다. 학습자들이 어떻게 문제를 해결하도록 할 것인지, 그리고 그 과정에서 교사는 무엇을 하면 좋을지를 수업지도안에 반영해 보세요.

098   문제중심학습

문제중심학습(Problem-Based Learning)에서 문제의 특성 2가지, 문제를 해결하고 수업을 정리하는 과정에서 교사의 역할 2가지(4점)

099   프로젝트학습

다음과 같은 학습을 통해 길러지는 학습자의 역량 2가지, 학생들이 겪을 수 있는 어려운 점을 해결하기 위한 교사의 구체적인 교수·학습 활동 2가지(4점)

> 1차시에 이차방정식에 대해 설명했고 여러 연습문제를 통해서 이차방정식의 해를 구해보았다. 2차시에는 1차시 때 배운 내용을 현실에 적용하도록 수업을 진행하였다. 학생들에게 문제상황을 제시하였고, 학생들은 그 문제를 해결하기 위해 스스로 목적과 계획을 수립한 이후에 그 계획에 따라 문제를 풀어보았다. 그리고 자신의 수행과정, 동료의 수행과정에 대해 스스로 평가해 보았다. 처음 해보는 수업에 학생들이 흥미를 보였지만 수업 중 아이들이 어떻게 계획을 수립할지 몰라 허둥지둥 대는 경우도 있었고, 제 시간 내에 학습을 끝내지 못하는 경우도 있었다.

100   맥락정착적 교수이론

맥락정착적 교수이론에 따를 때 앵커의 특성 2가지, 차 교사가 하려는 수업에서 나타날 수 있는 문제점 2가지(4점)

> 차 교사는 메타버스 교실을 활용해 수업을 진행하고자 한다. 메타버스 환경 내에서 지혜와 은아, 승진이는 팀을 이뤄 캠핑을 떠나게 되는데 캠핑 도중 부상당한 독수리를 발견하고, 이들은 부상당한 독수리에게 갈 수 있는 방법을 모색하려 한다. 차 교사는 메타버스 내 공지사항 기능을 활용해 가능한 교통수단, 거리, 연료 등을 여러 가지 단서를 제공하고 학생들은 문제해결을 위해 다양한 수학적 지식을 적용한다. 이때 차 교사는 팀 내 활동에 대해서 최대한 개입하지 않는다.

101 자원기반학습

자원기반학습(Resource-Based Learning)을 통해 획득하는 기능 2가지, 효과적 자원기반학습을 위한 교사의 유의점 2가지(4점)

102 자원기반학습

미래교육 대전환 시대에 자원기반학습을 통해 길러지는 역량 2가지, 아이젠버그(M. Eisenberg) 등의 빅6(Big 6 skills) 모형에 따를 때 권 교사가 강조한 것과 관련한 인지 능력과 단계의 명칭(4점)

> 권 교사 : 미래교육 대전환 시대는 자원의 홍수를 넘어 자원의 세상이라고 할 수 있습니다. 따라서 자원 속에 사는 학생들은 필요한 정보를 정확하게 읽고, 보고, 적합한 정보를 가려낼 수 있도록 교수활동을 구성해야 할 것입니다.

103 자원기반학습

최근 교육에서는 교과서 외 다양한 지역 자원을 활용하는 교육이 강조되고 있다. 교실수업에서 활용할 수 있는 지역사회 자원 3가지를 구체적인 교육 방법과 함께 제시(3점)

104   인지적 유연성이론

인지적 유연성이론에서 강조하는 학습원리 2가지, 이런 수업 방법의 학습자 측면에서 장점 2가지(4점)

> "지구 온난화"라는 주제로 다양한 입장을 가진 사람들의 의견을 영상물로 제시한다. 개발론이라는 세부 주제로서 기업가, 개발도상국, 벌목업 종사자들의 입장을 보여주고, 보호론이라는 세부 주제로서 원주민, 환경운동단체, 선진국의 입장을 보여준다. 학생들은 세부 주제별 다양한 입장들을 학습하고 이에 대해 자신의 의견을 정리한다.

105   인지적 도제이론

인지적 도제이론에 따른 교수 방법의 목적, 이 이론에서 제시하는 단계별 교사의 구체적 교수·학습 활동 각 1가지(4점)

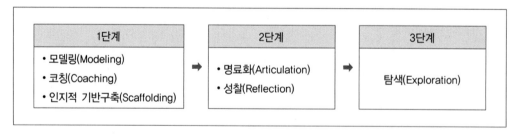

106   실천공동체

"협력을 통한 교육목적의 효과적 달성"이라는 주제로 다음을 참조하여 실천공동체의 구성요소 2가지, 구성원에게 단계적 참여 권한을 부여하는 이유 2가지(4점)

〈역사교사연구회 '도들볕' 기본 회칙 요약〉

1. 우리 연구회는 체험 중심의 역사 학습의 필요성을 공감하는 사람들로 구성한다.
2. 우리 연구회는 매주 수요일 저녁 19시 30분에 정기 대면 모임을 실시한다(필요 시 온라인으로 진행).
3. 우리 연구회는 교직 경력, 연구회 참여 경력 등을 바탕으로 멤버십의 단계(새싹, 잎새, 열매)를 정하며 멤버십의 단계별로 연구회의 참여 범위는 상이하다.
4. 우리 연구회에서 나온 교수방법과 아이디어들은 우리 연구회에 귀속되며, 우리 연구회에 소속된 교사들은 매 학기 1회 이상 연구회의 연구 결과를 수업에 적용하고 그 결과보고서를 제출한다.
5. 결과보고서에 대해 열매 등급의 교사는 적극적으로 장학활동을 수행한다.

---

107   상보적 교수이론

팰린샤와 브라운(A. Palincsar & A. Brown)의 상보적 교수이론에 근거할 때 독해력의 세부 구성 능력 2가지, 추 교사가 학생들의 독해력을 함양하기 위해 활용할 수 있는 구체적 교수학습 전략 2가지를 테크놀로지를 활용하여 제시(4점)

추 교사 : 요즘 학생들은 정보를 얻을 때 많은 시간을 할애하는 것을 꺼려합니다. 심지어 재미를 위해 영상을 보더라도 쇼츠나, 요약 영상들 중심으로 찾아보죠. 그러다 보니 학생들에게 소설을 읽게 하고 어떤 내용이었는지 질문하면 단편적인 사건만 이야기하는 경우가 많고, 장편소설의 앞부분을 보여주고 다음 내용을 물어보면 엉뚱한 내용을 말하는 경우가 많습니다.

---

108 목표기반 시나리오

권 교사가 설정할 수 있는 미션과 표지이야기의 예시를 각 1가지씩 제시하고, 이러한 수업
방식이 가지는 교육적 의의 2가지를 학습자 측면에서 제시(4점)

〈교수학습 계획(안)〉

주제	환경 보호와 원자력 발전소
수업 방식	목표기반 시나리오(Goal-Based Scenarios)
학습목표	원자력 발전소 폐쇄를 둘러싼 각 부처(국토부·환경부·산업부·기획재정부 등) 장관들의 의사결정 과정에 가상적으로 참여하는 경험을 통해 비판적·합리적 사고능력을 기른다.
미션	(가)
표지 이야기	(나)

109 ISD모형

교수설계의 첫 번째 단계는 "분석"단계로서 학습자 특성 분석, 학습 과제 분석 등이 이루어진다.
학습자의 특성을 분석하는 구체적인 방법 2가지, 학습 과제를 분석하는 구체적인 방법 2가지
(4점)

110 교수설계이론

가네(R.M. Gagné)의 학습위계이론에 근거할 때 학습을 통해 함양할 수 있는 지적기능 중 가장
고차원적인 지적기능의 종류와 이를 함양하기 위한 학습의 명칭 1가지, 학습 준비 단계(수업
도입부)에서 교사의 구체적인 역할 2가지(4점)

111 정교화이론

라이겔루스(C.M. Reigeluth)의 정교화이론에 말하는 정교화의 의미, 정교화 전략 중 정교화 단계별 도입요소(구분 3) 1가지, 수업 내 전략(구분 7) 2가지 제시(4점)

03

> 신 교사 : 복합적인 아이디어를 가르치기 위해 정교화이론을 활용하고자 해요. 정교화 수준을 분석하고 이후 수업 전개에 따른 전략을 세워보았습니다. 수업의 도입부터 정리에 이르기까지 체계적인 정교화 전략을 마련해야겠어요.

〈수업 전개에 따른 정교화 전략〉

구분	1	2	3	4	5	6	7	8	9
정교화 수준/ 수업차시	정교화 단계	다음 정교화 단계	**정교화 단계별 도입 요소**	조직된 내용 제시	보조적 내용 제시	인지전략 활성자	**수업 내 전략**	단원 내 전략	확장된 정교화 요소
대요 1차시									
2차시									
...									

112　내용요소제시이론

다음의 수업목표가 내용 - 수행 행렬표 중 어디에 해당하는지 분석하고, 이러한 목표를 달성하기 위한 1차 자료제시 형태를 목표별로 1가지씩 제시(4점)

- 목표 1: 파이(π)의 값은 얼마인지 말할 수 있다.
- 목표 2: 피타고라스의 정리를 이용하여 건물의 높이를 측정할 수 있다.

〈내용 - 수행 행렬표〉

발견하기		B	E	H
활용하기		C	F	I
기억하기	A	D	G	J
	사실	개념	절차	원리

113　ADDIE모형

ADDIE모형에 따라 교수설계를 하는 경우 설계(Design) 단계에서의 구체적 실행전략 2가지, 교수설계 과정을 평가하기 위한 기준 2가지(4점)

ADDIE모형은 교수설계의 일반적 모형을 이론화한 것으로서 분석-설계-개발-실행-평가로 세분화된다. 분석 단계에서는 학습자와 학습환경, 과제 등을 분석하고 계획을 구상한다. 이후 설계 단계에서는 분석과정에 나온 산출물들을 창조적으로 종합하여 문서화한다. 실제 자료와 개발을 거쳐 실제 현장에 계획을 적용하는데, 이러한 과정이 성공적인지 여부는 평가의 과정을 통해서 확인할 수 있다.

114 딕과 캐리 모형

딕과 캐리(W. Dick & L. Carey) 모형에 근거할 때 학습자 분석 단계에서 확인할 내용 2가지, 분석을 토대로 성취목표를 진술할 때 포함되어야 하는 요소 2가지(4점)

03

115 교수매체 연구

매체활용 수업의 장점 2가지, 매체의 효과성을 분석하는 방법으로 두 교사가 언급한 분석방법의 한계점 각 1가지(4점)

> 남 교사 : 요즘 들어 매체를 활용한 수업이 부쩍 늘었어요. 수업 연구대회에 나가보니 대부분의 선생님들이 컴퓨터, 전자칠판, 태블릿 PC 등 다양한 매체를 활용한 수업을 진행하시더라고요.
>
> 정 교사 : 너무 많은 교육매체들이 나오니까 전 오히려 어떤 매체로 수업을 해야 할지 고민이 들더라고요. 매체간의 효과성을 비교하면서 가장 효과가 좋은 매체를 활용해볼까 해요.
>
> 남 교사 : 선생님이 하고자 하는 수업에 따라 적합한 매체가 다를 수 있어요. 교수매체의 고유한 속성과 특징을 연구하고 그 결과를 바탕으로 매체를 선정해보는 방법도 있습니다.

116 　교수매체 연구·모형

벌로(D. Berlo)의 SMCR모형에 근거할 때 교사 – 학생 간의 소통에 영향을 주는 요인을 교사(송신자)와 학생(수신자) 측면에서 각 1가지씩 제시, 효과적인 소통을 위해 수업 준비 시 교사의 실행방안 2가지(4점)

> 전 교사 : 실제 수업을 하다 보면 제가 수업한 내용을 학생들이 다르게 받아들이는 경우가 상당히 많은 것 같아요. 처음 의도한 바를 잘 전달할 수 있도록 목표를 설정하거나 교육내용을 선정할 때부터 꼼꼼하게 수업을 준비해야겠어요.

117 　교수매체모형

쉐넌과 쉬람(C. Shannon & W. Schramm)의 커뮤니케이션 모형에 근거할 때 교수활동의 효과성을 떨어뜨리는 요인 2가지, 이를 방지하기 위한 교사의 실행전략 2가지(4점)

> 수진 : 수학 선생님은 우리를 잘 이해하지 못하는 것 같아요. 안 그래도 수학 어려운데 우리 실력은 생각도 안 하고 선생님이 자기 할 말만 하고 나가버리십니다.
> 혜원 : 선생님이 조금 반을 통제해주셨으면 좋겠는데, 칠판만 보고 수업하세요. 그러다 보니 뒷자리 앉은 친구들은 막 떠들고 그래서 저는 수업에 집중이 되지 않아요.

118 　미래형 교수매체

"학습에 주도적인 인재의 육성"을 위한 교수설계 시 활용할 수 있는 미래형 교수매체의 특징 2가지, 미래형 교수매체 선정 시 고려해야 하는 기준 2가지(4점)

> 윤 교사 : 앞으로의 매체 활용 교육은 단지 영상을 보여주거나 교육용 소프트웨어를 사용하는 것에 그치지 않고, 매체를 수업에서 활용하는 것 자체로도 학습자에게 의미가 있어야 한다고 생각해.

119 ASSURE모형

하인니히(R. Heinich)의 ASSURE모형에 근거할 때 학습자 분석단계에서 분석하는 학습자 특성 2가지, 매체 활용단계에서 교사의 구체적인 활동 2가지를 원격수업 상황을 고려하여 제시(4점)

> 김 교사 : 최근 원격수업이 확대되면서 교수매체를 효과적이고 체계적으로 활용하는 수업에 대한 관심이 높아졌어요. 연수를 들어보니까 학습자분석−목표진술−매체선정− 매체활용−참여유도−평가로 이어지는 ASSURE모형이 효과적인 것 같아요. 이를 고려해서 원격수업을 준비하면 질 높은 수업을 설계할 수 있을 것 같아요.

03

120 ASSURE모형

하인니히(R. Heinich)의 ASSURE모형에 근거하여 이 교사가 수업에 적합한 매체를 선정하기 위해 활용할 수 있는 기준 2가지, 매체 활용 수업 시 교사의 역할 2가지(4점)

> 이 교사 : 에듀테크의 발전으로 다양한 교육매체들이 등장했습니다. 하지만 아무리 좋은 매체라 하더라도 현장에서 활용할 수 없으면 아무 쓸모가 없습니다. 현실적인 측면을 고려하지 않을 수 없어요. 그리고 간혹 매체를 활용하는 수업을 보면 교사 혼자서만 매체를 활용하고 학생들은 가만히 있는 경우가 많아요. 매체 활용 수업의 효과를 극대화하기 위해서는 학생들의 참여를 유도하는 것이 필수적입니다.

121 다양한 교수방법

강의법을 수업에 적용하기 적절한 경우 2가지, 심 교사의 의견을 참고하여 강의식 수업의 한계를 극복할 수 있는 교사의 실행방안 2가지(4점)

> 심 교사 : 강의법이 학습자의 흥미나 수준을 고려하지 않고, 학습자의 학습 참여를 유도하지 못한다는 비판이 있는 것도 사실이지만 강의법이라고 무조건 배척할 것이 아니라 상황에 맞게 강의법을 적용하는 것도 필요합니다. 다만 강의법을 적용하면서도 강의법이 가지는 한계를 극복하기 위한 방안을 마련할 필요가 있습니다.

122 다양한 교수방법

"포용성과 창의성을 갖춘 주도적인 인재의 육성"이라는 주제로, 토의식 수업(토의법)의 장점 2가지, 성공적인 토의식 수업을 위한 교사의 실행전략 2가지(4점)

> 정 교사 : 토의식 수업은 학생들에게 주제를 제시하고 학생들이 알아서 토의하게 하는 것이 아닙니다. 토의식 수업의 목적 달성을 위해서 수업 설계와 수업 진행 중에도 교사는 필요한 역할을 수행해야 합니다.

123 다양한 교수방법

혜진이의 언급에서 나타나는 협동학습의 단점 1가지, 이러한 단점을 방지하기 위한 교사의 구체적 수업전략을 도입 – 전개 – 정리로 나눠서 각 1가지씩 제시(4점)

> 혜진 : 저는 협동학습만 하면 제가 손해라는 생각이 들어요. 5~6명의 친구들이 있지만 매번 1~2명이 다 자료를 만들고 발표하고 나머지 친구들은 떠들고 놀기만 해요. 그리고 같은 점수를 받는 것이 너무 불공평하다고 생각해요.

124 다양한 교수방법

켈러(F. Keller)의 개별화 교수체제(PSI)의 장점 2가지, 이 교수법을 적용하는 경우에도 강의식 수업을 활용할 수 있는 상황 2가지(4점)

〈개별화 교수체제의 절차〉

① 한 과목을 15~30개 단원으로 나누고 단원마다 구체적 학습 목표 및 학습 지침 제공

② 학습지침을 바탕으로 다양한 학습자료를 통해 스스로 학습

③ 보조관리자(교사 또는 동료 학습자)와의 토의를 통해 학습

④ 학습자 스스로 학습했다고 판단하면 시험을 치르고 시험에서 80~90% 이상 성취하면 다음 단원으로 넘어감

03

125 다양한 교수방법

크론바흐와 스노우(L. Cronbach & R. Snow)의 ATI이론에 따를 때 개별 맞춤형 수업을 위해 교사가 고려해야 하는 것 2가지, 각 학생별로 적합한 수업 방식 각 1가지(4점)

승진 : 저는 혼자 공부하는 것이 편해요. 공부할 시간도 충분치 않은데 팀별 과제를 수행하다 보면 진짜 공부해야 할 것을 놓치기도 해요. 시험 치루고 나면 꼭 모둠수업을 했던 부분에서 틀리더라고요.

민호 : 전 가만히 앉아서 듣는 수업은 너무 따분해서 자주 졸아요. 뭐라도 기억나려면 그래도 활동을 하는게 좋더라고요.

126　다양한 교수방법

자기주도 학습이 필요한 이유 1가지를 학생의 성장 관점에서 제시하고 자기주도 학습을 증진 시킬 수 있는 방안 3가지 제시(4점)

127　새로운 교수방법

다음의 상황을 고려했을 때 효과적인 교수학습 방법 1가지, 이때 교사의 유의점 3가지(4점)

> 과학기술의 발전으로 교육에서도 다양한 기술을 활용하는 것이 필요해지고 있습니다. 특히 기존의 교실수업을 넘어서 시공간을 탈피한 새로운 수업을 통해 학생들의 경험을 확대함으로써 학생들의 학습 동기를 높이고 미래사회에서 필요한 자기주도성을 함양할 수 있습니다.

128　새로운 교수방법

새로운 수업 방법에 관해 주 교사가 말하는 수업 방법의 절차와 유의점 1가지, 유 교사가 말하는 수업 방법의 명칭과 해당 수업 방법의 학습자 측면에서의 의의 1가지(4점)

> 김 교감 : 선생님들이 했던 새로운 수업 방법 중에 다른 선생님들과 공유하고 싶은 수업 방법이 있나요?
> 주 교사 : 저는 최근에 거꾸로수업(플립러닝, Flipped Learning)을 활용하고 있어요. 원격수업 때의 경험을 살리면서 보다 효율적으로 수업을 진행할 수 있어서 좋아요.
> 유 교사 : 저는 학생들이 짝을 이뤄 서로 질문을 주고받으면서 논쟁하는 수업을 추천하고 싶어요.

129 새로운 교수방법

"교사 간 협력을 통한 교육의 질 개선"이라는 주제로 강 교사가 언급하는 교육 방법의 명칭과
장점 1가지, 실제적인 운영 방안 2가지(4점)

> 강 교사 : 얼마 전 교육부가 발표한 교수학습개선안을 보니까 1수업 1교사를 탈피하는 것을
> 제시하더라고요. 한 수업에 2명 이상의 교사가 참여한다고 하면 굉장히 다양한
> 수업의 모습이 나타날 것 같아요.

130 새로운 교수방법

다음과 같은 수업방식의 장점 2가지, 수업 효과를 극대화하기 위한 교사의 실행 전략 2가지(4점)

> 〈방식〉
> • 기본 방향 : 학생들끼리 짝을 이루어 서로 질문을 주고받으며 논쟁
> • 수업 방식 : ① 짝 토론 및 최고질문 선정 → ② 최고질문으로 모둠별 토론 및 최고질문
> 선정 → ③ 질문으로 모둠 토론 → ④ 모둠발표
>
> 〈학생 반응〉
> 지혜 : 친구와 1 : 1 토론을 하니까 딴짓하는 사람이 없어서 좋았고 이후 전체토론을 하더라도
> 1 : 1 토론에서 다뤘던 주제로 토론하니까 어느 때보다 친구들이 많이 발표하려고 했던
> 것 같아요.

영역 구분		문제 번호
이해	기초	131~132
	운영	133
유형	기본적인 분류	134
	진행 과정에 따른 분류	135~136
	참조 준거에 따른 분류	137~138
	평가 영역에 따른 분류	139
	기타 유형	140~142
선정과 활용	문항제작	143
	문항분석	144~145
	검사의 양호도	146~148
수행평가	컴퓨터화 검사	149
	수행평가	150~151
	과정중심평가, 포트폴리오평가	152~153
교육연구 방법론	연구의 유형 · 과정	154~155
	연구의 타당성	156~157

IV

교육평가 및
연구방법론

교육평가 및 연구방법론

모범답안 해설 p.211

131 　교육평가의 기초

조 교사가 기존에 시행했던 평가의 관점과 그 관점의 한계 1가지, 조 교사가 새롭게 추구하는 관점에 부합하는 평가 방법과 평가의 기능 각 1가지(4점)

> 조 교사 : 교육은 인간의 전인적인 성장을 목적으로 하기 때문에 평가 역시 이런 관점에 따라 실시되어야 해. 그런데 지금까지의 평가를 보면 너무 점수를 내기 위해서 평가를 실시한 것 같다는 생각이 들어. 앞으로는 학생을 종합·전체적으로 평가하면서 전인적 수업 설계를 위한 참고자료로서 평가를 실시하는 것이 바람직할 것 같아.

132 　교육평가의 기초

2022 개정 교육과정에서 확인할 수 있는 교육평가의 원칙 2가지, 해당 원칙을 실현하기 위한 교육평가 설계 시 교사의 실행전략 2가지(4점)

> 〈2022 개정 교육과정, II. 학교 교육과정 설계와 운영, 3. 평가〉
> 나. 학교와 교사는 성취기준에 근거하여 교수·학습과 평가 활동이 일관성 있게 이루어지도록 한다.
> 　1) 학습의 결과만이 아니라 결과에 이르기까지의 학습 과정을 확인하고 환류하여, 학습자의 성공적인 학습과 사고 능력 함양을 지원한다.
> 　2) 학교는 학생의 인지적·정의적 측면에 대한 평가가 균형 있게 이루어질 수 있도록 하며, 학생이 자신의 학습 과정과 결과를 스스로 평가할 수 있는 기회를 제공한다.
> 　3) 학교는 교과목별 성취기준과 평가기준에 따라 성취수준을 설정하여 교수·학습 및 평가 계획에 반영한다.
> 　4) 학생에게 배울 기회를 주지 않은 내용과 기능은 평가하지 않는다.

133 교육평가의 운영

다음의 교원 평가 결과에서 확인할 수 있는 평가의 운영과정에서 나타날 수 있는 평가의 오류 2가지와 각 오류들로 인한 부정적 효과, 이를 해결하기 위한 실천 방안 2가지(4점)

평가 문항	답변
선생님의 좋은 점	과제를 제출하기만 하면 그래도 중간점수를 주시니까 좋아요. 물론 대부분이 중간점수이긴 하지만ㅎㅎ
선생님께 바라는 점	어일반, 어차피 일등은 반장... 반장이 착하고 열심히 하긴 하지만... 매번 반장만 일등점수 주고... 반장은 백지 내도 최고점일 거예요.

134 교육평가의 유형

현 교사가 기본적으로 강조하는 평가의 유형, 현 교사가 활용할 수 있는 구체적인 평가방법과 평가기준을 각 1가지, 이때 교사의 유의점 1가지(4점)

오 교사 : 평가에 대한 가장 전통적인 분류는 양적 평가와 질적 평가로 나눌 수 있습니다. 어떤 것이 우리 교육현장에서 바람직할 수 있을까요?

현 교사 : 평가는 단순히 학습자의 상대적 위치를 알려고 하는 것보다는 학생의 성장을 위한 자료로 활용하기 위해 실시하는 것이라고 생각합니다. 교육의 궁극적 목적인 학습자의 지속적 성장을 위해서 평가가 활용되어야 하는 것이므로 특정 시점의 단발성 평가보다는 긴 호흡을 가지고 학생을 이해하고 분석하고 판단할 필요가 있습니다.

135 | 교육평가의 유형

기초학력 진단을 위해 다음의 평가 절차를 거치는 이유 2가지, 평가 결과를 학부모, 학습자에게
안내할 때 유의점 2가지(4점)

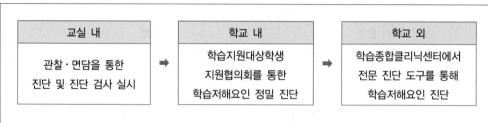

학부모 A : 어제 우리 아이가 학습지원대상학생에 해당한다고 연락 받았어요. 우리 아이가
       이렇게 공부를 못하는 아이였다니 너무 슬프네요.
학생 B : 다른 아이들이 알면 어쩌죠? 저 왕따 당하면 어쩌죠?

136 | 교육평가의 유형

형성평가의 기능을 학습자 측면과 교사 측면에서 각 1가지씩 제시, 협동학습 시 활용할 수 있는
형성평가의 기준 2가지(4점)

윤 교사 : 협동학습을 진행하다 보면 일부 학생들만 참여하고 나머지 학생들은 학습에 소극적인
       경우가 있어요. 평가에 관한 연수를 들어보니 형성평가를 적절히 실시한다면 학습자의
       학습 참여도를 높일 수 있을 것 같아요.

137 교육평가의 유형

평가를 참조 준거에 따라 분류할 때, 고교학점제에서 시행하는 성취평가제에서 확인할 수 있는 평가 방식 2가지, 해당 평가 방식의 장점 각 1가지(4점)

2025학년도 고교학점제 본격 시행과 함께 성취평가제 적용 범위가 전체 선택과목으로 확대된다. 과목별 성적산출 방식은 공통과목과 선택과목에 대해서 원점수, 성취도(5단계), 성취도별 학생비율과 과목평균 등이 동일하나 공통과목에서는 석차등급이 나오는 반면 선택과목에서는 석차등급이 제공되지 않는다.

〈과목별 성적 산출 방식(안)〉

구분		성취도 정보		통계정보			서열정보
		원점수	성취도	성취도별 학생비율	과목평균	수강자 수	석차등급
보통교과	공통과목	○	5단계	○	○	○	○
	선택과목	○	5단계	○	○	○	×
전문교과		○	5단계	○	○	○	×

138 교육평가의 유형

학생평가 시 박 교사가 활용할 수 있는 참조 기준 1가지와 교실수업에서 구현할 수 있는 방안 1가지, 이러한 기준을 적용한 평가 시 교사의 유의점 2가지(4점)

박 교사 : 그간의 평가는 특정 시기에 학생이 얼마나 성취하였는지, 또 학생의 성취 수준이 어느 정도 위치에 있는지를 기준으로 운영되었어. 과정중심평가가 무엇보다도 중요시되고 있는 상황에서 평가의 참조 기준 역시 바뀌어야 하는 것 같아.

139 　교육평가의 유형

윤 교사가 평가할 수 있는 정의적 영역의 종류 2가지를 구체적인 평가 방법과 함께 제시하고
정의적 영역에 대한 평가 시 교사의 고려사항 2가지(4점)

> 윤 교사 : 과거의 전통적 평가에서는 지식, 이해, 적용, 분석, 종합, 평가와 관련한 학습목표를
> 얼마나 잘 달성했는지를 평가하였습니다. 학생의 전인적 성장이 중요시되는 현재
> 에는 학습자의 정의적 영역 또한 평가할 수 있어야 합니다. 그러나 정의적 영역은
> 명확히 정의되기 어려운 측면이 있으므로 교사는 평가의 타당성과 신뢰성을 확보
> 하기 위해 여러 요인들을 고려해야 할 것입니다.

140 　교육평가의 유형

학생이 주체가 되는 평가의 종류 2가지, 이러한 평가의 평가 목적을 달성하기 위한 교사의 역할
2가지(4점)

> 황 교사 : 2022 개정 교육과정에서 평가의 운영 시 학교는 학생의 인지적·정의적 측면에
> 대한 평가가 균형 있게 이루어지게 하면서 학생이 자신의 학습 과정과 결과를
> 스스로 평가할 수 있는 기회를 제공할 것을 강조하고 있습니다. 학생이 주체가 되는
> 평가를 통해 학생들은 미래 사회에 필요한 자기주도성을 함양할 수 있습니다.
>
> 유 교사 : 근데 사실 우리 교육 현실에서 스스로 평가의 주체가 될 수 있는 학생이 충분할지
> 우려스럽네요.

141   교육평가의 유형

평가자와 피험자 간의 상호작용을 통해 발달잠재력을 확인하기 위한 평가의 명칭과 장점 1가지,
성공적인 평가를 위한 교사의 실행전략 2가지(4점)

> 민 교사 : 전통적 평가방식으로는 현재 70점을 맞는 학생이라도 조금만 도와주면 언제든
> 100점을 맞을 수 있는 경우가 있습니다. 이렇게 발달잠재력을 가진 학생들을 정확히
> 평가하는 것이 공교육의 역할 아닐까 싶네요.
>
> 조 교사 : 맞아요. 비고츠키가 근접발달영역의 학습을 위해서 동료나 교사의 도움을 중시했던
> 것처럼 평가에서도 도움을 통해 학습할 수 있는 부분을 평가할 수 있어야 한다고
> 생각하네요.

04

142   교육평가의 유형

안 교사가 실시하고자 하는 평가의 명칭과 해당 평가의 기능 1가지, 이때 안 교사가 활용할
수 있는 평가 기준 2가지(4점)

> 안 교사 : 매년 학생들을 평가하는데 이 평가 방식이 최선인지 언제나 의문이 있습니다.
> 올해는 교과협의회를 통해서 제가 시행한 평가가 효과적이었는지 평가하고자
> 합니다. 다음 회의 때는 유사한 평가사례가 있는지, 그리고 어떻게 평가했는지
> 알아보는 시간을 갖도록 하죠.

143   문항의 선정과 활용

학습자의 학습 성과를 평가하는 경우 좋은 문항의 조건 2가지, 문항 제작 시 교사의 고려사항 2가지 제시(4점)

> 마 교사는 입직 후 5년간 고3을 주로 가르쳤다가 이번에 중학교로 전보 이동하게 되었다. 발령 후 첫 번째 중간고사 문항 출제를 앞두고 어떤 문항이 좋은 문항일지 고민하는 상황이다.

144   문항의 선정과 활용

고전검사이론을 통해 문항을 분석할 때 장점과 단점 각 1가지, 문항반응이론에 따라 문항의 난이도와 변별도를 측정하는 방법 각 1가지(4점)

> 고전검사이론에 따르면 문항의 난이도는 총 피험자 중 답을 맞힌 피험자의 비율로 알 수 있고, 문항의 변별도는 문항점수와 피험자의 총점 간 상관계수를 통해 측정이 가능하다. 총점에 의하여 문항을 분석하는 고전검사이론과 달리 문항 하나하나에 근거하여 문항을 분석하는 이론을 문항반응이론이라 하는데, 이 이론에서는 피험자의 능력에 따라 문항의 답을 맞힐 확률을 나타낸 곡선인 문항특성곡선을 통해 문항을 분석한다.

145   문항의 선정과 활용

은아의 국어, 수학에서의 T점수를 구하고 학교 내 국어와 수학 성적이 각각 정상분포를 이루고 있다고 가정할 때 각각의 과목 점수가 상위 몇 퍼센트에 해당하는가(4점)

> 은아네 학교의 국어점수 평균은 70점이고 표준편차는 5이다. 은아는 국어시험에서 80점을 받았다. 한편 은아네 학교의 수학점수 평균은 60점이고 표준편차는 10이다. 은아는 수학시험에서 70점을 받았다.

146 문항의 선정과 활용

학습자의 정의적 영역에 대한 평가를 진행 시 평가의 공정성과 관련한 신뢰도뿐만 아니라 목적에 맞게 적합한 평가를 실시했는지와 관련한 타당도 확보도 중요시된다. 정의적 영역의 평가와 관련한 타당도의 명칭과 개념을 제시하고 타당도를 확보하기 위한 구체적 방법 1가지 (3점)

147 문항의 선정과 활용

인본주의적 교육관에 따를 때 정의적 평가의 필요성과 종류 각 1가지, 정의적 평가를 설계하는 과정에서 교사의 구체적 실행방안 2가지를 평가도구의 양호도 측면에서 제시(4점)

> 양 교사 : 학습자에 대한 올바른 평가를 위해 정의적 평가가 강조되고 있습니다. 정의적 평가를 실시할 때도, 평가하고자 하는 것을 제대로 평가해야 하고 평가자가 바뀌더라도 안정적이고 일관성 있게 평가할 수 있어야 합니다.

148 문항의 선정과 활용

장 교사가 강조한 신뢰도의 명칭, 이러한 신뢰도를 확보하기 위한 구체적 방법 2가지(3점)

> 장 교사 : 서논술형평가, 과정중심평가가 확대되고 있는데, 사실 완전하게 평가자의 주관을 배제하는 것은 어려울 수 있습니다. 그럼에도 동일한 채점자가 동일한 대상을 두 번 평가하였을 때 다른 결과가 나온다고 하면 그것은 신뢰성이 떨어지는 평가라고 할 수 있겠지요. 평가의 일관성을 확보하기 위한 방법을 찾아야 할 것입니다.

149 컴퓨터화 검사

김 선임연구원이 언급한 학습을 저해하는 요인과 이를 진단하는 방법 각 1가지, 진단 시스템으로서 제안한 CAT의 장점 2가지를 학습자 측면에서 제시(4점)

> 김 선임연구원 : 기초학력 보장을 위해 지능과 학습 수준 진단을 넘어 전인적 성장의 관점에서 학습을 저해하는 요인을 분석하고 그에 따른 맞춤형 진단 검사 도구가 필요합니다. 현재 학생 진단이 학교 자율에 의존하고 있고 결과 활용 및 절차에 관한 정보 제공이 미흡한 상황입니다. 국가 차원에서 진단 시스템을 구축하는 것이 필요한데 디지털 대전환 시대에 컴퓨터 적응형 학업성취도 평가(Computerized Adaptive Test; CAT)를 적용할 것을 제안합니다.

150 수행평가

수행 결과물에 대한 평가 방법 2가지, 수행 결과물을 채점할 때 박 교사가 언급한 채점 방법별 장점 각 1가지(4점)

> 박 교사 : 과정중심평가가 강조되고 있기는 하지만 현실적으로 학교 현장에서 가장 많이 활용되는 수행평가는 아무래도 학생의 수행 결과물에 대한 평가일 것입니다. 결과물을 채점할 때 교사는 결과물을 종합적으로 판단하여 점수를 부여하기도 하고 결과물의 구성요소를 세분화하여 요소별로 채점하는 방법이 있습니다. 결과물에 따라 적합한 평가방법을 선정하고, 채점 방법을 선택해야 할 것입니다.

151 수행평가

수행평가의 기준으로서 루브릭을 설정하는 이유 1가지와 설정 시 교사의 유의점 2가지(3점)

152 수행평가

다음의 일기에서 강조하는 평가 방식이 학생에게 줄 수 있는 교육적 효과 1가지, 이때 교사가 가져야 할 태도 2가지, 협동학습 시 활용 가능한 과정중심평가의 종류 1가지(4점)

> 교수평기의 일체화를 위해 과정중심평가가 중요한 것 같아. 어떻게 보면 긴 과정일 수 있지만, 그 과정에서 조금은 느리더라도 서서히 변화해 가는 학생들을 확인하는 것이 우리 교사의 몫이라고 생각해. 난 요즘 협동학습을 많이 하는데 과정중심평가를 하니까 아이들의 수업 참여도를 높일 수 있고 수업과 평가를 일치시킬 수 있는 것 같아.

04

153 수행평가

과정중심평가의 기능 2가지, 토의토론 학습의 과정을 평가할 때 반영할 수 있는 평가요소 2가지(4점)

> 주 교사 : 전통적인 결과중심평가는 학습에 대한 평가에 한정되어 있었다면 과정중심평가는 학습을 위한 평가, 학습으로서의 평가로 그 기능이 확대되고 있습니다. 토의토론 학습을 진행하면서도 과정중심평가를 실시할 수 있는데, 학생들이 모둠을 이뤄서 토의토론을 하는 과정 속에서 학생들 스스로 모둠 내 평가를 하거나, 모둠 간 평가를 실시할 수 있습니다. 이때 교사는 학생들 스스로 원활히 평가할 수 있도록 평가요소를 제시해줘야 합니다.

154　　교육연구방법

천 교사가 학급운영을 위한 기초자료를 확보하기 위해 실시할 수 있는 구체적 연구방법 1가지, 이때 교사의 유의점 2가지(3점)

> 천 교사 : 코로나19로 대면접촉이 줄어들면서 아이들의 사회성이 떨어졌다는 지적이 많네요. 아이들의 사회성을 정확히 파악하고 학급운영을 위해서 아이들이 누구와 친한지 확인해야겠어요.

155　　교육연구방법

김 교사가 활용하려는 척도기법의 명칭과 장점 1가지, 이러한 척도기법을 활용할 때 교사의 유의점 2가지(4점)

> 김 교사는 학급 경영을 위한 기초자료를 수집하기 위해 '교사에 대해 학생들이 갖고 있는 이미지'에 대해서 알아보고자 한다. 교사의 이미지를 형용사로 표현하고 양극단에 반대 개념을 대응시켜 놓았다. 또한 이를 7점 척도로 하여 응답자의 생각이 척도 어디에 위치하는지를 표시하도록 질문지를 구성하였다.

156 교육연구방법

다음의 연구에서 타당도를 확보하는 데 장애가 되는 요인 2가지, 이를 통제할 수 있는 방안 2가지(4점)

> 한국대학교 교수학습센터의 성 연구원은 중학교 자유학기제가 학교생활 만족도에 미치는 연구를 수행하고자 한다. A 중학교 1학년 학생 중 실험 참여를 희망한 학생 30명으로 실험집단으로 구성하였고, 1학년 3반 학생들을 편의 표집하여 통제집단을 구성하였다. 검사 도구와 기준을 설정하고 1학년 1학기 6월과 자유학기(1학년 2학기)가 끝난 2학년 1학기 4월에 검사를 진행하였다.

157 교육연구방법

이 교사가 확보하려는 타당도의 명칭과 표본의 대표성을 제고하기 위한 방안 2가지(3점)

> 이 교사 : 교육 상황에 관한 연구의 주된 목적 중 하나는 연구 결과를 일반화하는 데 있는 것 같아요. 연구의 일반화를 위해서는 대표성있는 표본을 추출하는 것이 무엇보다 중요하다고 생각합니다.

영역 구분		문제 번호
이해	지능	158~161
	창의성	162~164
	자기주도성	165~166
	개인차	167~169
동기	기초	170
	행동주의	171
	인본주의	172
	인지주의	173~179
학습자의 발달	발달에 대한 이해	180
	인지적 영역 발달	181~184
	성격 발달	185~186
	사회성 발달	187~188
	도덕성 발달	189~191
교수학습 이해	행동주의	192~196
	인지주의	197~202
	효과적 교수	203~205
생활지도 및 상담	생활지도 · 진로지도	206~211
	상담	212~220

V

교육심리학 및
생활지도·상담

158 　지능

학교에서 지능검사를 실시하는 이유 1가지와 지능검사 결과를 안내할 때 교사의 유의점 2가지
(3점)

> 준호 : 다음 주에 지능검사 한다는데, 부담되네.
> 현진 : 그거 왜 하는지 모르겠어. 끝나고 나면 그걸로 애들 놀리기나 하겠지 뭐. 안 좋게
> 　　　 나오면 엄마한테는 또 뭐라고 해야 할지 모르겠네.

159 　지능

**개별 맞춤형 교육이 강조되는 시대에 가드너(H. Gardner)의 다중지능이론의 교육적 의의 1가지,
가드너가 제시한 다양한 지능 중 이 교사가 강조하는 지능의 명칭과 이 지능을 함양하기 위해
수업에서 진술할 수 있는 학습목표의 예시 1가지**(3점)

> 이 교사 : 요즘 들어 학생들의 기초문해력이 떨어졌다는 지적이 많아요. 저도 수업을 해보니
> 　　　　 아이들이 기본적인 단어를 이해하지 못하는 경우가 많은 것 같더라고요. 교육을
> 　　　　 통해서 문해력과 관련한 지능을 높이는 방법을 찾는 것이 중요할 것 같아요.

160 | 지능

스턴버그(R. Sternberg)의 삼원지능이론에 따를 때 제시문의 각 교사가 강조하는 지능의 종류
(요소) 각 1가지와 이를 개발하기 위한 구체적인 활동 2가지(4점)

> 홍 교사 : 인터넷이 발달하면서 누구나 지식과 정보에 접근할 수 있기 때문에 우리는 수업에서
> 학생들이 다양한 정보를 분석, 평가, 비교할 수 있는 능력을 키울 수 있도록
> 도와줘야 해요.
>
> 안 교사 : 저는 복잡한 사회현실의 문제를 해결하기 위해 학생들이 사회변화에 재빠르게
> 적응하고 스스로 환경을 변화시켜 나갈 수 있는 실제적 능력을 키우는 것이
> 중요하다고 봐요.

05

161 | 지능

드웩(C. Dweck)의 암묵적 지능이론과 관련하여 인경이와 상명이가 가지는 지능에 대한 관점을
각각 설명하고 각 관점이 학습 동기에 미치는 영향 1가지씩 제시(4점)

> 신 교사 : 인경이와 상명이는 둘 다 영재학교에 진학하고자 합니다. 그런데 얼마 전에 사설
> 기관에서 영재 검사를 받았나 보더라고요. 둘 다 영재학교 입학생의 평균 IQ에는
> 조금 못 미치게 나왔는데 인경이는 지능지수가 어차피 상황에 따라 다르게 나오고
> 노력을 통해서 바뀔 수 있다고 믿고 있어요. 반면에 상명이는 오래전에 했던 검사
> 결과와 크게 차이가 없다는 사실에 실망하여 앞으로도 자신의 지능지수가 올라가지
> 않을 것이라고 믿고 있더라고요. 낙심한 탓인지 평소에 거의 틀린 적이 없는 과학
> 쪽지 시험에서도 몇 문제 틀리기까지 했어요.

162   창의성

미래사회에서 요구하는 창의적인 사람의 특성을 학습자의 인지적 측면과 정의적 측면에서 각 1가지, 창의성을 함양하기 위한 교사의 실행전략 2가지(4점)

> 추 교사 : 미래사회는 하나의 교과 지식만으로는 해결할 수 없는 다양한 문제들, 그리고 예상치 못한 문제들이 많습니다. 이러한 문제를 해결하기 위해서 우리는 역시 창의성을 강조할 필요가 있습니다. 창의성을 함양하기 위해서 학습자를 준비시키고 창의적 사고를 유발하고 표출할 수 있는 기회를 제공해줘야 합니다.

163   창의성

창의성과 관련하여 자신의 생각을 표현하는 것이 중요한 이유 2가지, 오 교사가 교실 내에서 활용할 수 있는 구체적인 창의성 향상 방법 2가지(4점)

> 오 교사 : 생각은 결국 밖으로 표현될 때 의미가 있는 것 아닐까요? 그런데 학교 현장에서 학생들에게 답이 없는 질문을 하는 경우 아무리 뛰어난 학생이라도 대답을 하지 않는 경우가 많아요. 상담 때 아이들에게 물어보니 혹시나 틀릴까 봐, 친구들에게 놀림 받을까 봐 대답을 하지 않는다고 하더라고요.

164 창의성

조 교사가 활용하려는 창의성 함양기법 2가지의 명칭, 이러한 기법의 적용 시, 학습자의 반응을 촉진하기 위한 방안 2가지(4점)

> 조 교사 : 창의성이란 것은 결국 기존에 없던 새로운 아이디어를 창출하게 하는 것이라 할 수 있습니다. 이를 위해 창의성 관련 연구들을 바탕으로 두 가지를 생각해봤습니다. 하나는 질문 목록을 만들어 새로운 아이디어를 자극하는 방법입니다. 기존에 있는 것을 대체하거나 기존의 것들을 결합하거나 새로운 상황에 적용하는 질문을 해보는 것이지요. 또 하나의 방법은 유추를 활용하는 것입니다. 유추를 통해 친숙한 것을 새롭게 보게 하거나 친숙하지 않은 것을 친숙하게 보게 하는 것입니다. 저의 방법들은 학생들이 적극적으로 반응할 때 의미가 있는 것인데요, 여러 가지 에듀테크를 활용해 학생들의 적극적인 반응을 유도할 수 있을 것 같습니다.

165 자기주도성

자기주도적 학습이 필요한 이유 2가지, 자기주도적 학습을 위한 구체적 수업전략 2가지 (4점)

> **〈2022 개정 교육과정 총론〉**
> ■ (교수학습 가−4) 학생이 여러 교과의 고유한 탐구 방법을 익히고 자신의 학습 과정과 학습 전략을 점검하며 개선하는 기회를 제공하여 스스로 탐구하고 학습할 수 있는 자기주도 학습 능력을 함양할 수 있도록 한다.

166 자기주도성

다음의 상황을 고려하여 부정적 자아존중감이 학습자에게 주는 악영향 1가지, 제시문의 학생이
긍정적인 자아존중감을 가질 수 있게 하는 교사의 지도방안 3가지를 구체적 사례와 함께 제시
(4점)

> 최 교사 : 지난 중간고사 국어 시험에서 크게 실패를 경험한 정훈이는 실패한 자신이 너무나
> 한심하게 느껴지고 앞으로도 계속해서 실패할 것 같다는 생각에 사로잡혀 있어요.
> 정훈이가 어떻게 하면 긍정적인 생각을 가질 수 있을지 고민해야겠어요.

167 학습의 개인차

위트킨(H. Witkin)에 학습양식의 구분에 따를 때 주형이의 학습양식 유형을 설명하고, 주형이
에게 적합한 교수학습방법과 동기유발 방안 각 1가지(3점)

> 주형 : 저는 사회의 문제, 사람들의 이야기를 다루는 사회 과목을 좋아합니다. 저는 공부를
> 할 때 타인의 시선을 많이 신경쓰는 편인데요, 그러다 보니 선생님과 부모님의 칭찬과
> 벌에 많은 의미를 부여하는 편이에요.

168 학습의 개인차

학습자의 학습유형을 분석하는 이유 1가지, 콜브(D. Kolb)의 학습 유형 분석에 근거하여 은유의
학습유형과 은유에게 적합한 교육 방법 1가지(3점)

> 은유는 새로운 상황에 대해서도 잘 적응하고 구체적 경험을 통해 정보를 지각하고자 한다.
> 또한 친구들과 함께 계획을 수립하면서 문제를 해결하는 것을 선호한다.

169 학습의 개인차

영재아의 특성 2가지, 영재아의 교육을 위해 A교육청이 실시하려는 방침의 장점과 단점 각 1가지(4점)

> A교육청은 지역에서 별도로 영재아를 선발하여 맞춤형 교육 지원을 실시하려 한다. 급격한 환경 변화에 창의적·능동적으로 대응하는 학생을 미래 영재라고 새롭게 정의함과 동시에 영재학생에 대한 교육방침을 새롭게 수립하였다. 특히 영재 학생이 빠른 시간 내에 초중등교육을 이수하고 이른 나이부터 전문적인 고등교육을 받을 수 있도록 월반제를 적극 활용하기로 했다.

05

170 동기의 기초

내재적 동기의 개념과 학습에서 내재적 동기 유발이 필요한 이유 1가지, 교실 현장에서 활용할 수 있는 구체적인 내재적 동기 유발 전략 2가지(4점)

171 동기의 기초

학습 동기에 영향을 미치는 변인 2가지, 해당 변인을 고려한 동기 증진 전략 2가지(4점)

172 인본주의 동기이론

매슬로우(A. Maslow)의 욕구위계이론 특징 2가지, 이 이론에 근거할 때 학교 내 학교폭력 문제를 해결해야 하는 이유 1가지(3점)

173   인지주의 동기이론

데시와 라이언(E. Deci & R. Ryan)의 자기결정성이론에 근거하여 다음의 상황에서 학생에게
현재 결핍된 욕구 1가지와 이를 충족시키는 방안 1가지, 원격 수업상황에서 학습자의 동기를
유발하는 방안 2가지(4점)

> 박 교사 : 우리 반 민주는 수포자예요. 한 번도 수학 시험에서 원하는 만큼 점수를 얻지 못하다
> 보니 자신이 수학적 머리가 없다고 믿고 있어요. 이런 상황에서 원격수업까지 하게
> 되면 학습에서 자율성도 떨어지고 다른 학생들과 상호작용도 못하게 될 텐데…
> 민주의 학습 동기가 앞으로 더 떨어질까 우려스럽네요.

174   인지주의 동기이론

자기효능감에 영향을 미치는 요인 2가지, 이를 고려한 자아효능감 증진 전략 2가지(4점)

175   인지주의 동기이론

영훈이가 수포자가 된 과정을 귀인이론에 따라 분석하고 영훈이를 위한 교사의 지도방안
2가지(3점)

> 영훈이는 소위 말하는 수포자이다. 중학교 1학년 때 기말고사를 망치고 부모님께 심하게 혼난
> 이후로 수학 시험 전날이면 잠을 못 잘 정도로 불안해했고, 시험시간에는 너무 떨리고 긴장
> 해서 눈앞이 캄캄해진 경우가 많았다. 그러다보니 공부한 것에 비해 매우 낮은 수학 점수를
> 받았다. 결국 영훈이는 "내 머리는 수학과 안 맞아서 뭘해도 안 될 거야"라고 생각하며 수학
> 시간에는 잠을 자거나 다른 공부를 하게 되었다.

176 인지주의 동기이론

엘리엇(A.J. Eliiot)이 세분화한 목표지향성 유형에 근거할 때 수영이의 목표지향성 유형의 명칭과 이러한 유형의 문제점 1가지, 수영이를 위한 구체적 지도방안 2가지(4점)

> 수영이는 다른 친구들보다 자신이 무능하게 보일까 봐 걱정한다. 선생님이 질문하신 내용이 자기가 아는 내용이라 할지라도 혹시나 틀릴까 봐 선뜻 손을 들고 발표하지 않는다. 조별 수업을 진행할 때도 자신의 이야기를 하는 경우는 거의 없다. 김 교사는 수영이와 상담한 결과 수영이는 언제나 무시받지 않을 정도로만 학습하고자 한다는 것을 알게 되었다.

177 인지주의 동기이론

앳킨슨 외(J. Atkinson et al) 성취동기이론에 근거할 때 다음의 상황에서 각 교사가 언급하는 학생의 유형, 해당 학생을 위한 효과적인 교수전략 2가지(4점)

> 정 교사 : 은아는 실패하더라도 그 원인이 자신의 노력에 있다고 생각해서 다음에는 노력을 더 하거나 성공을 위해 다른 전략을 사용하려고 부단히 노력하는 학생이에요.
>
> 임 교사 : 규태는 실패를 하면 어쩔 줄 몰라하면서 실패의 원인이 자신의 능력에 있다고 생각해요. 또 실패하는 경우 변명을 통해서 자신을 방어하는 데 급급해요.

178   인지주의 동기이론

기대가치이론에 근거하여 한국 학생들이 수학 과목에 대한 학습동기가 낮은 이유 2가지, 수학 과목의 학습동기를 높이기 위한 학습과제 구성 방안 2가지(4점)

> 최근 국제 학업성취도 평가 연구(PISA)에 따르면 한국학생들의 수학영역 학업성취도가 세계 최상위권인 것으로 나타난 반면 수학적 자아개념은 OECD 평균보다 매우 낮은 것으로 드러났다. 수학적 자아개념이란 수학을 잘하는지, 수학 성적을 잘 받고 있는지 또는 수학을 빨리 배우고 다른 곳으로 활용하는 것을 의미하는 것으로 … (후략) …

179   인지주의 동기이론

TARGET 원리를 기초로 유 교사가 사용할 수 있는 학습동기 촉진방안 3가지(3점)

> 유 교사 : 지난번 연수를 들어보니 학생들이 깨어있는 교실을 만들기 위해 TARGET 원리를 적용하는 것이 중요하다고 하더라고요. 과제(Task), 권위(Authority), 인식(Recognize), 협력(Grouping), 평가(Evaluation), 시간(Time)의 측면에서 학습자의 동기를 촉진할 수 있는 방안을 만들어보도록 해야겠어요.

180 발달에 대한 이해

브론펜브레너(U. Bronfenbrenner)의 생태이론에 근거하여 A중학교 학생들의 학교생활 만족도에 영향을 미치는 요인 3가지(3점)

〈A중학교 2학년 300명을 대상으로 한 설문조사 주요 내용〉

1. 학교생활 만족도에 가장 큰 영향을 주는 요인

   ① 또래와의 관계(56.7%), ② 교사와의 관계(22.1%), ③ 학부모와의 관계(13.5%)

2. 부모의 학교 참여와 학생 생활 만족도와의 관계

   – 부모가 학교 참여에 적극적일수록 학생의 만족도가 향상됨

3. 초등학교 때의 불행한 사건과 중학교 학교생활 만족도와의 관계

   – 왕따, 가정불화를 경험한 학생일수록 중학교에서 학생의 만족도가 떨어짐

---

181 인지적 영역 발달

다음의 관점에 근거하여 인지발달이 나타나게 된 과정을 적응과 조직의 개념을 통해 제시하고, 가장 높은 수준의 발달 단계에서 보여주는 발달의 모습 2가지(4점)

발달이 학습에 선행한다. 학습은 발달에 뒤따라오며, 이미 발견된 구조를 증명하는 것이다. 학습자와 사회적 환경 간의 관계와 관련해 능동적인 학습자를 가정하고, 사회적 환경은 학습자의 능력을 발달시키는 데 중심적인 역할을 하지 않는다. 즉, 학습과 발달은 분리된 것이다.

182 　인지적 영역 발달

비고츠키(L. Vygotsky)의 인지발달이론에 따를 때 협동학습의 장점 1가지, 비계설정(scaffolding)
의 구체적인 방법 3가지를 구체적 예시와 함께 제시(4점)

> 학습은 발달에서 중요한 역할을 하며, 학습자들이 근접발달영역 내에서 과제를 교사 혹은
> 유능한 또래로부터 교수 받는 것처럼 학습이 발달을 이끈다. 능동적인 학습자와 능동적인
> 사회적 환경은 발달에서 협력적인 관계이다.

183 　인지적 영역 발달

피아제(J. Piaget)와 비고츠키(L. Vygotsky)의 발달이론에 근거할 때 각 교사가 활용한 수업
전략 각 1가지, 해당 수업전략의 교육적 효과 각 1가지(4점)

> 차 교사 : 저는 학생들에게 새로운 상황과 문제를 많이 제시해주려 합니다. 새로운 것들을
> 　　　　　해결해가면서 자신의 고정관념도 깨뜨리게 되고, 이를 통해 성장하게 되는 것이죠.
> 강 교사 : 저는 질문을 자주 하고, 문제해결을 위한 여러 힌트, 사례를 제공해주려 합니다.
> 　　　　　학생들이 아직 혼자서는 해결하지 못하지만 충분히 학습할 수 있는 부분을 자극해
> 　　　　　주는 것이 교사의 역할이라 생각해요.

184 인지적 영역 발달

피아제(J. Piaget)와 비고츠키(L. Vygotsky)는 각각 인지발달과 언어와의 관계를 어떻게 설명하는지, 또 지훈이의 학습방식에 대해서 어떤 입장을 취하는지 설명(4점)

> 지훈이는 수업을 들을 때나 혼자 학습을 할 때 언제나 혼잣말을 한다.

185 성격발달

에릭슨(E. Erikson)의 성격발달이론에 따를 때 지희의 성격 형성 과정을 설명하고, 지희의 문제를 해결하기 위해 교사가 실행할 수 있는 전략 2가지(3점)

> 지희는 맞벌이가정의 자녀인데 지희가 6살 때부터 부모님 일이 바빠져서 가정으로부터 적절한 돌봄을 받지 못하였다. 언제나 돌봄교실에 홀로 방치되어 있거나, 주말에도 혼자 있는 시간이 많았다. 어떤 것을 성취했다고 칭찬을 받은 기억도, 어떤 것을 못했다고 혼난 기억도 없이 지희는 딱히 무언가를 수행한 결과에 대한 평가를 받은 적이 없다. 중학생이 된 지희는 자신의 미래에 대한 고민도 없고 잘하는 것이 무엇인지 알지 못한다.

186 성격발달

마샤(J. Marcia)의 정체성 지위 이론에 근거하여 제시문에 나타난 학생의 정체성 지위 상태를 분석하고 해당 학생이 올바르게 정체감을 형성할 수 있도록 도와주는 교사의 역할 2가지(3점)

> 우 교사 : 성현이는 자신의 진로에 대해 고민을 해본 적도 없고, 언제나 무기력하게 교실에 앉아 있기만 해요. 그 어떤 것도 주도적으로 하지 않고 교사나 부모가 시키는 일도 어느 정도 수준까지만 하고 쉽게 포기합니다.

187 사회성 발달

다음을 참고하여 사회성의 하위 구성요소 2가지, 교실 현장에서 사회성을 발달시킬 수 있는 구체적 실행방안 2가지(4점)

> 코로나19로 학생 간 대면접촉이 줄고 단체생활을 할 수 있는 기회가 사라짐에 따라 학생들의 사회적 능력이 저하되었다는 지적이 크다. 학생활동이 정상화되면 그동안 위축되었던 사회적 능력을 함양할 수 있는 방안이 모색될 필요가 있다.

188 사회성 발달

셀만(R. Selman)이 말한 사회적 조망수용 능력의 개념을 제시하고, 학생의 사회적 조망수용 능력 형성에 영향을 미칠 수 있는 요인 3가지(4점)

> 선생님들은 교육 현장에서 학생들의 사회성을 이해하고 발달시키기 위해서 셀만(R. Selman)의 사회적 조망 수용이론을 생각해 볼 필요가 있습니다. 사회적 조망수용 능력이 발달한 학생은 감정이입, 동정심이 발달하며 나아가 사회문제를 해결할 수 있는 능력도 보유하게 되지요. 이러한 능력이 함양되기 위해서 교사는 학생을 둘러싼 다양한 환경을 종합적인 측면에서 검토해볼 필요가 있습니다.

189 도덕성 발달

피아제(J. Piaget)의 도덕성 발달이론에 따를 때 가장 상위 발달 단계에서의 규칙에 대한 관점,
이 관점에 근거하여 진욱이와 준영이 중 더욱 잘못한 학생이 누구인지 평가하고, 학생의 도덕성
발달을 위해서 담임교사로서 실시할 수 있는 전략 1가지(3점)

A중학교는 매년 창문을 깨뜨리는 학생들로 인해 골머리를 앓고 있다. 이에 담임교사는 창문
하나를 깨뜨릴 때마다 벌 청소 1달이라는 규칙을 만들었다. 진욱이는 선생님의 심부름을
하다가 실수로 창문 2개를 깨뜨렸고, 준영이는 교실에서 교칙으로 금지된 실내화 축구를
하다가 창문 1개를 깨뜨렸다.

190 도덕성 발달

콜버그(L. Kohlberg)의 도덕성 발달이론에 따를 때 다음 문제에 관해 3, 4단계 학생이 제시할
수 있는 답변 각 1가지, 이 이론이 도덕성 교육에 주는 시사점 2가지(4점)

전날 술을 많이 먹어 아직 술이 덜 깬 것 같다. 아침에 일어나 보니 내 아이가 너무 아파
30분 안에 병원에 가야할 것 같다. 내가 운전을 해서 신호를 위반하고 간다면 시간 내에
병원에 도착할 수 있을 것 같다. 이때 어떤 선택을 하겠는가?

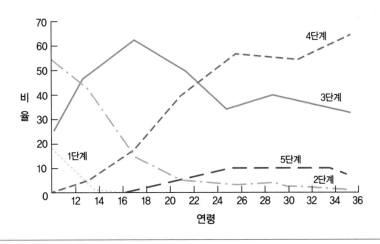

191   도덕성 발달

콜버그(L. Kohlberg)의 도덕성 발달이론에 대한 길리건(C. Gilligan)의 비판 1가지, 학생의
도덕성 발달을 위한 2가지 방안(3점)

> 문 교사 : 저는 도덕성은 타인에 대한 동정과 배려라고 생각합니다. 처음에는 자기만 생각했던
> 학생이 자기희생을 인식하고, 이후에는 자신과 타인에 대한 책임으로까지 나아가게
> 하는 것, 그것이 도덕성 교육이라고 생각합니다.

192   행동주의 학습이론

학생에 대한 교사의 처벌이 필요한 상황 2가지, 처벌 시 교사의 유의점 2가지(4점)

193   행동주의 학습이론

조형(shaping)과 소거(extinction)의 개념을 각가 제시하고 이를 활용하여 주안이의 태도를 바꿀
수 있는 방법 2가지(4점)

> 주 교사 : 우리 반 주안이가 가장 걱정이네요. 숙제를 내주면 제출한 적이 한 번도 없고 매번
> 미루기만 해요. 그리고 수업 시간에는 얼마나 산만하던지… 어떤 좋은 방법이
> 없을까요?
> 문 교사 : 행동주의 학습이론을 통해 주안이의 생활습관을 바꿔보는 것은 어떨까요. 조형을
> 통해서 좋은 습관을 유도할 수 있고, 소거를 통해서 나쁜 습관을 없애보는 것도
> 좋을 것 같네요.

194 행동주의 학습이론

과정당화(overjustification) 가설을 설명하고 이 가설에 근거하여 혜민이가 수학 공부에 동기를 잃은 이유 1가지, 학교에서 보상을 제시할 때 유의사항 2가지(4점)

> 혜민이는 어려서부터 어려운 수학 문제 푸는 것을 좋아했다. 그런데 수학 시간에 선생님이 내주신 문제를 맞히면 칭찬스티커를 제공하게 되자, 혜민이는 자신이 맞힐 것 같은 문제만 풀게 되었다.

195 행동주의 학습이론

행동의 빈도를 증가시키기 위해 남 교사가 적용한 강화의 원리와 이 원리를 적용할 때 유의점 1가지, 학생의 반응률을 높이기 위해 정 교사가 실시할 수 있는 강화계획 1가지를 구체적인 예와 함께 제시(3점)

> 이 교사 : 수업 중 질문을 하라고 해도 거의 질문하지 않는 경우가 대부분이에요. 질문의 횟수를 높이기 위해 선생님들은 어떤 방법을 사용하시나요?
>
> 남 교사 : 저는 좋아하는 행동을 좋아하지 않는 행동의 강화물로 사용하려고 했습니다. 아이들은 수업을 조금이라도 일찍 끝나서 쉬는 시간이 조금 더 생기는 것을 좋아하더라고요. 그래서 수업시간에 질문을 많이 한 경우에 수업을 5분 정도 먼저 끝내고 교실에서 쉴 수 있도록 했더니 수업 시간 중에 질문을 많이 하더라고요.
>
> 정 교사 : 저는 질문을 할 때마다 호기심 스티커를 줬고 그걸 10장 모으면 참여점수 1점을 추가로 주기로 했죠. 그런데 매번 스티커를 줘서 그런지 요새는 아이들이 예전만큼 적극적이지 않더라고요.

196   행동주의 학습이론

교육 현장에서 대리강화가 효과적인 이유 1가지, 모방을 촉진하기 위한 교사의 모델제시 전략 2가지(3점)

> 고 교사 : 무엇이 올바르고 그른지 학생들에게 알려주고, 학생들의 행동을 교정하기 위해 우리는 강화와 벌을 사용하지만, 때로는 대표적인 사례를 제시해주면서 학생을 변화시킬 수 있습니다. 학생들은 자신이 직접 강화와 벌을 받지 않았음에도 때로는 사례를 통해 대리 경험을 하기도 합니다.

197   인지주의 학습이론

교사의 말에 주의집중도를 높일 수 있는 방법 2가지, 기억 용량의 한계를 극복할 수 있는 방법 2가지(4점)

> 이 교사 : 학습내용을 아이들이 보다 잘 집중하게 하고 잘 기억하게 하는 것이 가장 기본적인 수업전략이라고 생각합니다. 오늘 선생님들과의 의견나눔을 통해 아무리 시끄러운 상황이어도 제 말에 집중할 수 있는 방법, 그리고 학생들이 수업 시간 내용을 잘 기억할 수 있게 하는 방법을 알고 싶네요.

198 인지주의 학습이론

현준이가 인출에 실패한 현상의 명칭, 책을 읽을 때 추후 인출을 촉진하기 위한 자기주도적 연습 전략 2가지(3점)

> 오늘 수업 시간에 「AI시대를 선도하는 학습자」라는 책을 읽고 친구들과 질의응답을 하였다. 현준이는 책을 읽을 때는 재미나게 읽었는데, 질문을 받으니 책의 내용이 어렴풋하게만 생각이 나고 정확하게 기억이 나지 않았다. 오늘 현준이가 가장 많이 한 말은 "아 그거 있잖아, 그거 뭐였더라"였다.

199 인지주의 학습이론

인지주의 학습이론에 근거할 때 현우가 겪는 문제를 해결하기 위한 교사의 실행전략 3가지(3점)

> 현우는 수업에도 열심히 참여하고 질문도 많이 하는 학생이다. 그러나 시험에서는 언제나 낮은 성적을 거두고 있다. 현우와 면담해 보니 수업 시간 때는 학습 내용이 이해가 가지만 머릿속에 정확하게 남지 않는 것 같다는 이야기를 들었다.

200 　인지주의 학습이론

메타인지의 교육적 효과 2가지, 메타인지를 가르치는 방안 2가지(4점)

(가) 고등학교 1학년을 대상으로 단어 쌍들을 암기하는 실험이 진행되었다. 실험은 두 집단
으로 나뉘어 진행되었는데, A 집단은 읽은 내용을 다시 읽어보는 '재학습' 방법으로,
B 집단은 퀴즈처럼 스스로 질문하고 답하도록 하는 '셀프테스트' 방법으로 학습하도록
하였다. 실험 결과 B 집단이 A 집단에 비해 점수가 유의미하게 높은 것으로 나타났다.
또한, A 집단이 B 집단에 비해 자신의 예상 점수를 실제 점수보다 더 높게 추측하는
양상을 보였다.

(나) 한 지역에서 학원을 다니는 학생들을 대상으로 한 설문에서 '학원을 다니면 공부를 잘
하고 있는 것 같은 기분이 든다'라는 문항에 '그렇다' 혹은 '아니다'로 응답하게 하였다.
조사 결과 학업성적이 상위 10 % 이내인 학생들은 26.8 %가 '그렇다'라고 응답한 반면,
중위권과 하위권 학생들은 각각 42.6 %, 43.2 %의 비율로 '그렇다'라고 응답하였다.

201 　인지주의 학습이론

효진이가 학습한 것을 떠올리지 못하는 현상 2가지를 망각의 하위 요소를 통해서 설명하고, 이러한 망각을 방지하기 위한 교수학습 전략 2가지(4점)

이번 사회시간 말미에 갑자기 지난 시간에 배운 내용과 오늘 배운 내용에 대해 쪽지 시험을
보게 되었다. 1번 문제는 분명 쉬운 문제고 지난 시간에 쉽게 이해한 내용이었는데 효진이는
하나도 기억이 나지를 않았다. 2번 문제는 오늘 새롭게 배운 내용이었는데, 이전 시간에
배웠던 내용과 헷갈리는 개념이어서 그런지 이전 시간에 배운 내용만 생각나고 오늘 배운
내용은 기억이 나지 않았다.

202 인지주의 학습이론

전이에 영향을 미치는 요인 2가지, 전이를 촉진시키기 위한 구체적 방안 2가지(4점)

> 윤 교사 : 이전에 배운 내용과 앞으로 배울 내용이 연계가 잘될 때 학습의 전이가 촉진된다고
> 봐요.
>
> 배 교사 : 저는 학교에서 배우는 내용이 실생활에 도움이 될 때 학습이 촉진된다고 생각합니다.

203 효과적인 교수

교사 자기효능감의 개념을 제시하고 자기효능감이 높은 교사의 특징 2가지, 교사의 자기효능감을 높이기 위한 학교차원의 실천 방안 2가지(5점)

> OECD의 TALIS(Teaching And Learning International Survey)에 따르면 "학생들에게
> 학업을 잘 해내고 있다는 믿음 주기", "학생들이 배움을 가치있게 여기도록 돕기" 등의 문항
> 등에서 교사들이 긍정적으로 응답한 비율이 국제평균보다 다소 낮았으며, "학생들의 행동에
> 대한 기대를 명확히 하기"에 대해 긍정적으로 응답한 비율은 OECD 평균에 비해 10%p 낮았다.
> 즉, 우리나라 교사들의 자기 효능감은 국제 평균에 비해 낮다고 할 수 있다.

204 효과적인 교수

고 교사가 언급한 기대효과의 명칭을 제시하고, 교사의 기대가 주는 부정적 효과를 방지하기 위한 구체적 방안 2가지(3점)

> 김 교사 : 고 선생님은 학기 초부터 말썽쟁이였던 민수가 결국엔 모범생이 될 거라고 수차례 얘기하셨었는데, 민수의 어떤 면을 보고 그렇게 말씀하셨던 것인가요? 전 아직도 민수가 1년 만에 모범생이 된 것이 믿겨지지 않아요.
>
> 고 교사 : 사실은 무엇을 보고 그렇게 말한 것은 아니에요. 저도 예전에 연수를 들었을 때 안 것인데, 사실이 아니더라도 학생을 긍정적으로 기대하면 실제로 그것이 실현된다는 기대효과를 적용했을 뿐이에요.
>
> 김 교사 : 그럼 저도 모르게 학생에 대한 저의 기대가 교육방식에 나타날 수도 있었겠네요. 학급 경영을 하거나 수업 중에 이 점을 명심해야겠어요.

205 효과적인 교수

수업에 성공하는 교사의 특성 2가지, 수업 효과를 증진시키는 촉진적 교수전략 2가지(4점)

> 우수한 교사는 특출난 소수의 교사만을 의미하는 것이 아니다. 자신만의 방식을 통해서 수업을 성공적으로 이끄는 교사라면 누구나 다 우수한 교사가 될 수 있다. 성공적인 수업이란 무엇일까? 필요한 내용이 정확히 전달되어야 하는 것은 물론이거니와 교사가 가진 열정이 충분하고 그것이 학생들의 공감을 불러일으키는 수업이라고 정의해볼 수 있지 않을까? 최근 학습자의 학습 참여가 강조되는 현실에서 수업의 효과를 촉진할 수 있는 전략을 마련해 보는 것은 어떨까?

206 생활지도의 기본적 이해

인본주의 교육관에 근거한 생활지도의 목적 1가지, 대화를 참고했을 때 생활지도의 실천 시 지켜야 할 원칙 2가지를 실천방안과 함께 제시(3점)

> 송 교사 : 교육의 목적이 단순히 교과 내용 지식을 가르치는 것에만 그치지 않는다고 볼 때 생활지도도 교육에 있어서 정말 중요한 역할을 가집니다. 특히 모두가 함께하는 교육이라는 측면에서 학교 내외적으로 협력하면서 생활지도를 실천해야 생활지도의 효과성을 높일 수 있습니다.

207 진로지도의 기본적 이해

MBTI 등과 같은 개인 검사 시 유의점 2가지, 개인 검사 외 학교 내에서 실시할 수 있는 구체적 진로지도 방안 2가지(4점)

> 최근 마이어스-브릭스 유형 지표(Myers-Briggs Type Indicator; MBTI)에 대한 사회적 관심사가 커지면서 이 지표의 교육적 활용 또한 활발해지고 있다. 최근 ○○교육지원청 진로지도 연수에서는 연수주제로 MBTI가 제시될 만큼 진로지도에서도 이 검사결과를 활용하는 경우도 찾아볼 수 있다. 다만 학습자들의 정확한 진로지도를 위해서는 이와 같은 일회성 검사뿐 아니라 다양한 측면을 진단하고 지도해야 할 것이다.

208 생활지도 · 진로지도 이론

파슨스(F. Parsons)에 따를 때 진로지도 시 고려해야 할 요인 2가지, 로우(A. Roe)에 따를
때 진로지도 시 학습자를 이해하기 위해 추가적으로 확인해야 할 사항 1가지를 그 이유와 함께
제시(3점)

> 한 교사 : 진로지도의 핵심은 학습자의 개별 특수성에 맞는 맞춤형 진로지도에 있습니다. 이를
> 위해 파슨스(F. Parsons)는 학습자의 특성과 직무의 특성을 연결시켜주는 것이
> 필요하다고 했죠. 저는 여기에 더해서 로우(A. Roe)의 입장을 추가적으로 반영하고
> 싶네요. 학습자들이 학교에 오기전 1차적으로 경험하는 것은 가정이었기 때문에
> 가정에서의 경험을 추가적으로 알게 되면 맞춤형 진로지도에 도움이 될 것 같습니다.

209 생활지도 · 진로지도 이론

홀랜드(J. Holland)의 RIASEC에 따른 진로지도의 의의 1가지, RIASEC 유형 중 혜영이의
성격이 해당되는 유형의 명칭과 혜영이에게 적합한 직업 1가지(3점)

> 혜영이는 사람들과 어울리기를 좋아하며 친절하고 이해심이 많다. 타인의 문제를 듣고 이해
> 하고 도와주는 활동에는 흥미를 보이지만 기계, 도구, 물질과 함께 명쾌하고 질서정연한
> 활동에는 흥미가 없다.

210 생활지도 · 진로지도 이론

크럼볼츠(J. Krumboltz)의 사회학습이론에서 근거할 때 진로 결정에 영향을 주는 요인을 환경적 측면과 개인적 측면에서 각 1가지, '계획된 우연'을 촉진하기 위한 교사의 진로지도 방안 1가지
(3점)

> 미첼과 크럼볼츠(Mitchell & Krumboltz, 1996)는 삶에서 나타나게 되는 다양한 우연적인 사건에 주목하면서 한 사람의 진로발달과정에서 예기치 않은 사건이 일어날 수밖에 없고, 이러한 사건은 그 사람의 진로에 긍정적 또는 부정적으로 작용한다고 하였다. 이들은 우연의 사건이 사람의 커리어에 큰 영향을 미친다고 결론짓고 스스로의 노력에 따라 긍정적으로 작용하는 경우를 '계획된 우연(Planned Happenstance)'이라 정의하였다.

211 생활지도 · 진로지도 이론

"배움과 삶을 일치시키는 교육"이라는 주제로 진로 교육의 구체적인 방법 2가지, 블라우 (P. Blau)의 사회학적 이론에 근거할 때 진로 결정에 영향을 주는 사회적 요인 2가지(4점)

212 정신건강

시험 시 발생하는 불안의 순기능과 역기능 각 1가지, 다음의 상황에서 불안을 최소화하기 위한 교사의 실행전략 2가지(4점)

> 사회과를 담당하는 서 교사는 특정 주제에 대해 자신의 생각을 정리한 후 그것에 대해 학생들 앞에서 발표하는 과제를 자주 부여하고, 발표의 결과를 수치화하여 학생들의 최종 성적에 반영한다. 대다수의 학생들은 서 교사의 사회시간만 되면 긴장한 기색이 역력하고 심한 경우 서 교사의 수업 날 무단 결석하기도 한다.

213 정신건강

시험을 망쳐서 스트레스가 발생한 경우 학생들이 사용할 수 있는 방어기제 3개를 구체적 예시와 함께 제시(3점)

> 정 교사 : 학교에서 시험 결과에 만족스러운 결과를 얻지 못한 학생들은 각자 자신만의 방법들로 스트레스에 대처하곤 합니다. 그 방법들이 때로는 아이들의 스트레스를 일시적으로 덜어주기도 하지만 근본적인 해결이 되지 않는 경우도 많이 볼 수 있죠. 시험 실패를 긍정적으로 이겨낼 수 있는 방법들을 가르쳐 주고 싶네요.

214 상담의 기본적 이해

제시문을 참고하여 성공적인 상담을 위한 기본 조건과 이를 갖추기 위한 교사의 태도를 각각 1가지, 제시문에 밑줄 친 이 원칙의 명칭과 해당 원칙의 예외인 특별한 사유 1가지(4점)

> 황 교사 : 상담의 성공을 좌우하는 가장 큰 요인은 진실성입니다. 학생이 거짓없이 모든 것을 자유롭게 이야기해야 성공적인 상담이 될 수 있습니다. 그러기 위해서 교사와 학생은 서로 마음의 문을 열어야 합니다. 하지만 학생은 수치심에, 두려움에 자신의 이야기하지 못하는 경우가 있을 수 있습니다. 자칫 상담 내용이 다른 사람에게 알려질까 걱정하는 것이죠. 따라서 우리는 특별한 사유가 아니면 이 원칙을 반드시 준수해야 합니다.

215 상담의 기본적 이해

집단상담의 장점과 단점 각 1가지, 학생들의 문제를 명확하기 이해하기 위해 활용할 수 있는 집단상담기법 2가지(4점)

> 학생 맞춤형 상담을 위해 개별상담이 이루어지기도 하지만 필요한 경우 8~15명의 학생을 하나의 소집단으로 구성하여 상담이 이루어지기도 한다. 집단상담을 하는 경우 일대다로 상담이 진행됨에 따라 학생들이 가지고 있는 문제를 명확하게 이해하는 것이 무엇보다 중요하다고 볼 수 있다.

216 학생상담이론

유 교사와 황 교사가 전제하는 인간관을 제시하고, 세훈이의 문제를 해결하기 위해 각 교사가 활용할 수 있는 구체적 상담기법 각 1가지(4점)

> 강 교사 : 3반의 세훈이가 오늘도 학생들 앞에서 하는 발표 때문에 힘들어하더라고요. 어떻게 도와줄 수 없을까요?
>
> 유 교사 : 세훈이의 무의식 속에 발표에 대한 거부감이 있는 것 같아요. 우선 상담을 통해서 그것을 확인하고 이야기하는 것이 필요하다고 보입니다.
>
> 황 교사 : "학생들 앞에서 발표"라는 목표행동을 분명하게 하고 그 목표에 이르기까지 여러 행동을 단계적으로 분화시킨 후에 강화를 한다면 세훈이의 발표 공포증을 없앨 수 있을 것 같아요.

217   학생상담이론

아들러(A. Adler)의 개인심리상담이론에 근거할 때 상담의 목적 2가지, 오 교사가 실시하려는
상담기법의 효과 1가지(3점)

> 오 교사 : 타인과의 비교 속에서 살아가는 요즘 학생들은 어찌보면 열등감이라는 것이 필연적
> 으로 나타나는 것 같네요. 이 열등감을 마냥 부정할 것이 아니라 긍정적으로 승화
> 시키는 것도 바람직한 학생의 성장을 위해서 필요한 것 같습니다. 이를 위해 여러
> 가지 방법들이 있을 수 있지만 저는 어떤 경험에 대해 스스로 행복단추와 우울단추를
> 누르게 하는 단추누르기 기법을 사용하고 싶네요.

218   학생상담이론

엘리스(A. Ellis)의 합리적 정서적 행동치료(REBT)이론에 근거할 때 제시문의 민호가 갖게 된
비합리적 신념의 원인과 해결 방법 각 1가지, 해결중심상담이론에 근거하여 민호의 문제를
해결할 때 활용할 수 있는 질문 방법 2가지(4점)

> 김 교사 : 의사가 되기를 희망하는 민호는 이번 시험에서 수학과 과학을 만점 받아야 한다고
> 생각했는데 몇 개 틀리다 보니 이제 자신이 의대에 갈 수 없다는 생각에 며칠째
> 학교도 나가지 않고 있어요.
> 최 교사 : 저도 그런 학생을 지도한 경험이 있는데, 한 학기 내내 끊임없이 학생에게 질문하고
> 대화하면서 결국 원했던 대학에 진학시킨 경험이 있어요.

219 학생상담이론

로저스(C. Rogers)의 비지시적 상담이론(인간중심 상담이론)에서 가정하는 인간(내담자)의 특성 2가지, 지시적 상담이론과의 차이점을 상담의 기법과 상담자의 역할 측면에서 각 1가지(4점)

> 로저스(C. Rogers)는 상담을 통해 충분히 기능하는 인간(fully fuctioning person)으로
> 성장시킬 수 있다고 믿었다. 이는 윌리암슨(E. Williamson)이 말했던 지시와 통제 중심의
> 상담과는 확연히 다른 입장이었다.

05

220 상담의 실제

학부모 상담을 비대면으로 진행하는 경우 장점과 단점 각 1가지, 성공적인 상담을 위해 성 교사가 지녀야 할 태도 2가지(4점)

> 성 교사 : 코로나19 이후로 비대면 상담이 그 이전보다 자주 나타나고 있는 것 같아요. 3월에
> 　　　　 학부모 상담 신청을 받았는데 비대면 요청이 절반을 넘더라고요.
> 이 교사 : 비대면 상담이 좋은 것도 있지만 대면 상담에 비해서 분명 안 좋은 것도 있어요.
> 　　　　 어떤 방식이 되었건 간에 상담 본연의 목적을 달성하도록 힘써야 할 것입니다.

문제 일람표

영역 구분		문제 번호
총론	의의	221
	발달사	222~224
동기이론	내용이론	225~227
	과정이론	228~230
지도성이론	관점 변화	231~234
	최근의 지도성이론	235~238
조직론	조직 형태 & 유형	239~245
	조직 문화 & 풍토	246~250
	조직관리	251~252
의사소통	이해	253~254
	모형	255~256
실제	교육기획	257~258
	교육정책 결정	259~261
	국가와 지역 협력	262~263
	전문성 향상	264~267
	인사행정	268~269
	교육재정	270~271
	교육법	272
학교 및 학급 경영	학교 경영	273~274
	학급 경영	275~276

VI

교육행정학

221 교육행정의 의의

**교육행정의 일반적 성격 2가지, 아래 그림과 같은 상황에서 교육행정의 방향 2가지를 교육행정의
일반적 성격과 연계하여 제시(4점)**

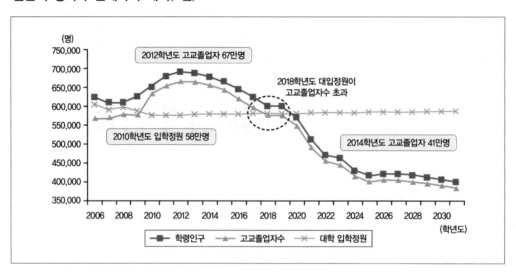

222 교육행정의 발달사

**고전적 행정이론에 근거하여 두 교사가 선호하는 업무 처리 방식과 직무 동기유발 방법 교사별로
각 1가지 제시(4점)**

박 교사 : 업무를 신속하고 정확하게 처리하기 위해서는 조직 운영에 있어서 단 하나의 최선의
방법을 개발·적용하는 것이 중요하다고 생각해요.

차 교사 : 학교라는 특성을 고려했을 때 그게 가능할지 의문이네요. 결국 사람이 하는 일인데
인간의 감정을 고려하고 사람들 간의 상호작용을 중시하면서 조직을 운영하는 것이
더 바람직하다고 생각합니다.

223 　교육행정의 발달사

학교조직을 관료제라고 볼 수 있는 이유 2가지, 문제상황이 발생했을 때 학교의 관료제적 특성이 갖는 장단점 각 1가지(4점)

> 교육이라는 측면에서 보면 학교는 전문적 조직이지만, 업무 처리라는 측면에서 보면 학교
> 또한 관료제적 행정조직이라고 할 수 있습니다. 학교폭력, 학교 안전사고 등이 발생했을 때
> 학교는 관료제적 특성을 발휘하면서 문제를 해결하고자 합니다.

224 　교육행정의 발달사

체제론적 접근에 근거할 때 학교계획 수립 등 학교 행정에 영향을 미치는 환경적 요인 2가지, 환경적 요인을 고려하는 구체적인 방법 2가지(4점)

> 오 교장 : 학교 행정을 효과적으로 기획하고 실행하기 위해서는 학교 내의 요인뿐 아니라
> 학교에 영향을 미치는 다양한 요인들을 종합적으로 고려해야 합니다. 차년도
> 학교계획을 수립하기 이전에 우리가 어떤 것들을 할 수 있는지 구체적으로 제시해
> 주시길 바랍니다.

225 　동기의 내용이론

"교사의 자율성과 책임이 조화로운 교육"을 위해 교사의 동기부여가 강조되고 있다. 교사 동기의 기능 2가지, 밑줄 친 내용과 관련하여 윤 교사가 강조하는 교사 동기 유발을 위한 구체적인 방안 2가지(4점)

> 윤 교사 : 교육과정 재구성 등 교사의 자율적 역할이 중요시되는 현실에서 교사의 자발적인
> 교육활동을 위한 동기 유발이 강조되고 있습니다. 따라서 <u>무엇이 동기를 유발하는지</u>에
> 초점을 두면서 교사의 동기를 발생시키기 위한 다양한 방안을 모색할 필요가
> 있습니다.

226   동기의 내용이론

매슬로우(A.H. Maslow)의 욕구위계론에 따를 때 A학교 교사들이 결핍되어 있는 욕구 1가지, 이를 충족시키기 위해 임 교장이 강구할 수 있는 학교 차원의 지원 방안 2가지(3점)

> A학교는 섬 지역에 위치한 소규모 학교로 전 교직원이 8명에 불과하고, 대부분 5년차 이하의 젊은 교사들이다. 도시나 인근 학교로 이동하려면 하루 2번밖에 없는 배를 이용하는 것이 전부이다. 그러다 보니 교사들이 타 지역 교사들과 접촉할 수 있는 기회가 현저히 적고, 교원 간 학습조직 구축 또한 현실적으로 어려운 상황이다. 대부분의 교사들이 현재 타 지역 전출을 희망하거나 심한 경우 퇴직까지 생각하고 있는 상황이다. 임 교장은 적절한 지원방안을 모색하고 있다.

227   동기의 내용이론

허즈버그(F.I. Herzberg)의 동기이론에 따를 때 전 교사의 태도의 유형, 그리고 교장이 보여주는 태도의 한계 1가지, 전 교사의 직무 동기를 유발하기 위한 방안 2가지를 동료 교사와 협력의 측면에서 제시(4점)

> 전 교사 : 나는 가르치는 일 자체가 정말 보람차다고 생각해. 교직 생활을 하면서 좋은 수업을 위해 고민하는 시간들, 그리고 그 속에서 서로 간의 오가는 작은 칭찬들이 나를 힘내게 하는 원동력이야. 그런데 최근에 오신 교장 선생님은 선생님들의 성과를 수량화해서 그 결과를 바탕으로 성과급을 주시려고 하더라고... 오히려 그런 것들이 나를 힘들게 하는 것 같아.

228 동기의 과정이론

동기에 관한 브룸(V.H. Vroom)의 기대이론에 근거할 때 성과급 제도가 이 교사에게 동기를
부여하지 못하는 이유 2가지, 이를 해결하기 위한 학교 차원의 지원 방안 2가지(4점)

> 이 교사 : 얼마 전에 성과평가 결과를 확인했어요. 애초에 성과급 자체도 적어서 만족스럽지
> 않기도 하지만 제 성과에 대해서 제대로 평가가 안 된 것 같아서 더 서운해요.
> 부장님께 여쭤보니 "승진을 앞두신 선생님들 중심으로 성과평가가 나가고 저연차
> 때는 원래 다 그런거다"라고만 말씀하시니까 더욱 일할 마음이 생기지 않네요.

229 동기의 과정이론

애덤스(J. Adams)의 대우의 공정성 이론에 근거할 때, 학교에서 교사가 공정성 여부를 판단하는
기준 1가지, 정 교사가 공정성을 확보하기 위해 실시할 수 있는 전략 2가지(3점)

> 정 교사 : 한 해 동안 학교폭력 업무를 맡았는데, 제가 교사인지 부모인지 경찰인지 모르겠
> 더라고요. 밤만 되면 언제 경찰서에서 연락이 올지 두렵기도 하고, 또 하필 학교폭력
> 예방 연구학교에는 선정되어서 관련 자료를 만드느라고 밤을 새운 적도 많네요.
> 방학 동안에도 거의 매일 출근했고요. 동기인 김 선생님은 환경 봉사 기획 업무를
> 맡아서 매번 칼퇴하시던데... 그리고 받는 월급은 똑같잖아요. 너무 불공평하다는
> 생각에 일할 마음이 들지 않아요.

230   동기의 과정이론

로크(E. Locke)의 목표 설정 이론에 근거할 때 직무 동기를 유발하는 좋은 목표의 특징 2가지, 좋은 목표를 설정하는 방법 2가지(4점)

> 최 교사 : 학교를 여러 군데 옮기면서 느끼는 것인데, 학교 내 교사가 공감하는 공통의 목표가 분명하면 저도 모르게 그 목표를 달성하기 위해 노력하게 되더라고요.

231   지도성의 관점 변화

"학습자 주도의 교육"이라는 주제로 리핏과 화이트(R. Lippit & R. White)의 리더십이론에 근거했을 때, 신규 교사가 보여주는 리더십의 한계 1가지, 학급 문제해결을 위해 교사가 보여주어야 할 리더십의 유형과 리더의 행위 2가지(4점)

> 최 교사 : 이번에 신규 교사가 우리 학교에 새로 왔는데, 모든 의사결정을 학생들에게 맡겨 놓고 자신은 바라보기만 하더라고요. 요즘 학생 자율성이 강조되긴 하지만 너무 학생들을 방치하는 것만 같아 걱정되네요. 학급의 문제를 학생 주도적으로, 그리고 효과적으로 해결하기 위해서는 어느 정도 교사의 적절한 역할이 필요하다고 생각하네요.

232 지도성의 관점 변화

지도성(leadership)에 대한 이전의 관점이 갖는 한계 2가지, 새롭게 관심을 가지게 된 관점에 따를 때 지도성에 영향을 주는 상황 요인 2가지(4점)

> 교장으로서 학교에서 효과적인 리더가 무엇일지 많이 고민하고 있습니다. 이전에는 좋은 리더가 갖는 최상의 특성과 행동이 무엇일지에 대해서만 생각했는데, 요즘같이 복잡, 다양한 상황에서는 특정 특성과 행동만이 좋은 리더를 결정짓는 요소가 아니라는 결론에 이르렀습니다. 마침 얼마 전 교장 연수에서 피들러(F. Fiedler)의 지도성이론을 접할 기회가 있었는데, 저의 생각과 유사한 것 같더라고요. 앞으로는 지도성을 발휘할 수 있는 상황에 좀 더 초점을 두어야겠습니다.

233 지도성의 관점 변화

리더십의 효과성을 판별하는 데 있어서 레딘(B. Reddin)이 제시한 판별 기준 1가지, 조직 운영에 있어서 유형 1이 효과적으로 나타난 상황, 유형 2가 비효과적으로 나타난 상황 각 1가지 (3점)

> 〈지도성 관련 논문〉
>
> 전통적인 리더십 연구는 리더가 관계지향적인지 여부, 과업지향적인지 여부를 고려하면서 2차원적으로 리더십을 분석하였다. 그러면서 효과적인 리더는 구성원과의 관계를 중시하면서 업무에 집중한다는 결론에 다다른다. 그러나 비효과적인 리더라고 평가받을 수 있는 리더도 때로는 조직을 성공적으로 이끌기도 하고 효과적인 리더라고 평가받을 수 있는 리더가 조직을 망치는 경우를 종종 볼 수 있다. 진정한 리더십 연구는 리더의 행태뿐 아니라 그러한 행태가 효과적으로 발현되는 경우를 분석할 수 있어야 한다. 레딘(B. Reddin)의 3D 리더십 모형은 바로 이러한 입장을 고려한 이론이라고 할 수 있다.
>
> 〈지도성 관련 유형〉
> • 유형 1 : 구성원과의 관계에 관심이 없고, 새로운 업무 추진에도 관심이 없는 리더
> • 유형 2 : 구성원과의 긍정적 관계를 가지려는 데 노력을 하지만 과업을 달성하는 데는 관심이 없는 리더

234   지도성의 관점 변화

리더십에 관한 허시(P. Hersey)와 블랜차드(K. Blanchard)의 이론에 근거하여 제시문의 학교
상황을 구성원의 성숙도 측면에서 2가지로 분석하고, 해당 학교에서 적절한 리더십 유형의
명칭과 행동을 제시(4점)

> 정 교장 : 우리 학교는 새롭게 조성한 지역이다보니 교직 경력 5년 미만의 교사가 절반이
> 넘어요. 교직 새내기들이다 보니 뭔가 하려고는 하는데 아직 노하우가 많이 부족한
> 것 같아요. 이런 상황에서 교장으로서 어떤 행동을 해야 할지 고민스럽네요.

235   최근의 지도성 이론

학급 내에서 교사는 리더로서 학급 운영을 위해 적절한 리더십을 발휘해야 한다. 교사에게
변혁적 리더십이 필요한 이유 1가지를 교육행정의 원리에 근거해서 설명하고 학급 운영 시
변혁적 리더십을 실행하기 위한 전략 2가지(4점)

236   최근의 지도성 이론

변혁적 지도성의 특징 2가지, 교사의 변혁적 지도성을 함양하기 위한 학교차원의 지원 방안
2가지(4점)

> 홍 교장 : 교사는 교실을 이끄는 리더로써 학생을 잘 관리하기 위해 적절한 리더십을 가질
> 필요가 있습니다. 특히 변화하는 사회에 적극적으로 대응할 수 있도록 우리학교
> 선생님들은 변혁적 지도성을 가졌으면 좋겠네요. 이를 위해 우리 학교에서도 아낌
> 없는 지원을 해 나갈 것입니다.

237 　최근의 지도성 이론

"주도성을 갖춘 미래 인재의 육성"을 위해 슈퍼 리더십(초우량 지도성)이 강조되고 있다. 슈퍼 리더십이 필요한 이유를 교사 측면과 학생 측면에서 각 1가지, 구성원들이 슈퍼 리더십을 발휘하도록 하는 실행전략 2가지(4점)

238 　최근의 지도성 이론

서지오반니(T.J. Sergiovanni)가 리더십의 대체안으로서 제시한 도덕적 리더십을 학교조직에 적용 가능한 이유 2가지, 이러한 리더십이 적용된 학교조직의 모습 2가지(4점)

> 기존의 리더십 연구들은 조직의 효과성과 생산성 제고에만 집중함에 따라 조직 구성원들을 수단시하여 그들의 자발적인 의지와 동기유발에 의한 직무 수행 가능성을 간과하였다는 한계를 가지고 있다. 이에 서지오반니(T.J. Sergiovanni)는 위의 문제점을 고려하면서 리더십의 대체안을 제시하였다. 이는 조직의 규범과 핵심 가치, 전문직업인으로서의 능력과 덕, 일 자체에 대한 몰입감, 구성원 간의 동료의식을 특징으로 한다.

06

239 　조직의 형태

"학생들의 창의성을 길러주는 교육"을 실현하기 위해 학교 차원에서 조직할 수 있는 비공식조직의 유형 1가지, 이러한 조직의 긍정적 효과 1가지, 비공식조직을 조직·운영할 때 유의점 2가지
(4점)

> 송 교감 : 학생들의 창의성을 길러주기 위해서 다양한 교육 방법, 효과적인 수업 기술에 대한 전문성을 쌓는 것이 필수라고 보입니다. 이를 위해 개별적으로 연수를 들을 수도 있지만 학교 내에서도 충분히 전문성을 쌓을 수 있는 활동을 기획해 봐야겠어요.

240   조직의 형태

비공식조직의 "구성원 간의 신뢰"라는 특징이 갖는 순기능 2가지와 역기능 1가지(3점)

241   조직의 형태

학교조직의 관료적 · 전문적 성격을 각각 1가지, "조직 운영의 효율성 확보"라는 목적 하에 학교조직을 운영할 때, 그 운영의 방향 2가지(4점)

> 학교는 기본적으로 계선조직으로서 성격을 갖고 학교운영위원회와 같은 참모조직의 도움을 받는다. 하지만 학교 내부를 살펴보면 일반적 계선조직이라기 보다는 특수한 전문적 성격을 지니기도 한다. 학교조직을 효율적으로 운영하기 위해서는 이러한 특성을 고려해야 한다.

242   조직의 유형

각 교사별로 우리나라 일반중학교가 어느 조직에 해당하는지 명칭을 제시하고, 중학교 배정과 관련하여 조직과 고객에게 선택권을 부여하지 않는 이유 1가지를 「헌법 제31조」와 관련하여 설명(3점)

> 강 교사 : 우리나라의 일반중학교가 어떤 조직인지 이해하기 위해서 우선 파슨스(T. Parsons) 가 말한 기능을 중심으로 중학교를 살펴볼 필요가 있어요. 중학교에서는 사회의 문화, 기본 가치 등을 창조하고 보존하며 전달하는 기능을 수행한다고 할 수 있습니다.
>
> 한 교사 : 저는 칼슨(R. Carlson)의 기준에 따라 중학교를 분류하고 싶네요. 우리나라 일반중학교에서 학생들은 학군에 따라 자동으로 배정되기 때문에 선택권이 없고, 중학교 또한 학생들을 선별할 수 없습니다.

243 　조직의 유형

조직화된 무질서 조직의 특징 3가지를 학교조직의 사례를 통해 제시(3점)

244 　조직의 유형

학습조직의 원리 2가지와 이를 적용한 학교조직의 모습을 제시하고, 학교가 학습조직으로 작동하는 경우 유용성 2가지(4점)

> 센지(P.M. Senge)에 따르면 학습조직은 구성원의 지식 욕구를 끊임없이 창출하고 창의적인 사고방식으로 전환시켜주며 집단적 열망이 충만하여 구성원들이 지속적으로 학습해 나가는 조직을 의미한다. 지식을 전달하고 학생을 성장시키는 학교조직이야말로 학습조직의 전형이라고 할 수 있다.

245 　조직의 유형

"질 높은 교수방법 모색"이라는 주제로 전문적 학습공동체에서의 주요 활동 2가지, 전문적 학습공동체 성공을 위한 조건 2가지(4점)

> 황 교사 : 요즘 순회를 다니는 학교를 보니까 너무 부럽더라고요. 특히 수석님의 주도하에 선생님들이 모여 좋은 수업을 위해 계속해서 고민하고 의견을 나누는 모습이 인상 깊었어요.

246   조직 문화

세씨아와 글리노우(N. Sethia & M. Glinow)의 문화 분류에 근거할 때 다음 학교가 보이는
문화의 명칭과 문제점 1가지, 바람직한 학교 문화의 창출을 위한 학교 운영방안 2가지(4점)

> ○○중학교는 모든 교사들이 서로에게 무관심하다. 일상적인 업무만이 반복되고 있고 효율적
> 으로 일을 처리하는 것에는 누구도 관심이 없다. 학교 내 의사결정 역시 기존에 있던 교장과
> 친했던 일부 교사들의 이해관계만 반영되었다. ○○중학교에 새로 부임하게 된 박 교장은
> 일과 사람을 모두 존중하는 학교문화로 바꾸려 고심하고 있다.

247   조직 문화

스타인호프와 오웬스(C. Steinhoff & R. Owens)가 학교문화 유형론에서 언급한 기계문화의
개념과 교장의 역할, 기계문화에 따라 학교를 운영할 때 장단점을 학교의 특성과 관련하여 각
1가지씩 제시(4점)

248   조직 문화

건강한 학교조직이 보여주는 과업 수행 방법상의 특징 2가지, 건강한 학교조직이 추구하는 가치
2가지를 구체적인 예와 함께 제시(4점)

249 조직 풍토

핼핀과 크로프트(A. Halpin & D. Croft)의 학교풍토론에 근거하여 다음의 학교가 갖는 풍토를 분석하고 현재의 학교 풍토를 개선하기 위한 구체적 방안 2가지(3점)

> 박 교사 : 우리 교장 선생님은 눈에 보이는 성과를 너무나 강조하십니다. 교감선생님, 교무 부장 선생님도 승진을 앞두셔서 그런지 학교가 언제나 성과 달성에만 치중하고 있어요. 교장 선생님은 지시만 하려 하고 교사들의 의견은 무시합니다… 일선 교사들은 매번 원치 않는 야근에 시달리는데, 누구도 저희들의 의견을 듣지 않아요. 저희도 다 가정이 있고 개인적 사정도 있는데, 우리 학교는 그런 면을 하나도 고려 하지 않고 오직 일만 추구합니다.

250 조직 풍토

학교풍토에 대한 윌로워(D. Willower)의 분류에 따를 때 ○○고등학교의 학교풍토 유형의 명칭, 이러한 풍토를 가진 학교의 장단점을 교육의 목적 달성 측면에서 각 1가지(3점)

> ○○고등학교는 역사와 전통을 자랑하는 학교로서, 학생들을 명문대에 잘 진학시키기로 유명한 지역 명문고이다. 흡사 군대와 같이 모든 학생들은 짧은 머리를 하고 복장 규정도 엄격하며, 거의 모든 학생들이 야간 자율학습에 참여하고 있다. 다소 과한 통제가 있다고 느낄 수 있지만 학부모들은 이러한 것들이 대학 진학에 도움이 된다고 생각하고 있다.

251   조직 관리

"소통을 통한 학교 교육의 질 개선"이라는 주제로 학교조직 내에서 발생하는 갈등의 역기능과 순기능 각 1가지, 갈등관리 전략을 예방과 조성 측면에서 각 1가지(4점)

> 박 교장 : 예전에는 갈등이 나쁜 것인 줄로만 알았는데 요즘에는 적절한 갈등은 조직 운영 차원에서 필요한 것 같더라고요. 나쁜 갈등은 예방하고 좋은 갈등은 어느 정도 발생시키는 것도 생각합니다.

252   조직 관리

학교 내에서 발생할 수 있는 갈등의 유형 1가지, 라힘(M.A. Rahim)의 갈등관리 전략에 따를 때 A학교 교사들의 전략과 이 전략의 문제점 1가지, 효과적인 갈등관리를 위해 A학교에서 실시할 수 있는 방안 1가지(4점)

> A학교 교사들은 대부분이 박사학위 소지자들로서 자신의 전문성에 대한 신뢰가 굉장히 높다. 갈등상황이 발생했을 때 A학교 교사들은 자신의 상황만을 관철시키려고 하고 타 교사들의 상황을 잘 인정하지 않는다. A학교 교장은 원만하게 갈등을 해결하기 위한 방안을 고민하고 있다.

253　　의사소통의 이해

학교 내에서 교직원 간 의사소통에 영향을 미치는 요인 2가지, 통합 교육과정의 성공적 운영을 위한 학교 내 의사소통 활성화 방안 2가지(4점)

> 최 교사 : 2022 개정 교육과정에서 교과 간 통합이 강조되고 있어서 이를 성공적으로 운영하기 위해서는 타 교과 교사와의 협력적 의사소통이 필요합니다. 하지만 생각보다 타 교과 선생님들과 교육내용을 공유하는 일은 극히 드뭅니다. 또한 선생님들마다 특성들이 다르기 때문에 선뜻 통합 교육과정을 운영하자고 이야기하기도 어려운 것 같네요.

254　　의사소통의 이해

조해리의 창(Johari's Window)에 근거할 때 이 교사와 김 교사의 의사소통 방식을 설명하고, 효과적인 의사소통 방식을 가지기 위한 조직 문화 1가지(3점)

> 이 교사 : 저도 10년의 교직경험이 있고 나름의 전문성이 있는데, 왜 이렇게 저의 업무방식에 대해 지적하는지 모르겠네요. 저는 선생님들의 지적을 수용하기 어렵습니다.
>
> 김 교사 : 저는 선생님들과 업무 이야기를 하기가 조심스러워요. 제가 입직한지 10년이 되었지만 사실 여러 번 휴직하기도 해서 실 경력은 많지 않거든요. 업무 이야기하다 보면 저의 부족함이 드러날 것 같아서 모든 것이 조심스럽습니다.

255   의사소통 모형

조직 내 의사결정과정에 구성원의 참여가 필요한 이유 2가지, 브리지스(E. Bridges)의 참여적
의사결정 모형에 따를 때 2그룹의 수용영역과 참여 수준을 설명(4점)

> 김 교장은 업무분장을 위한 규칙을 수립하고자 한다. 규칙을 수립하는 데 있어서 구성원들의
> 의견을 수렴하고자 하는데, 우선 교사들의 경력 등에 따라 집단을 구분하였다. 1그룹은 교직
> 경력이 오래되었고 내년에도 학교에 남는 교사집단, 2그룹은 교직경력이 오래되었지만 내년에
> 학교를 떠나는 교사집단, 3그룹은 교직경력이 짧고 내년에 학교에 남는 교사집단, 4그룹은
> 나머지 교사집단으로 구성하였다. 김 교장은 우선 2그룹부터 의견을 듣고자 한다.

256   의사소통 모형

호이와 타터(W.K. Hoy & C.J. Tarter)가 제시한 참여적 의사결정의 규범 모형에 따를 때 교사가
속한 수용영역을 판단하는 기준 2가지, 이러한 기준에 따를 때 지문의 상황에서 적합한 참여
수준과 이때 학교장의 역할 1가지(4점)

> ○○중학교는 내년에 학교 자율시간 운영 연구학교에 참여할지를 결정하고자 한다.
> ○○중학교는 지난 2년간 2022 개정 교육과정 연구학교로 선정되어 대다수의 교사가 연구학교
> 업무와 관련한 노하우를 지니고 있다. 학교 자율시간의 경우 모든 학급에 적용되는데, 구성원
> 들은 서로를 완전히 신뢰하고 있는 상황이다. 학교장은 연구학교 참여 여부와 관련한 의사결정
> 과정에 어느 정도 범위까지 교사를 참여시키고, 이때 자신은 무슨 역할을 수행해야 할지 고민
> 중에 있다.

257   교육기획

학교조직의 특성을 고려했을 때 교육기획 시 따라야 하는 원리 2가지, 학교에서 실시할 수 있는 교육 기획의 구체적 방법 2가지(4점)

송 교장 : 우리는 무한히 많은 시간, 자원을 가지고 있지 않기 때문에 목적 달성을 위해 시간과 자원을 효과적으로 배분하는 기획의 과정이 필요합니다. 단, 학교라는 조직은 관료제적 특성과 전문가적 특성을 모두 가지고 있으므로 교육기획 시 이러한 특성을 반영할 필요가 있습니다.

258   교육기획

차년도 학교운영 방향을 기획하기 위해 기획 단계에서 해야 하는 일 2가지, 기획의 민주성 확보를 위해 기획 단계 이후에 학부모를 참여시키는 방법 2가지(4점)

교육 기획은 크게 기획을 준비하는 기획이전단계, 실제로 기획하는 기획단계, 기획에 따라 문서화하는 계획 형성과 정교화 단계, 문서를 실행하는 계획실천단계, 실천 결과를 평가하고 피드백하는 평가와 수정단계로 구분된다. 최근 교육행정에서 민주성이 중요 가치로 떠오르면서 기획 과정 전반에 학부모 참여가 강조되고 있다.

259 | 교육정책 결정

합리적 관점에 따른 의사결정의 장단점 각 1가지, 학교 현장에서 합리적 관점과 참여적 관점을
조화시킬 수 있는 방안 1가지(3점)

> 안 교장 : 과거에는 학교가 처한 문제를 극복하기 위한 방안을 마련할 때 교장 주도로 이루어진
> 것이 사실입니다. 그만큼 교장의 능력에 대한 신뢰가 있었고, 권한도 있었던 것이지요.
> 하지만 복잡한 교육환경에서 교장이 합리적 관점을 가지고 홀로 대안을 마련하는
> 것이 가능할지 의문입니다. 민주행정이 강조되는 새로운 의사결정 방식이 요구된다고
> 할 수 있습니다.

260 | 교육정책 결정

조 장학사가 말하는 의사결정 모형의 명칭과 이 모형이 주는 시사점 1가지, 학교에서 이 모형에
따른 의사결정이 나타날 수 있는 구체적 상황 1가지(3점)

> 조 장학사 : 학교 현장과 교육청에서 모두 일해본 바, 우리의 의사결정은 합리적이지도 않고,
> 점증적이지도 않다고 할 수 있습니다. 의사결정은 우연하게 이루어집니다. 문제,
> 대안, 구성원, 의사결정의 기회가 갑자기 어느 순간 모여서 의사결정이 이루어지는
> 것이죠. 특히 특정 상황에서 이러한 우연적 의사결정은 생각보다 빈번하게
> 일어납니다.

261   교육정책 평가

학교에서 실시하는 의사결정에 대한 평가 시 평가의 기준 2가지, 학교운영위원회를 통해 평가하는 경우 장점 2가지(4점)

> 김 위원장 : 학교의 끊임없는 발전을 위해서는 1년간 학교가 시행했던 여러 의사결정에 대한 평가가 필요합니다. 오늘 학교운영위원회에서는 특별히 그동안의 학교 의사결정을 평가해 보도록 하겠습니다. 평가의 공정성과 신뢰성을 확보하기 위해 평가의 기준을 마련할까 하는데 위원님들께서 자유롭게 평가의 기준을 말씀해 주셨으면 하네요.

262   국가와 지역의 협력

최근 단위학교의 자율성이 강조되는 현실에서 조직 분권화의 필요성을 학교 외적 · 내적인 측면에서 각각 1가지, 조직 분권화를 활성화하기 위한 정부와 학교장의 역할 각각 1가지(4점)

263   국가와 지역의 협력

교육행정 측면에서 학교 자율적 운영의 필요성과 운영 방법 각 1가지, 자율적 운영의 성공조건 2가지를 인적 측면과 제도적 측면에서 제시(4점)

264　　전문성 향상

"교사의 자율성과 전문성을 통한 질 높은 교육"의 실현을 위해 자기 장학이 강조되고 있다. 자기 장학의 장점과 종류 각 1가지, 자기 장학 활성화를 위한 학교 차원의 지원 방안 2가지
(4점)

265　　전문성 향상

동료장학의 특징 각 2가지, 학교 현장에서 동료장학이 실현되는 모습 2가지(4점)

266　　전문성 향상

송 교사가 말하는 장학의 유형과 특징, 해당 장학의 효과 극대화를 위한 성공조건 2가지(4점)

> 송 교사 : 원격수업 등 새로운 형태의 교수법이 개발되는 상황에서 좋은 수업을 위한 전문성 향상 방법에 관심이 많이 생기더라고요. 얼마 전에 옆 반 선생님께서 방과 후에 자신의 모의수업 영상을 촬영해서 교육청 장학사님께 보낸 후 그것에 대해 피드백을 받더라고요. 그런 장학이라면 저도 꼭 참여해보고 싶네요.

267　　전문성 향상

컨설팅 장학의 원칙 2가지, 컨설팅 장학의 성공을 위한 지원 방안 2가지(4점)

268 인사행정

수석교사제가 갖는 효과 2가지를 교원의 동기부여 측면에서 제시하고, "학교의 교육의 질 개선"을
위한 수석교사의 학교 내 활용방안 2가지(4점)

> 수석교사제도는 15년 이상의 교육경력이 있는 교사 중에서 가르치는 일에 전문성을 가진
> 교사를 선발하는 제도로서 교육공무원 임용령에서는 수석교사에 대한 우대사항을 제시한다.
> 첫째, 수석교사의 수업 시간 수를 해당 학교별 교사 1인당 평균 수업 시간 수의 2분의 1로
> 경감하고 예산의 범위 내에서 연구활동비를 지급한다.

269 인사행정

교원능력개발평가의 순기능 2가지, 성공적인 교원능력개발평가의 운영을 위한 방안 2가지
(4점)

> 김 장학사 : 교원능력개발평가 개선 사항을 발굴하기 위해 의견을 수렴하고 있습니다.
> 선생님들께서는 자유롭게 의견을 주세요.
> 최 교사 : 교원능력개발평가의 장점은 잘 알고 있습니다만, 학생평가는 사실 인기 투표처럼
> 운영되는 경우가 많아요. 학생평가 결과를 보면 내가 무엇을 잘하고 있는지 잘 못
> 하는지 확인하기란 너무 어려운 일이에요.
> 박 교사 : 전, 아이들 의견에 상처를 받는 경우가 있어요. 장난, 욕설 이런 것들을 보면 교사
> 로서 회의감이 들 때가 있습니다.

270   교육재정

전통적 예산편성 · 운영 기법에서 추구하고자 하는 가치 2가지, 급변하는 교육환경에서 전통적 기법이 가지는 한계 1가지와 이를 극복하기 위한 방안 1가지(4점)

> 공공기관의 예산은 국민의 세금으로부터 확보되는 것이므로 법의 테두리 안에서 정확하게, 그리고 공정하게 지출되어야 한다. 이런 인식의 기반 위에서 전통적으로 예산을 편성할 때는 지출항목을 세분화하고, 그 항목에 따라 철저하게 지출하도록 하였다. 하지만 디지털 충격으로 대변되는 현재의 교육환경에서는 예산편성 시에는 전혀 예측할 수 없었던 상황들이 수없이 발생한다. 이런 상황에서 전통적인 예산편성과 운영의 방식은 한계를 드러낸다.

271   교육재정

대안적 예산제도로서 A, B 예산제도가 갖는 장점 각 1가지, 대안적 예산제도의 성공적 운영을 위한 학교 차원의 실행방안 1가지(3점)

> • A 예산제도 : 학생 수, 교원 수 등을 고려하여 단위학교에 총액을 배분하고 총액 내에서 단위학교가 자율적으로 예산을 편성하고 운영하도록 허용하는 제도
> • B 예산제도 : 이전의 예산편성 이력은 고려하지 않고, 현재 사업의 우선순위에 따라서 예산을 편성하고 운영하는 제도

272 　교육법

학교안전사고의 유형 2가지, 학교안전사고가 발생 예방 및 해결을 위해 학교에서 실시할 수 있는 조치 2가지(4점)

> 「학교안전사고 예방 및 보상에 관한 법률」에 의하면 학교안전사고란 교육활동 중에 발생한 사고로서 학생·교직원 또는 교육활동 참여자의 생명 또는 신체에 피해를 주는 모든 사고 및 학교급식 등 학교장의 관리·감독에 속하는 업무가 직접 원인이 되어 학생·교직원 또는 교육활동 참여자에게 발생하는 질병을 의미한다. 학교장은 학교안전사고 발생이 예상되는 경우 예방적 조치를, 학교안전사고가 발생한 경우에는 즉각적으로 후속 조치를 실시해야 한다.

273 　학교 경영

목표관리제에 따른 학교 경영의 장점 2가지, 이때 학교장의 구체적 역할 2가지(4점)

> 정 연구관 : 여러분들에게 학교 경영 방법에 대해 말씀드릴 수 있어 영광입니다. … (중략) … 경영의 시작은 조직의 목표를 분명하게 밝히는 것입니다. 다만 학교는 사기업이 아닌 공행정조직이므로 목표를 설정하는 데 있어서 구성원들의 참여와 합의가 필요합니다. 이런 측면에서 학교 경영 방법으로서 오늘은 목표관리제를 말씀드릴까 합니다. 오늘 연수를 통해서 여러분이 학교장이라면 어떤 역할을 수행할지 생각해보는 기회가 되었으면 하네요.

06

274 　학교 경영

단위학교 자율책임 경영으로서 학교운영위원회가 갖는 의의와 기능 각 1가지, 학교운영위원회의 성공을 위한 구체적 운영방안 2가지(4점)

> 진 학부모 : 얼마 전 학교운영위원회 학부모위원을 선발한다고 공지가 왔더라고요. 학교
> 　　　　　운영위원회가 정확히 뭐하는 곳인지도 잘 모르겠더라고요. 3명의 학부모 중
> 　　　　　투표를 하라고 하는데, 누군지도 모르는 사람을 어떻게 투표하라는지...
> 이 학부모 : 우리 옆집 사람이 지역위원이라고 하던데요? 그분이 회계사이긴 한데 학교에
> 　　　　　대해서 많이 아시는지 모르겠어요.

275 　학급 경영

학급 경영 시 기초조사 단계에서 조사하는 것 2가지, 성공적인 학급 경영을 위한 교사의 태도 2가지(4점)

> 송 교사 : 김 선생님이 진행하신 학급 경영에 관한 연수를 들어보니 학급 경영의 시작은 내가
> 　　　　담당하는 학급을 정확하게 이해하는 것이라고 하더라고요. 이번 신학기 준비 기간
> 　　　　동안 기초조사를 통해 우리 학급의 특성을 잘 이해하고 학급 경영 계획을 수립해
> 　　　　야겠어요.

276 학급 경영

학부모의 학교 참여가 필요한 이유 2가지, 학부모의 폭넓은 학교 참여를 유도하는 방법 2가지

(4점)

김 교사 : 교장 선생님께서는 다양한 방법을 통해 학부모님들과 소통을 활발히 하라고 하시는데, 우리 반은 소수의 학부모님만 학교에 관심이 있으신 경우가 많아요. 한 번은 학부모님들을 학교에 초청했는데 30명 중 5명만 오셔서 난감했던 기억이 나네요.

영역 구분		문제 번호
교육사회학 이론	기능론	277~278
	갈등론	279~281
	미시적 접근	282~283
교육과 평등	대안교육	284
	학력상승	285~286
	사회이동	286
	교육평등론	287~288
	기초학력보장	289~290
교육과 경쟁	선발과 시험	291
	학업성취 격차	292~293
교육과 문화	비행이론	294~296
평생교육		297~298
다문화교육		299~300

VII

교육사회학

277 　기능론

사회에 대한 다음의 관점에 따를 때 학교의 기능 2가지, 학교를 구성하는 부분으로서 교사의
역할 2가지(4점)

> 박 교사 : 사회는 언제나 안정을 지향합니다. 인류가 문명화된지 오랜 세월이 지났지만 멸망
> 하지 않는 것은 인류가 각자의 역할을 수행하면서 이 사회가 안정적으로 유지됐기
> 때문입니다. 학교는 사회를 안정적으로 만드는 데 필수적인 기능을 수행합니다.
> 그렇다면 교사 역시도 사회의 한 부분으로서 역할을 수행해야 할 것입니다.

278 　기능론

드리븐(M. Dreeben)의 규범교육이론에 근거할 때 학교에서 규범교육이 필요한 이유 2가지,
다음의 교육을 통해 길러지는 규범 2가지(4점)

> 조 교사 : 담임으로서 저는 학생들이 학교에서 지식만 습득하는 것이 아니라 사회에서 필요로
> 하는 인재로 성장해 나가기를 바랍니다. 그래서 학기 초에 기초적인 규범들을
> 가르치려 노력하죠. 특히, 스스로 자신의 과업을 계획하고 처리하고 책임지게
> 하거나, 그 결과 다른 친구들보다 잘한 학생들에게 더 큰 보상을 제시하면서 노력에
> 대한 대가를 직접 느끼게 합니다.

279 갈등론

갈등론의 관점에서 학교의 역기능 2가지, 학교를 대체할 수 있는 교육 네트워크가 가져야 하는 특성 2가지(4점)

> 라 연구원 : 공식적 교육과정이 정말 형평성을 추구하고 사회 전체의 경쟁력을 가져다줄 것인지는 회의적입니다. 누구나 쉽게 지식에 접근할 수 있고, 새로운 혁신 전문가를 만나기 쉬운 미래교육 대전환 시대에 공교육을 대체하는 새로운 교육 네트워크를 구축해야 할 것입니다.

07

280 갈등론

부르디외(P. Bourdieu)가 언급한 문화자본의 유형 3가지, 지배계급의 문화자본이 학교에서 재생산되는 양태 1가지(4점)

> 김 학부모 : 부모로서 아이에게 모든 것을 해주고 싶지만 현실적으로 다 해주지 못하는 경우도 많아요. 경제적인 이유로 부모가 해주지 못하는 부분을 학교가 보완해주길 바라지만 보완은커녕 오히려 그 차이를 더 크게 보이게 하는 것은 아닌가 싶을 정도로 아쉬운 적이 많아요.

281　갈등론

프레이리(P. Freire)의 의식화 교육론에 근거할 때 사회현실을 비판적으로 인식하고 삶을 개척하기 위해 필요한 교육의 명칭을 제시하고, 이때 교사와 학생 간의 관계, 이러한 교육이 갖는 의의 1가지를 학습자 측면에서 제시(3점)

> 신 교사 : 자본가가 자본을 독점하듯 교사가 지식을 독점하여 일방적으로 가르치는 기존의
> 　　　　　교육을 실시하는 학교는 사회의 혁신을 불러일으킬 수 없습니다. 즉, 갈등론에서
> 　　　　　말하는 학교의 역할을 고착화시킬 뿐입니다. 따라서 우리는 학생들을 의식화시키고
> 　　　　　사회 변화를 이끌 수 있는 교육을 실시해야 합니다.

282　미시적 접근

교육 현상을 연구할 때 배 교사의 관점이 타당성을 갖는 이유 1가지, 배 교사의 연구에서 보일 수 있는 교사들의 방어적 교수전략 2가지, 이러한 교수전략 연구가 주는 교육적 의의 1가지(4점)

> 배 교사 : 교육 현상을 구조적인 접근에 의해서 보는 것도 의미가 있지만 교사와 학생의
> 　　　　　상호작용을 연구하는 것이 더 바람직한 관점이 아닐까 생각합니다. 이러한 관점에
> 　　　　　근거하여 우리 학교 선생님들의 수업전략을 분석해 보았어요. 맥닐(L. McNeil)의
> 　　　　　분석유형을 참고하니 선생님들은 수업 진행상 편의를 위해 학생들의 반응을
> 　　　　　최소화하는 전략들을 활용하고 계시더라고요.

283   미시적 접근

"학습자의 자기 주도성을 키워주는 교육"을 위해 적절한 교사의 유형 1가지를 하그리브스
(D. Hargreaves)의 교사 유형론에 따라 제시하고 이때 피해야 하는 교수법과 적절한 교수법을
번스타인(B. Bernstein)의 구분에 따라 각 1가지씩 제시(3점)

284   대안교육

대안교육으로서 홈스쿨링(home-schooling)의 '비정형성'이 가지는 순기능 2가지, 역기능
1가지(3점)

> 2020년 코로나19로 인해 전면 원격수업이 실시되고 학생들이 가정 내에서 교육을 받게 되면서
> 홈스쿨링과 같은 대안교육이 다시금 부각되었다. 홈스쿨링은 공식적 교육과정에서 벗어나
> 정해지지 않은 형태로 자유롭게 운영이 가능하다는 특징을 지닌다.

285   학력상승

사교육비의 상승 이유와 관련하여 보고서에 제시될 수 있는 이유 2가지, 사교육비 절감을 위한
정부 대책에 대한 긍정적 · 부정적 평가 각 1가지(4점)

> 〈연구보고서〉
>
> 2022년 우리나라 사교육비는 역대 최고인 26조원에 이르고 있다. 사교육비 상승이라는 사회
> 현상을 기술기능이론과 지위경쟁이론을 통해서 그 원인을 분석하고자 한다. 한편 이 보고서
> 에서는 정부의 사교육비 절감 대책 중 하나로 제시된 학교 예술교육 확대에 대해서 타당성
> 여부를 확인한다.

286   사회이동

교육을 통해서 개인의 사회적 지위가 이동 가능하다는 입장과 가능하지 않다는 입장을 교육사회학 이론과 함께 설명, 디지털 대전환 시대에 정 교사의 관점이 갖는 한계 1가지(3점)

> 박 교사 : 우리는 예로부터 입신양명이라는 말처럼 교육을 통해서 사회적 지위가 이동 가능
> 하다고 생각해왔습니다.
> 정 교사 : 그런데 사실 따지고 보면 과거시험을 통해 입신양명할 수 있는 사람은 한정되어
> 있던 것 아니에요? 지금도 시대만 바뀌었지 그때랑 비슷한 것 같습니다.

287   교육평등론

콜맨리포트(Coleman Report)에서 언급한 학생 학업성취에 가장 크게 영향을 미치는 요소 1가지, 이러한 요소를 고려했을 때 교육 평등을 달성하기 위해 학교 현장에서 실시할 수 있는 교육적 조치 2가지(3점)

> 콜맨에 따르면 단순히 기회를 동일하게 허용해주는 기회의 평등을 넘어 부족한 부분을 보충
> 해주는 보상 교육을 강조한다. 이 연구는 에듀테크 활용교육, 개별 맞춤형 교육이 강조되는
> 현실에서도 큰 의미를 지닌다고 할 수 있다.

288   교육평등론

교육평등의 관점 중 보상적 평등의 개념을 제시하고 이 평등관을 실현하는 교육제도 또는 교육 방법 2가지(3점)

289 | 기초학력 보장

기초학력 저하를 유발하는 요인을 학습자 측면에서 2가지, 기초학력 보장을 위한 구체적 지원 방안을 진단과 처방으로 나누어서 각각 1가지(4점)

> 기초학력이란 것은 학교만의 노력이 아니라 전 사회적 역량이 집약될 때 보장될 수 있습니다. 첫째, 교실 내에서 교사가 학생을 정확히 진단하려면 교내 교사 간 협력을 통해 교사 전문성을 높여야 하고, 둘째, 학교 자체적으로 외부 전문가 활용 및 관련 기관과의 협력을 통해 전문적인 지원을 받아야 합니다. 이럴 때 비로소 기초학력 보장을 위한 다중 안전망을 구축할 수 있습니다.

290 | 기초학력 보장

두 교사가 실시하려는 교육 방법이 기초학력 보장에 도움이 되는 이유 각 1가지, 기초학력 관련 내용(선정 결과, 후속 조치 등)을 학부모에게 안내할 때 유의점 1가지(3점)

> 한 교사 : 이번에 정규 교과 수업을 진행하면서 보조교사를 활용하고자 해요. 한 수업에 두 명의 선생님이 들어간다면 기초학력 보장에 도움이 될 것 같네요.
>
> 송 교사 : 현실적으로 모든 수업에 두 명의 선생님이 들어가기엔 어려울 것 같아요. 저는 방과 후나 방학 중에 보충수업을 진행하려고요.
>
> 한 교사 : 그나저나 학습지원대상학생으로 선정된 것을 학부모님께 알릴 때 고민이 많네요. 마치 자신의 자녀가 부진아로 평가받은 것으로 생각해서 괴로우실 텐데…

291 　선발과 시험

시험의 기능 2가지, 다음의 대화를 참고했을 때 학생부종합전형 제도의 타당성 여부를 기능론과
갈등론에 근거하여 평가(4점)

> 유 교사 : 학생부 종합전형이 과연 바람직한 걸까요?
>
> 김 교사 : 정량적 교과 성적뿐만 아니라, 학교생활기록부, 자기소개서 등을 바탕으로 학업
> 　　　　　능력, 학업에 대한 태도, 도전정신, 열정과 발전가능성 등을 종합적으로 평가하니까
> 　　　　　학생들의 잠재가능성과 역량을 종합적으로 평가할 수 있는 것 아닐까요?
>
> 박 교사 : 입시의 핵심은 공정성입니다. 그것이 사회에서 요구하는 가치이고요. 학생부
> 　　　　　종합전형이 과연 공정한지 여부를 판단해야 할 것 같아요.

292 　학업성취 격차

에듀테크 기술을 활용한 교육에서 학습격차가 발생하는 원인을 학교 내·외적 측면에서 각
1가지씩 제시, 평등에 관한 조건적 평등의 관점에서 이러한 학습격차를 완화하는 구체적인 방안
2가지(4점)

293 　학업성취 격차

학생들의 학업성취 수준에 영향을 주는 가정의 사회적 자본 2가지, 이를 고려했을 때 학업성취
격차를 최소화할 수 있는 학교차원의 지원 방안 2가지(4점)

294 　비행이론

청소년 비행의 원인을 '낙인이론'과 '차별적 접촉이론'에 근거하여 설명하고 청소년 비행을
최소화하기 위한 교사의 학급경영 전략을 이론별로 각 1가지씩 제시(4점)

295 　비행이론

허쉬(T. Hirschi)의 사회통제이론에 근거하여 학습자의 일탈이 발생하는 이유를 설명하고 일탈
방지를 위한 구체적 실행방안 2가지(3점)

296 　비행이론

"학습자를 실제적으로 변화시키는 교육"이라는 주제로 기존 학교폭력 예방교육의 문제점 1가지,
전 교감이 학교에서 실행할 수 있는 실천중심의 학교폭력 예방교육 2가지(3점)

> 전 교감 : 그간 우리 학교의 학교폭력 예방 교육을 돌이켜보건대, 일회성의 강의식에 편중
> 되었다는 느낌을 받았습니다. 지정된 날에 외부강사가 와서 학교폭력의 심각성을
> 설명해주고 대처방안을 알려주는 것이 큰 효과가 있었는지 의문이에요. 올해에는
> 학생들이 직접 실천해보는 방식으로 예방교육이 진행되었으면 하네요.

297   평생교육

"교육에 대한 국가의 책무성 확대"라는 주제를 고려했을 때 평생교육의 필요성 2가지, 평생교육을 위한 학교의 변화 모습 1가지(3점)

> 평생교육에 대해 랑그랑(P. Lengrand)은 개인의 출생에서부터 죽을 때까지라는 수직적 차원과 사회 전체의 교육이라는 수평적 차원으로 분석하였다.

298   평생교육

평생교육의 원리 2가지, 들로어 보고서(Delor Report)를 비추어보았을 때 평생교육의 궁극적 목적 1가지(3점)

> 평생교육은 원하는 사람이라면 누구나 어디에서는 교육을 받을 수 있어야 한다. 이러한 기본 특성을 반영하면서 평생교육은 발전해오고 있는데, 1990년대 들로어 보고서(Delor Report)에서는 평생교육의 실천 원리로서 교육의 4기둥을 제시하였다. 이 보고서에서는 알기 위한 학습, 행동하기 위한 학습, 더불어 살아가기 위한 학습을 제시하면서 세 가지 학습의 총체로서 존재하기 위한 학습을 제시하였다.

299   다문화교육

다문화교육과 관련한 용광로 이론(theory of melting pot)과 샐러드 볼 이론(theory of salad bowl)에 대해 설명하고, 정 교사가 활용할 수 있는 구체적인 교육활동 2가지(4점)

> 정 교사: 우리 학교는 지역적 특성으로 인해 다문화가정의 학생이 매우 많아요. 이런 상황에서는 샐러드 볼 이론에 근거하여 교육활동을 진행하는 것이 바람직하다고 생각합니다. 이를 위해서 학교에서 자연스럽게 다문화 감수성을 기르게 하고 싶네요.

300 다문화교육

다문화가정의 학생들이 경험할 수 있는 교육적 결손 2가지, 이를 해결하기 위한 학교 차원의 구체적 지원 방안 2가지(4점)

> 최 교사 : 다문화가정의 학생들을 지도하다보면 비(非)다문화가정의 학생들보다 부족한 부분을 많이 발견할 수 있습니다. 언어발달 정도, 학생들의 편견 등이 복합적인 원인이 되어 학습자의 교육적 결손이 다방면에서 나타나게 됩니다. 따라서 학교는 그러한 결손을 최소화하기 위한 다양한 지원 방안을 마련해야 할 것입니다.

최원휘 SELF 교육학
미라클모닝 300제

모범답안
해설

교육철학 및 교육사

PART

01

본문 p.16

001   교육의 비유   #주형의 비유 #성장의 비유

교사가 갖는 교육관에 따라 교육 방법이 달라진다. 최 교사는 학생들에게 일정한 내용을 주입하여 원하는 인간으로 만드는 것을 강조하는데 이러한 관점을 주형의 비유라고 한다. 이 관점에서는 교사 중심의 내용 전달을 강조하므로 주로 강의법과 부합한다. 정 교사는 학생들의 특성에 맞는 교육환경 조성을 강조하는데 이러한 관점을 성장의 비유라고 한다. 이 관점에서는 학생에 맞는 교육환경 조성을 통해서 스스로 성장할 수 있는 교육을 강조하므로 자기주도학습 방법과 부합한다. 최근 학습자 맞춤형 교육이 강조되고 있는데, 최 교사가 갖는 주형의 비유에 따라 교육을 하는 경우 모든 학생들에게 동일한 내용을 전달하는 것에 집중하므로 학습자의 적성이나 수준을 고려하는 데 미흡하여 학습자 맞춤형 교육을 실현하는 데 한계를 지닌다. 반면 정 교사가 갖는 성장의 비유에 따라 교육을 하는 경우 학습자의 특성 등을 고려하여 맞춤형 교육환경을 조성하므로 학습자 맞춤형 교육을 실현할 수 있다는 의의를 지닌다.

002   교육의 목적   #내재적 목적 #외재적 목적

학교에서 실시하는 교육은 교육기본법에 드러난 교육목적을 달성할 수 있도록 하여야 한다. 교육기본법 제2조에서 드러나는 교육의 목적은 다음과 같다. 첫째, 인격을 도야하고 자주적 생활능력을 기르면서 인간다운 삶을 영위하도록 하는데 이를 교육의 내재적 목적이라 할 수 있다. 둘째, 민주시민으로서 필요한 자질을 함양하면서 민주국가의 발전을 도모하도록 하는데 이를 교육의 외재적 목적이라 할 수 있다. 이러한 교육의 목적을 달성하기 위한 구체적 교수방법으로는, 첫째, 자기주도학습이다. 스스로 학습목표를 세우고 이행하도록 하면서 메타인지를 활성화하고 이를 통해 자기주도성의 함양과 같은 내재적 목적을 달성할 수 있다. 둘째, 토의토론학습이다. 토의토론의 과정을 통해 민주사회에서 요구하는 포용성, 민주의식의 함양과 같은 외재적 목적을 달성할 수 있다.

003　　**교육의 이념**　　　　　　　　　　　　　　`#헌법 #형평성 #수월성`

교실 현장에서는 헌법 제31조 제1항에서 강조하는 형평성과 수월성을 조화롭게 실천할 필요가 있다. 어떤 경우에도 차별을 받지 않게 하는 형평성의 가치는 교육불평등을 해소하고 모든 사람들에게 교육을 통해 성장할 수 있는 기회의 균등을 보장하기 위해 필요하다. 개인별 특성에 따라 잠재적 능력을 최대한 발휘하도록 하게 하는 수월성의 가치는 학생의 선택권을 보장하고 학생 맞춤형 교육을 실현하기 위해 필요하다. 형평성과 수월성을 조화롭게 실현할 수 있는 구체적 방법은 다음과 같다. 첫째, 모든 학생들에 대한 진단평가를 바탕으로 보충·심화학습을 실시하여 기회의 균등과 학생 맞춤형 교육을 실현한다. 둘째, 학교 특성에 맞는 교과를 개발하고 운영할 때 모든 학습자들의 수요를 최대한 반영하고 학교 내에서 개설·운영하기 곤란한 경우 인근 학교, 관련 기관과의 협력을 통해 학생들의 선택권을 보장한다.

004　　**한국교육사**　　　　　　　　　　　　　　　　　　`#과거시험`

시험과 같은 평가방식은 교육에 큰 영향을 미치므로 시험방식의 장단점을 분석하는 것이 중요하다. 제시문에서는 강경 방식을 취하는 경우 학습 시에 암기와 해석에만 치중하게 하고 제술 방식으로 했을 때 심오한 뜻을 해석할 수 있다고 본다. 즉, 시험방법은 시험에 대비하기 위한 학습자의 학습방법에 영향을 미친다고 할 수 있다. 한편 제시문에서는 강경보다 제술 방식의 타당성을 강조하고 있는데, 외운 것을 말하게 하는 강경방식의 단점으로는 첫째, 교육의 본질인 사고력과 이해력보다는 암기력에 평가하게 되어 평가의 타당도가 떨어진다는 점, 둘째, 대면 방식의 말하기 평가의 경우 평가자의 사심이 반영되어 평가의 신뢰도가 떨어진다는 점을 들 수 있다. 반면 글을 쓰는 제술방식의 장점으로는 암기한 내용을 바탕으로 주제에 맞게 새로운 글을 창출하게 하면서 고등정신 사고능력을 측정할 수 있다는 점을 들 수 있다.

005　　**한국교육사**　　　　　　　　　　　`#갑오개혁 #교육입국조서 #5·31교육개혁안`

우리나라는 개화기와 20세기 말 두 번의 교육개혁을 통해서 사회변화에 대응하고자 하였다. (가)는 갑오개혁 이후 발표된 교육입국조서이며, (나)는 문민정부시절에 나온 5·31교육개혁안이다. 교육입국조서에서는 시대의 큰 형국을 이해하기 위해 실용의 가치를 강조하고 있고, 5·31교육개혁안에서는 실천중심의 교육을 강조한다. 즉, 두 교육개혁안에서 공통으로 강조하는 교육 방법은 지식의 실제적 활용을 촉진한 활동중심의 교육 방법이라고 할 수 있다. 이러한 교육 방법이 주는 교육적 의의로는 첫째, 인지적 측면에서 지식의 현장 적용, 즉, 전이를 강조했다는 점, 둘째, 정의적 측면에서 학습자의 활동을 통해 학습자의 흥미와 동기를 제고했다는 점을 들 수 있다.

006 | 고대의 교육 | #자유교육

인간의 이성과 합리성을 강조한 그리스의 자유교육은 현대 교육에도 큰 의미를 지닌다. 그리스의 자유교육이란 진리 그 자체를 추구하면서 지덕체가 고른 발달을 추구하는 교육으로서 무지로부터 자유로운 교육을 의미한다. 이러한 자유교육이 현대 교육에 주는 시사점은 다음과 같다. 첫째, 바람직한 성인으로의 성장이라는 교육의 내재적 목적을 강조함으로써 학습자에게 지속적으로 교육을 받고자 하는 내재적 동기를 자극할 수 있다. 둘째, 지식 습득에만 편중된 것이 아닌 지덕체의 고른 교육을 강조하면서 현재 강조되는 학습자의 전인적 성장을 도모할 수 있다.

007 | 고대의 교육 | #소크라테스 #대화법

소크라테스는 진리를 탐구하기 위해 대화법을 활용하였다. 조 교사는 수업 중에 대화법을 활용했는데 구체적으로는 다음과 같다. 첫째, 질문을 통해 고정관념을 깨뜨리는 질문을 하는데 이는 소크라테스의 대화법 중 반문법에 해당한다. 둘째, 새로운 진리에 다가갈 수 있도록 질문하는데 이는 산파술에 해당한다. 이러한 대화법이 주는 장점으로는, 첫째, 반문법을 통해 학생들이 가진 고정관념을 타파하면서 학생들의 사고를 확장시킨다. 둘째, 산파술을 통해 학습자들은 스스로 답을 찾게 되는데, 이런 과정에서 학습자의 주체적 사고능력, 적극적인 태도 등을 함양하게 한다.

008 | 중세 및 근대의 교육 | #실학주의

실학주의는 여러 입장으로 구분되는데 권 교사가 언급한 입장은 감각적 실학주의이다. 이 입장의 대표적 학자인 코메니우스는 교육 방법으로 시청각교육을 제시하였다. 시청각교육의 구체적인 예로는 지식을 실물과 그림 등을 통해 제시하는 것인데, 코메니우스는 세계도회에서 라틴어학습에 있어 자세한 설명보다는 주제를 그림으로 표현하여 설명하였다. 시청각교육이 현대에 주는 시사점은 다음과 같다. 첫째, 학생의 흥미와 욕구를 자극하여 동기를 유발할 수 있다. Keller의 ARCS이론에 따르면 시청각 매체의 활용으로 주의집중력이 생기는 경우 학습동기 향상으로 이어진다. 둘째, 적게 가르치고 많이 배우는 교육을 실현할 수 있다. 매체활용을 통해 단편적 지식 암기에서 벗어나는 교육을 실시한다면 2022 개정 교육과정에서 강조하는 핵심 개념 중심의 수업이 가능해진다.

009 　　**중세 및 근대의 교육**　　　　　　　　　　　　　　　　　　　　#신인문주의 #다면적 흥미

주정주의를 강조하는 신인문주의의 대표적 학자인 헤르바르트는 흥미가 어떤 것을 위한 수단이 아니라 그 자체로 목적이 될 수 있다고 강조했는데 이러한 흥미를 다면적 흥미라고 한다. 다면적 흥미는 인류가 지금까지 품어온 생각의 총체인 사고권이 담긴 교과를 이상적으로 내면화한 아동의 마음의 상태를 의미한다. 따라서 다면적 흥미는 학습자로 하여금 있는 그대로를 알고 싶어 하는 내재적 동기를 유발시켜 학습의 지속력을 갖게 한다는 점에서 교육적 의의를 지닌다. 헤르바르트에 따르면 다면적 흥미는 풍부한 교과 경험으로부터 유발된다. 따라서 다면적 흥미를 유발하기 위한 구체적 교육 방법으로는 학교에서 타 교과 교사와 팀티칭을 활용하는 것으로, 이는 하나의 주제에 대해 다양한 교과의 지식을 경험하도록 하는 것을 들 수 있다.

010 　　**중세 및 근대의 교육**　　　　　　　　　　　　　　　　　　　　　　　　#자연주의

기존 교육방식에 대한 판단의 기준으로 루소의 《에밀》을 적용할 수 있다. 《에밀》에서는 인간에 대한 인위적인 조작에 대해서 비판적인데, 이는 인간이 스스로 성장할 수 있다는 능력을 가졌다고 전제하기 때문이다. 따라서 《에밀》에서 제시하는 인간관은 자율적 인간관이라 할 수 있다. 이러한 인간관에 근거할 때 인위적인 교육이 아닌 소극적 교육관을 취하게 되는데, 소극적 교육관이란 학생이 자연스럽게 성장할 수 있도록 자연과 최대한 유사한 환경을 조성하는 것이라 할 수 있다. 홍 교사는 교사 주도의 교과서 중심 수업을 진행하였는데 루소의 교육관에 근거했을 때 문제점으로는, 첫째, 교사가 모든 것을 계획하고 실행함으로써 학생들의 자율성을 억압하였다는 점, 둘째, 인위적으로 만들어진 교과서 중심으로만 수업이 이루어져 교과서 밖에 있는 자연의 모습을 학습하는 데 한계를 지닌다는 점을 들 수 있다.

011 　　**전통철학과 교육**　　　　　　　　　　　　　　　　　　　　　　　　　　#관념론

교육에 대한 관점에 따라 지식, 교육목적, 방법이 달라지게 된다. 제시문에서는 절대적 진리를 동경하도록 교육을 강조하는데, 이러한 관점을 관념론이라고 한다. 관념론에서는 지식(진리)이 불변하고 절대적이라고 가정하면서 교육목적으로서 절대적 지식을 추구하는 정신적으로 성숙한 인간의 육성을 강조한다. 따라서 이러한 목적을 달성하기 위한 구체적 교육 방법으로는 첫째, 불변의 지식이 반영된 정선된 문화를 전달하는 강의식, 둘째, 이미 성인으로서 교사는 덕을 갖춘 인격적 모델이 되고 학생과의 상호작용을 통해 학생의 정신을 각성시키게 하는 대화법 등을 들 수 있다.

012 교육철학 사조 #진보주의 #본질주의

교사가 어떤 교육철학을 갖는지에 따라 기초학력 등 학업성취에 영향을 미친다. 송 교사가 이전에 가졌던 교육철학은 진보주의로서 학생의 흥미와 관심을 고려했다는 점에서 알 수 있다. 진보주의의 주된 교육방법으로는 흥미와 관심을 고려한 문제해결학습을 들 수 있다. 하지만 진보주의는 지나치게 학생의 흥미와 관심만 고려하는 경우 기본적인 내용에는 소홀하여 기초학력 저하가 발생할 수 있다는 한계를 지닌다. 이에 송 교사는 최근에 "전통문화유산 중 가르칠 만한 것을 가르치자"라는 교육철학에 대한 관심을 기울이는데, 이를 본질주의라고 한다. 본질주의의 목적은 기본 교과를 통해 성공적 삶을 영위하기 위한 기초 소양, 필요 행동을 습득하는데 있다. 이를 실천하기 위한 원리로 교사 주도성의 원리를 들 수 있는데, 이는 기본 내용을 선택하고 이를 전달하는 주체가 교사라는 것을 의미한다.

013 교육철학 사조 #진보주의

학습자의 전인적 성장을 실현하기 위해 이와 관련한 교육철학 사조를 살펴볼 필요가 있다. 제시문의 7대 강령에서는 학생의 자유, 흥미 등을 강조하고 있는데 이를 강조한 교육철학 사조를 진보주의라고 한다. 진보주의의 교육목적은 아동의 흥미와 관심을 고려하는 교육을 통한 아동의 계속적 성장이라고 할 수 있다. 이러한 진보주의는 학습자의 인지·정의·신체적인 면에서 종합적인 발달을 추구하는 현재에도 큰 의의를 지니게 된다. 학습자의 전인적 성장의 측면에서 진보주의의 현대적 의의로는 첫째, 교육을 통해 인지적 영역의 발달뿐 아니라 신체·덕성·사회성을 모두 함양하는 것이 중요하다는 점, 둘째, 아동의 전인적 발달을 위해 학교의 시설, 환경, 조건 등을 종합적으로 고려하면서 학교와 가정 간에 협력을 강조했다는 점을 들 수 있다.

014 교육철학 사조 #항존주의 #기초 소양

학습자의 기초 소양을 함양하기 위해 이와 관련한 교육철학 사조를 살펴볼 필요가 있다. 제시문에서처럼 위대한 저서의 독서를 통해 절대적 진리를 깨닫는 것을 강조한 철학 사조를 항존주의라고 하는데, 항존주의의 교육적 의의는 다음과 같다. 첫째, 모든 학습자가 습득해야 할 절대적 진리의 긍정을 통해 학습하고자 하는 모든 학습자를 위한 공평한 교육을 실현할 수 있다. 둘째, 정신적 가치를 학습하게 하면서 미래 생활의 준비가 되는 기초 소양을 습득할 수 있다. 그러나 항존주의는 다음과 같은 한계를 지닌다. 첫째, 지식 중심의 교육으로 지나치게 지적인 교양만을 강조하여 다양한 수준과 특성을 가진 학습자를 위한 맞춤형 교육을 실현하는 데 어려움이 있다. 둘째, AI소양의 등장 등 시대에 따라 진리가 변화하는 상황에서 진리의 절대성을 긍정하기 곤란하고, 시대에서 요구하는 기초 소양을 쌓는 데 한계를 지닌다.

015 **현대의 교육철학**

제시문에서는 가치로운 존재로서 인간을 강조하고 있는데, 이러한 교육철학 사조를 실존주의라 한다.
실존주의의 목적은 교육을 통해 자유롭고 창조적인 인간의 형성, 즉 자아실현에 있다. 이러한 목적 달성을
위한 방법으로 학생에게 생각할 기회를 부여하면서 스스로 실존성을 찾을 수 있도록 대화, 토론 수업을
제시할 수 있다. 실존주의의 대표적 학자인 부버는 학생들이 실존성을 찾기 위해 만남을 통한 교육을
강조한다. 만남은 실존하는 인격들 사이의 직접적인 상호작용을 의미한다. 이러한 만남을 근거로 했을
때 원격수업은 교사－학생 간 물리적 격리에 따른 비대면성으로 직접적인 만남이 어렵다는 한계를 지닌다.

016 **현대의 교육철학**

허스트는 모든 것의 기초로서 지식의 형식을 강조했던 입장에서 사회적 실제를 강조하는 입장으로 변화
한다. 여기에서 사회적 실제란 삶의 광범위한 만족을 충족시키는 우리의 모든 능력과 그러한 능력의
성취, 즉 지식, 신념, 판단, 성공의 준거, 원리, 기술, 성향, 감정 등의 인간의 다양한 측면을 포괄한다.
이렇게 사회적 실제로의 입문을 강조한 이유는, 지식의 형식은 지나치게 이성과 합리성만을 중시하여
이론중심의 학습으로는 부분적인 만족만 추구할 수 있고 실제 좋은 삶과 관련이 낮다는 비판의식이
있었기 때문이다. 이런 맥락에서 교실현장에서 사회적 실제로의 입문을 위한 교육 방법으로는 교과서
중심의 수업에서 벗어나 어떤 상황과 관련된 당사자와의 인터뷰, 시설 견학 등 직접적인 참여를 통해
사회적 실재를 경험하는 교육 방법을 들 수 있다.

017 현대의 교육철학 #도구적 합리성 #의사소통적 합리성

문제를 스스로, 창의적으로 해결하는 인재의 육성을 위해 의사소통적 합리성에 기반한 교육을 실천하는 것이 필요하다. 문제해결을 위해 합리적으로 판단하고 주어진 도구와 기술을 사용하는 도구적 합리성을 강조하는 교육은 기술적인 지식과 능력을 강조하는 경향이 있으나 다음과 같은 문제점을 지닌다. 첫째, 도구적 합리성을 강조한 교육은 기술적인 측면에만 초점을 맞추어 인간적 가치, 도덕적 측면을 간과하게 되는데 이 과정에서 학습자의 자기주도성 또한 고려되지 않을 수 있다. 둘째, 현존하는 기술 사용만을 강조하게 되는데 이는 기술 의존도를 높이게 되어 창조적인 방식의 문제 해결 능력을 기르는 데 한계를 지닌다. 이와 같은 문제를 해결하기 위해 유 교사는 상황에 적합한 말투와 행동을 선택하고, 다른 사람들의 관점을 이해하고 존중하며, 문제 해결에 필요한 대화와 협력을 도와주는 의사소통적 합리성을 강조한다. 이에 따른 구체적 교육 방법으로는 다음과 같다. 첫째, 대화 기반 모둠학습을 실시한다. 모둠의 목표, 과제 수행방법 등을 모둠 내 상호작용을 통해 학생들 스스로가 결정하게 함으로써 자기주도적인 문제 해결 능력을 함양한다. 둘째, 글쓰기 기반 발표학습을 실시한다. 문제에 대해 자신의 생각을 글로 표현하게 하고 발표를 통해 타 학생들과 공유함으로써 기존에 없던 새로운 생각들을 공유하여 창의적 문제해결능력을 함양한다.

018 현대의 교육철학 #Sadker의 평가모형 #양성평등

개별성을 고려하면서 사회에서 필요한 인재를 육성하기 위해 양성평등 교육의 중요성을 인식해야 한다. 양성평등 교육이 필요한 이유로는 첫째, 학습자의 개성을 존중하기 위함이다. 성별에 상관없이 학습자가 가진 적성, 성격 등을 그 자체로 존중하기 위해서 양성평등 교육이 필요하다. 둘째, 사회에서 필요로 하는 인재를 육성하기 위함이다. 성별이 아닌 역량에 초점을 맞추고 역량을 개발시킴으로써 사회적 인재로 성장시켜 나가기 위해서 양성평등 교육이 필요하다. 양성평등 교육의 실현을 위해서 교육 자료를 검토할 때부터 성차별적인 요소가 없는지 확인할 수 있다. 이때 활용할 수 있는 기준으로는 첫째, 언어적 편견이다. '집사람', '안사람', '여교수' 등 교육 자료에 남성 중심의 용어가 있는지 여부를 검토한다. 둘째, 성역할 고정관념이다. 아빠는 출근하고 엄마는 가정일을 하는 삽화가 제시되는 등 교육 자료에 성별로 고정화된 역할이 적용되었는지를 검토한다.

019   현대의 교육철학   #구성주의

01

지식에 대한 다양한 접근과 활용을 위해 새로운 교육철학에 근거한 교육내용 선정과 방법이 필요하다. 제시문에서처럼 보편적 지식을 부정하는 구성주의 교육철학 사조의 교육적 의의로는, 첫째, 진리의 상대성을 견지하면서 학교에서 가르치는 교육내용의 다변화를 추구할 수 있다. 둘째, 누구나 참여를 통해 지식을 재구성할 수 있다고 보아 학생들의 협동, 상호작용 등 교육 방법의 혁신을 추구할 수 있다. 이러한 교육을 실천하기 위한 교사의 구체적 역할은 다음과 같다. 첫째, 교육내용의 선정 측면에서 교사는 교과서 밖에 있는 지식(진리) 탐구를 위해 다양한 교육 자료를 검색하고 교육내용으로 선정한다. 둘째, 교육 방법의 선정 측면에서 학생들을 지식 구성의 주체적 참여자로 가정하면서 협동학습, 하브루타 수업 등 학생의 상호작용을 촉진할 수 있는 다양한 교육 방법을 수업에서 활용한다.

020   현대의 교육철학   #인성교육 #홀리스틱교육

실천성을 갖춘 인재의 육성을 위해서 인성교육의 방향을 변화시켜야 한다. 기존 모더니즘적 인성교육의 한계로는 인성은 정의적 영역임에도 지식 위주의 인성교육은 실제적인 행동변화로 이어지기 곤란하다는 점을 들 수 있다. 이에 대한 대안으로 오 교사는 홀리스틱 철학을 반영한 인성교육을 강조한다. 이 인성 교육의 특징은 다음과 같다. 첫째, 자신이 가지는 여러 욕구나 감정, 생각들을 인정하면서 그러한 욕구 등이 균형과 조화를 이루도록 교육내용을 구성한다. 둘째, 인성과 관련한 지식전달 뿐 아니라 타인과의 상호작용 등 다양한 교육 방법을 포괄한다. 셋째, 현재 분리되어 있는 신체와 마음, 논리와 직관, 지역과 학교, 자신과 타인 등을 이분법적 접근에서 벗어나 바람직한 성장이라는 측면에서 연관시킨다.

교육과정

본문 p.28

021 교육과정의 의미

`#쿠레레`

교육과정의 본질적 의미를 탐구하면서 교육과정 운영의 방향을 설정할 수 있다. 심 교사는 '달리기'에 초점을 두는 관점을 강조하는데 이 관점에 따라 교육과정을 운영할 때 장점은 다음과 같다. 첫째, 교사와 학생의 지속적인 상호작용을 강조하면서 학생의 능동적인 수업 참여를 강조하고 이를 통해 학습자 맞춤형 교육을 실현할 수 있다. 둘째, 모든 교육적 경험인 과정을 중시하면서 전인적 성장에 초점을 둔 과정중심 교육을 실천할 수 있다. 이러한 관점에 따라 교육과정을 운영할 때 고려해야 할 원칙으로는 첫째, 학습자 중심성의 원칙이다. 교육목적 설정, 내용과 방법 선정 등에 있어서 학생의 특성을 반영하고 학습자의 참여를 극대화한다. 둘째, 균형성의 원칙이다. 장기적인 관점에서 학습자의 인지적·정의적 영역의 균형있는 성장을 도모한다.

022 교육과정의 성격

`#공식적 교육과정`

교사는 학교에서 공식적 교육과정이 가진 성격을 구현하도록 하여야 한다. 공식적 교육과정의 성격으로는 다음과 같다. 첫째, 학습자 지향성이다. 교육을 통해 길러지는 인재는 개별 학습자이므로 공식적 교육과정은 학습의 개별적 성장을 도모한다. 둘째, 사회성이다. 공교육은 특정 계층만의 이익을 위한 것이 아니라 보편적 사회가치의 전수 및 사회안정을 지향한다. 따라서 공식적 교육과정을 결정하는 요소로는 첫째, 학습자의 개별적 특성이다. 학습자를 지향하는 교육을 위해 학습자의 학습 수준과 같은 인지적 특성, 학습자의 동기, 태도와 같은 정의적 특성이 공식적 교육과정에 반영된다. 둘째, 사회의 요구이다. 사회에서 필요로 하는 인재의 육성을 위해 사회의 공통 규범, 가치 등이 공식적 교육과정에 반영된다.

023 교육과정의 구분 #잠재적 교육과정

잠재적 교육과정을 통해 교실 현장을 이해하고 교수학습의 질 개선을 도모할 수 있다. 성 교사는 의도하지 않았음에도 학습자가 경험하게 되는 잠재적 교육과정을 강조하고 있는데, 공식적 교육과정과 가장 큰 차이점은 의도성의 유무라고 할 수 있다. 즉, 공식적 교육과정은 교육목적·내용 등에 국가의 의도가 반영되었지만, 잠재적 교육과정은 국가나 교사의 의도가 반영되지 않았음에도 학습하게 된 교육경험을 의미한다. 이를 고려했을 때 교사가 수업 개선을 위해 확인해야 할 요소는 다음과 같다. 첫째, 교실 문화이다. 학생들의 심리적 요인, 지역·문화적 특성으로 인해 교사의 의도와 달리 학습하게 되는 부분이 있을 수 있으므로 이를 고려하여 수업을 개선한다. 둘째, 교사의 언행이다. 설명이나 질의응답 과정에서 교사의 언행이 학습자에게 부정적 영향을 줄 수 있으므로 이를 고려하여 수업을 개선한다.

024 교육과정의 구분 #잠재적 교육과정

잠재적 교육과정은 공식적 교육과정에서 의도하거나 계획하지 않았으나 수업 또는 학교의 관행으로 학생들이 은연중에 배우는 교육 결과를 의미한다. 잠재적 교육과정의 의의로는 첫째, 교육과정의 탐구 영역을 확대하면서 교육과정의 실제적 모습을 다룬다. 둘째, 교육과정을 적용한 이후 교육 평가 시 평가의 범위와 방법을 확대한다. 잠재적 교육과정을 고려하여 수업 설계 시 교사가 유의해야 할 점으로는 첫째, 수업 준비단계에서 교사는 공식적 교육과정 이면에 담긴 내용을 확인한다. 예를 들어 교과서에 문화적, 인종적, 성별적 편견이 반영된 부분이 없는지 확인한다. 둘째, 수업의 정리 단계에서 교사는 학습자 평가 시 계획되지 않은 목표에 대해서도 평가할 수 있도록 한다. 예를 들어 탈목표평가나 수업 중에 나타나는 정의적 영역에 대한 평가를 실시할 수 있다.

025 교육과정의 구분 #숨겨진 교육과정

학생들의 바람직한 성장을 위해 교육과정이 미칠 수 있는 부정적 영향을 최소화해야 한다. 이 교사는 교장선생님의 의도나 계획에 따라 지배층에 대한 복종 등이 학습된다고 우려하고 있는데 이를 숨겨진 교육과정이라 한다. 이 교육과정이 학생 성장에 미치는 부정적 영향으로는, 첫째, 사고의 측면에서 특정 가치관을 주입하여 학생들의 사고를 편향적으로 만들 수 있다. 둘째, 행동의 측면에서 의도에 따라 학생들의 행동을 통제하여 주체적 행동의 발현을 억제할 수 있다. 이러한 부정적 효과를 방지하기 위한 교사의 실행방안은 다음과 같다. 첫째, 사고의 측면에서 토의·토론 등을 통해 하나의 주제에 대한 긍정적·부정적 입장 등을 보여주면서 사고의 범위를 확장시킨다. 둘째, 행동의 측면에서 학습지를 제공하여 어떤 행동을 하기 이전에 행동의 이유, 행동이 가져올 효과 등을 학습자 스스로 생각하고 추후 반성할 수 있는 기회를 제공한다.

026 교육과정의 구분   #영 교육과정

국가 교육과정과 같은 공식적 교육과정의 보완을 위해 교사는 영 교육과정을 고려할 수 있다. 가르칠
만한 가치가 있음에도 고의로 배제되는 영 교육과정이 발생하는 이유는 다음과 같다. 첫째, 사회적 측면
에서 국가와 사회의 가치관이 개입되는 경우이다. 사회의 안정을 위해 사회의 이념과 배치되는 내용을
삭제하는 과정에서 영 교육과정이 발생한다. 둘째, 교과의 측면에서 현실적 한계로 교과서의 내용을
줄여야 하는 경우이다. 정해진 교과시수, 교과서의 분량 등을 고려했을 때 상대적으로 중요한 내용에
선택과 집중하는 과정에서 영 교육과정이 발생한다. 이러한 국가 교육과정의 보완을 위해서 교사는
교과서 외 보충 자료를 제작할 수 있는데, 이때 고려해야 할 원칙은 다음과 같다. 첫째, 타당성의 원칙이다.
국가 교육과정과의 통일성·일관성을 위해 보충 자료는 국가 교육과정의 목적 달성에 부합하여야 한다.
둘째, 적합성의 원칙이다. 학습자가 보충 자료를 충분히 이해할 수 있도록 학습자의 능력이나 적성과
같은 수준을 고려한다.

027 교육과정의 구분   #영 교육과정 #타일러의 합리적 교육과정

영 교육과정은 가르칠 만한 가치가 있음에도 공식적 교육과정에서 고의로 배제되어 학습할 기회를 가지지
못하는 교육내용을 의미한다. 영 교육과정이 유발할 수 있는 부정적 효과로는 첫째, 학습자 측면에서
중요한 내용 지식 습득을 방해할 수 있다. 둘째, 사회 측면에서 교육과정에 특정 계급의 이데올로기만이
반영되어 교육의 정치적 중립성을 해칠 우려가 있다. 이러한 부정적 효과를 방지하기 위한 교사의 역할을
타일러의 교육과정 개발모형에 따라 제시한다면 다음과 같다. 첫째, 목표 설정 시 가르칠 만한 가치가
있음에도 공식적 교육과정에 누락된 교육목표가 있는지 확인하고 이를 교육과정 재구성 시 반영한다.
둘째, 내용 선정 시 교육목표를 달성하기 위해 추가, 보충해야 할 내용이 있는지 확인하고 교과서를
보완할 보충 자료를 제작한다.

028 **공식적 교육과정의 구분** #세계 교육과정 #지역 교육과정

교육의 경쟁력 제고를 위해 다양한 형태의 교육과정을 고려할 수 있다. 유 교사는 IB교육을 강조하는데 이와 같은 교육과정을 세계 교육과정이라 한다. 세계 교육과정의 장점은 국제적으로 보장된 교육 프로그램을 적용하여 교육과정의 질적 수준을 보장할 수 있어 교육의 국제 경쟁력을 제고한다는 점을 들 수 있다. 신 교사는 시도별 특화된 교육과정을 강조하는데 이를 지역 교육과정이라 한다. 지역 교육과정의 장점은 지역 수요를 반영한 교육과정을 개발·운영함으로써 교육의 민주성을 확보한다는 점을 들 수 있다. 그러나 세계, 지역 수준의 교육과정을 운영할 때 문제점이 나타날 수 있는데, 표준화를 바탕으로 한 세계 교육과정에 지나치게 집중하게 되는 경우 국가별 문화적 특수성, 경제적 상황을 고려하지 않은 획일적 교육이 실시되어 장기적으로 교육경쟁력을 저해할 수 있다는 것이다. 또한 지역별 교육과정 개발을 전제하는 지역 교육과정은 지역의 교육역량, 행정역량에 따라 지역별 교육격차가 심화되어 국가 전체적인 교육의 질을 유지하는 데 한계를 지닐 수 있다.

029 **공식적 교육과정의 구분** #학교 수준 교육과정 #학교 자율시간

학교 수준 교육과정은 시·도의 교육과정 편성·운영 지침을 토대로 학교의 실정에 적합한 교육과정을 비교적 구체적으로 계획한 교육과정을 의미한다. 학교 수준 교육과정의 주된 특징으로는 첫째, 학교 내외의 요구를 파악하면서 단위학교의 개별적 특성을 고려한다. 둘째, 학교 상황에 맞는 프로그램을 계획, 실시하면서 교사의 재량권 확대를 강조한다. 이에 따른 학교 수준 교육과정의 장점으로는 학교 상황에 맞는 맞춤형 교육이 가능하다는 점을 들 수 있으나, 단점으로는 학교별, 교사별 역량에 따라 교육과정의 질적 차이가 크게 발생할 수 있다는 점을 들 수 있다.

030 **공식적 교육과정의 구분** #계획된 교육과정 #실행한 교육과정

최 교사는 계획된 교육과정과 실제 교육과정과의 차이를 인식하고 이를 최소화하고자 한다. 이러한 인식에 기반하여 교육과정을 개발 운영하는 경우 의의는 다음과 같다. 첫째, 교사 측면에서는 자신의 교수방법을 지속해서 개선하여 교수의 질을 높일 수 있다. 둘째, 학습자 측면에서는 계획하거나 가르친 내용과 학습자가 학습한 내용의 비교를 통해 학습자에게 보충, 심화 학습을 제공할 수 있다. 계획한 것, 가르친 것, 학습한 것을 일치시키기 위한 방안으로는 첫째, 교과협의회 등을 통해 계획된 교육과정에서 공통 필수로 가르쳐야 하는 내용을 발견한다. 둘째, 진단평가, 상담 등을 통해 학습자의 인지적·정의적 특성을 파악하고 그것을 고려하여 교육내용과 방법을 선정한다.

031   교육과정의 역사   #인문주의 #사회효율성주의

학생 맞춤형 교육이라는 관점에서 과거 교육과정에 관한 관점들을 평가할 수 있다. 인문주의의 수정적
접근은 도야 가치가 있는 교과의 중요성을 강조하면서 현재에도 교과 교육을 통한 합리적 이성의 계발을
도모했다는 점에서 시사점을 가진다. 또한 사회효율성주의의 경우 목표가 분명한 표준화된 교육과정을
제시하면서 현재에도 통일적인 학교 교육과정을 운영할 수 있다는 점에서 시사점을 가진다. 그러나 최근
강조되는 학생 맞춤형 교육과 관련했을 때 인문주의의 수정적 접근의 한계로는 지나치게 교과만 강조함
으로써 교육에서 학생의 흥미와 관심이 고려되지 않는다는 점을 들 수 있다. 또한 사회효율성주의의
한계로는 공급자 중심의 표준화를 강조하다 보면 교육의 수혜자인 학습자의 발달단계를 고려하지 않는
다는 점을 들 수 있다.

032   패러다임의 전환   #교육과정 개발 패러다임 #교육과정 이해 패러다임

목표설정, 학습경험 선정과 조직, 평가라는 일반적 개발 단계를 논의한 교육과정 개발 패러다임은 어느
상황에도 적용 가능한 보편적인 교육과정 개발모형을 제시했다는 점에서 의의가 있으나, 공급자 중심의
보편성만을 강조하다 보니 교육의 주체인 학습자가 교육과정 개발에서 소외되고 현실의 교육 모습을
반영하기에 곤란하다는 한계를 지닌다. 학습자 중심의 교육, 복잡한 사회문제를 다루는 교육이 중시되는
현재 교육환경을 고려했을 때 교육과정 이해 패러다임은 다음의 측면에서 중요성을 지닌다. 첫째, 학습
자의 측면에서 파이나의 실존적 재개념주의는 학습자의 다양한 경험을 보장하고 학습의 참여도를 촉진
한다는 점에서 중요성을 가진다. 둘째, 사회의 측면에서 애플의 구조적 재개념주의는 교육에 영향을
미치는 다양한 사회적 요인을 고려할 수 있다는 점에서 중요성을 지닌다.

033   이해 패러다임   #슈왑 #서술적 접근 #숙의

슈왑에 따르면 교육과정을 개발할 때 관련 이해 당사자들과의 선택과 합의에 의한 의사결정을 강조한다.
이러한 의사결정 과정의 명칭을 숙의라고 한다. 숙의의 구체적인 방법으로는 절충술이 있다. 절충술이란
구체적이고 복잡한 실천적 문제인 교육과정을 개발하기 위해서는 여러 견해와 이론들을 부분적으로
활용하는 것을 의미한다. 숙의의 과정에서 고려해야 하는 요소로는 첫째, 학습자, 학부모 등 이해관계인의
요구와 수준을 종합하여 실천적인 학습목표를 설정한다. 둘째, 교과 내용에 관한 다양한 입장을 종합하여
내용을 선정한다.

034　이해 패러다임 　　　　　　　　　　　　　#파이나 #쿠레레 방법론 #실존적 재개념주의

파이나는 자신의 교육적 경험에 대한 다각적 이해를 위해 쿠레레 방법론을 제시하였다. 이러한 쿠레레 방법론이 주는 교육적 의의는 다음과 같다. 첫째, 학습자 측면에서 학습자 스스로가 자신의 교육적 경험을 이해할 수 있도록 해주면서 학습자의 실존성, 주체성을 느끼는 데 도움이 된다. 둘째, 교과 측면에서 교과와 학습자의 경험을 연계하면서 학습 내용을 다양화할 수 있다. 한편 박 교사는 자유연상을 통해 학생들이 자신의 교육 경험을 말하게 하는데 이는 쿠레레 방법론 중 회귀단계에 해당한다. 이때 교사의 유의점으로는 학생들이 자유롭게 자신의 경험을 회상하고 상세하게 묘사할 수 있도록 충분한 회상시간을 제공하고 연상한 내용에 대한 비판적인 태도를 취하지 않아야 한다.

02

035　이해 패러다임 　　　　　　　　　　　#애플 #구조적 재개념주의 #탈숙련화 #재숙련화

애플은 구조적 재개념주의 이론을 통해 주류 교육과정에 순응하면서 수동적인 존재가 되는 교사를 분석하였다. 이 이론에 따를 때 최 교사는 교육과정의 내용을 그대로 가져오면서 탈숙련화가 나타났고, 중간 관리자가 되어서도 기존 교육과정이 잘 운영되는지만 관리하는 재숙련화를 거치면서 수동적인 존재가 되었다. 따라서 최 교사와 같이 수동적인 교사가 되지 않기 위해서는 다음의 태도를 갖추는 것이 필요하다. 첫째, 교과협의회 등을 통해 공식적 교육과정을 비판적으로 바라보고 학교 상황 등에 맞추어 적극적으로 교육과정을 재구성할 수 있도록 해야 한다. 둘째, 전문적 학습공동체나 연수 등을 통해 변화하는 교육 환경에 적기 대응할 수 있는 전문적 역량을 함양해야 한다.

036　교과를 중심으로 한 교육과정 　　　　　　　　　　　　　　　　#교과중심 교육과정

학습자의 역량 강화를 위해 다양한 교육과정의 특징 등을 고려해야 한다. 이때 교과중심 교육과정과 학생중심 교육과정을 비교할 수 있는데, 양자의 차이점으로는 첫째, 목표 설정 측면에서 교과중심 교육 과정은 외부로부터 목표가 주어지나, 학생중심 교육과정에서는 학생의 주도적인 참여를 통해 내부로부터 목표가 설정된다. 둘째, 내용 측면에서 교과중심 교육과정에서는 전통적으로 내려오는 본질이고 기본적 내용을 강조하나, 학생중심 교육과정에서는 학생의 창의성·주도성과 관련한 내용을 강조한다. 한편 학습자의 역량 강화 측면에서 교과중심 교육과정의 장점은 기본적 내용의 학습을 통해 다양한 역량의 기반이 되는 기초소양을 습득하는 데 도움이 된다는 점이 있지만, 단점은 외부로부터 주어진 목표와 학습내용으로 인해 현재 강조되는 학습자의 창의성, 자기주도성 등을 함양하는 데 한계가 있다는 점을 들 수 있다.

037   교과를 중심으로 한 교육과정   #교과중심 교육과정

누구나 알아야 하는 기본적인 내용의 전달을 강조하는 교과중심 교육과정의 핵심적인 요소로는 첫째,
교육과정을 통해 달성해야 하는 명확한 목표, 둘째, 보존해야 할 가장 중요한 내용을 담은 교과서를 들
수 있다. 이러한 요소들이 교육과정 전반에 미치는 영향으로는 다음과 같다. 첫째, 목표가 분명한 경우
수업의 방향과 평가의 방향이 명확해진다. 둘째, 교과서를 중심으로 수업하는 경우 교육내용의 일관성을
확보하기 용이해진다.

038   교과를 중심으로 한 교육과정   #교과중심 교육과정 #기초학력

기초학력의 보장 측면에서는 경험중심 교육과정보다 교과중심 교육과정이 의의를 가질 수 있다. 경험중심
교육과정의 한계로는 교육이 지나치게 흥미와 관심에만 치중하는 경우 문화유산 또는 기본적 지식을
전달하는 데 소홀하여 학력저하를 발생시킬 수 있다. 이에 비해 교과중심 교육과정은 교과서 중심수업,
강의식 수업을 통해 기본적 지식을 효율적으로 전달하면서 기초학력을 보장한다는 의의를 지닌다. 따라서
블렌디드 수업상황에서도 기초학력을 보장하기 위해서는, 첫째, 방법적 측면에서 거꾸로 수업을 활용한다.
원격수업에서는 강의식을 통해 기본적인 내용을 전달하고 대면수업에서는 활동형 수업을 진행한다. 둘째,
내용적 측면에서 기초적 내용이 반영된 학습 보조자료를 제공한다. 학생의 흥미와 관심만을 고려한
학습자료보다는 기본적 내용이 충실하게 담긴 자료를 온라인 게시판에 탑재한다.

039   교과를 중심으로 한 교육과정   #학문중심 교육과정 #지식의 구조

학문중심 교육과정에서는 지식의 구조를 발견하는 것을 강조한다. 지식의 구조란 학문을 구성하고 있는
근본적인 개념과 원리라고 할 수 있다. 교사는 학생들이 스스로 지식의 구조를 발견하고 이해할 수 있도록
적절한 방식으로 지식을 표현해야 하는데, 구체적인 표현방식은 다음과 같다. 첫째, 구체적 동작에서부터
반추상적 영상, 추상적인 상징 등 학습자의 발달단계에 맞춰 지식의 표현방식을 심화한다. 둘째, 학습자
들이 개념들과의 관계를 파악할 수 있도록 개념 간의 관계를 시각적으로 나타낸 개념 맵을 활용한다.

040 교과를 중심으로 한 교육과정 #학문중심 교육과정 #지식의 구조

2022 개정 교육과정에서 제시한 학습 내용의 적정화는 학문중심 교육과정에서 강조하는 지식의 구조 학습을 통해서 실현될 수 있다. 지식의 구조를 학습하는 경우 학습자 측면에서의 효과는 다음과 같다. 첫째, 학습의 경제성 확보이다. 학습자는 근본적인 개념과 원리를 소유하면 되므로 기본적으로 소유해야 할 정보의 양이 이전보다 적어진다. 둘째, 지식의 생성력 확보이다. 근본적 개념과 원리를 학습하면 다른 지식을 습득하고 발견할 수 있는 전이가 활발히 일어나 지식 적용력을 향상시킬 수 있다. 지식의 구조 학습을 위한 구체적인 방법은 다음과 같다. 첫째, 나선형으로 내용을 조직한다. 초보적인 데서 가장 고도의 수준에 이르기까지 핵심 개념과 원리를 반복하면서 지식의 폭과 깊이를 더해간다. 둘째, 구체적 수준에서 추상적 수준으로 지식을 표현한다. 학습자의 수준을 고려하여 구체적 동작부터 그림 등 반추상적 영상, 언어 등 추상적 표현으로 방식을 단계적으로 심화한다.

041 학습자를 중심으로 한 교육과정 #경험중심 교육과정

교육의 본질에 집중하여 깨어나는 교실을 조성하기 위해 경험중심 교육과정을 고려할 수 있다. 아동의 흥미를 중시한 경험중심 교육과정의 궁극적 목적은 흥미와 관심을 바탕으로 경험적 교육내용을 구성하고 이를 통해 아동의 계속적인 성장을 도모하는 데 있다. 이 교육과정에 근거하여 교육과정을 선정·조직할 때 고려해야 하는 원칙은 다음과 같다. 첫째, 흥미의 원칙이다. 학습자의 현재 경험으로부터 학습 내용을 추론하여 학습자가 흥미를 가지고 학습에 참여하도록 한다. 둘째, 사회성의 원칙이다. 학교 안과 밖에서 경험하는 실제 삶과 관련한 내용을 학습내용을 선정·조직하여 학생의 계속적 성장을 도모한다. 셋째, 심화의 원칙이다. 학습자가 이미 경험한 것을 바탕으로 학습 내용을 좀 더 충분하고 풍성하게 조직하여 논리적인 교과에 다가가도록 한다.

042   **학습자를 중심으로 한 교육과정**   #경험중심 교육과정 #생성형

학생의 흥미와 욕구를 강조하는 경험중심 교육과정은 생성형, 활동형, 중핵형으로 구분된다. 이중 윤 교사가 언급한 유형은 생성형으로서 교사와 학생이 상호 협력해서 경험을 구성한다고 언급한 데에서 근거를 찾을 수 있다. 이 유형의 교육적 의의로는 교사와 학생의 협력을 강조하므로 학습자 혼자 학습하면 성취하기 어렵지만 교사의 조력을 통해서 성취할 수 있는 근접발달영역(ZPD)을 학습할 수 있도록 경험을 구성한다는 점을 들 수 있다. 생성형 교육과정을 효과적으로 운영하기 위해 교사가 수업 준비단계에서 해야 할 일은 다음과 같다. 첫째, 진단평가·상담 등을 통해 학습자의 수준과 특성을 파악하고 그것에 맞게 참여의 수준과 범위를 결정한다. 둘째, 학생과의 협력을 통해 교육 경험 구성 시 많은 시간이 소요될 수 있으므로 교사는 수업 준비 시 블록타임제 고려 등 생성형 교육과정 운영을 위한 충분한 시간을 확보한다.

043   **학습자를 중심으로 한 교육과정**   #인간중심 교육과정

학생중심의 교육을 통해 교육의 궁극적 목적을 달성할 수 있다. 제시문에서는 학생들의 가치와 태도를 인정하고 성장을 중시하고 있는데, 이와 관련한 교육과정을 인간중심 교육과정이라 할 수 있다. 인간중심 교육과정의 교육목적은 교사와 학생의 존중·수용·공감적 이해를 통한 학습자의 자아실현이라고 할 수 있다. 이러한 교육과정은 미래역량이 강조되는 현 시점에서 단순 지식중심에서 학습자의 성장중심으로의 전환을 강조한다는 점에서 시사점을 가진다. 한편 인간중심 교육과정에 따른 수업의 특징으로는 첫째, 따뜻하고 우호적인 수업을 통해 학생이 교실에서 편안함을 느낄 수 있도록 해준다는 것, 둘째, 목표·내용· 방법의 선정에 있어서 학습자의 개별 학습 선택권을 보장한다는 것을 들 수 있다.

044   **사회를 중심으로 한 교육과정**   #생활적응 교육과정

전 교사는 학생이 항상 직면하는 생활장면을 교육과정에 반영하는 것이 중요하다고 보는데 이와 관련한 교육과정을 생활적응 교육과정이라 한다. 이 교육과정에 근거할 때 생활장면에서 필요한 학습자의 역량과 이를 기르기 위한 구체적 수업방법은 다음과 같다. 첫째, 생활에서 필요한 기술을 다루는 역량이다. 요리도구 사용하기, 세탁기 돌리기 등 실제 삶에서 필요한 기능으로서 이러한 역량은 현장 체험 학습, 모의실험 학습 등을 통해서 길러질 수 있다. 둘째, 타인과 소통하는 역량이다. 사회적 존재로서 인간에게 필수적인 기능으로 이러한 역량은 협동학습, 롤플레이 등을 통해서 길러질 수 있다.

045 　사회를 중심으로 한 교육과정　　　　　　　　　　　　　　　　　　#중핵 교육과정

공교육의 사회적 기능을 실천하기 위해 중핵 교육과정을 활용할 수 있다. 중핵 교육과정이란 교육과정 편성·운영에 학습자의 관심을 끄는 사회문제, 쟁점, 생활이나 욕구 등을 중핵으로 두고 그것을 중심으로 주변을 동심원적으로 조직하는 교육과정을 의미한다. 이러한 교육과정의 목적은 사회적인 이슈 등을 가르치면서 사회에서 필요로 하는 역량을 개발하는 것이라 할 수 있다. 이 목적을 달성하기 위한 구체적 운영 방안은 다음과 같다. 첫째, 교사 간 협의회를 통해 핵심 주제를 선정하고 주제를 중심으로 다양한 교과 간 교과 내용을 통합적으로 구성한다. 둘째, 학습자의 흥미 등을 고려하기 위해 학습 내용 선별 과정에 학습자를 적극 참여시키고, 협동학습 등 학습자 참여 중심의 수업을 전개한다.

046 　사회를 중심으로 한 교육과정　　　　　　　　　　　　　　　　　　#중핵 교육과정

중핵 교육과정의 성공적 운영을 위해서는 중핵을 적절하게 선정하는 것이 필요하다. 중핵을 발굴할 때 선정 기준으로는 첫째, 사회에서 필요한 역량을 함양하기 위해 국가나 지역 사회의 요구를 고려할 수 있다. 둘째, 학습자들의 주의 집중을 유도하기 위해 학습자의 흥미와 가치관을 고려할 수 있다. 성공적인 중핵 교육과정의 운영을 위한 교사의 역할로는 사회적 요구와 학습자의 흥미 등을 고려하여 교육과정을 계획하는 역할을 들 수 있으며, 이때 학생은 수동적으로 수업에 참여하는 것이 아니라, 적극적으로 학습에 참여하여 사회에서 필요한 역량을 주도적으로 함양하는 역할을 수행한다.

047 　역량을 중심으로 한 교육과정　　　　　　　　　　　　　　　#역량중심 교육과정 #역량

21세기에 적절히 살아갈 수 있는 사람을 육성하기 위해 역량을 중심으로 한 교육과정이 강조되고 있다. 이 교육과정이 강조된 이유는 다음과 같다. 첫째, 지식의 급변성·비고정성, 미래사회에 대한 불확실성으로 인해 기존 지식에 기반을 둔 교육과정을 완벽하게 설계하는 것이 사실상 어려워졌기 때문이다. 둘째, 지식 기반 사회에서는 내용 지식을 넘어서 막대한 양의 지식과 정보를 처리·활용하고 새로운 지식을 생성·창출하는 것이 강조되었기 때문이다. 따라서 교육을 통해 역량을 함양하는 것이 중요해지는데, 역량의 기본적 특성은 다음과 같다. 첫째, 수행성이다. 역량은 고정적인 지식의 습득, 기억하는 기능에만 머무는 것이 아니라 변화하는 삶에서 지식을 실제 활용하는 능력이라는 성격을 지닌다. 둘째, 발달성이다. 역량은 어느 한 시점에 고정적으로만 형성·발현되는 것이 아니라 끊임없이 성장한다는 특성을 지닌다.

048 역량을 중심으로 한 교육과정 #디지털 대전환 #핵심역량

디지털 대전환 시대의 주요 특징을 고려했을 때 핵심 역량 2가지로는 다음과 같다. 첫째, 자료 검색 및 변형 역량이다. 자신에게 맞는 데이터를 검색하고 문제에 맞게 이를 처리하고 활용하는 것이 필요하다. 둘째, 신기술 활용 역량이다. 끊임없이 발전하는 기술 도구를 적절하게 사용할 수 있는 능력이 요구된다. 이러한 역량을 함양하기 위한 교실 수업 방안으로는 다음과 같다 첫째, 디지털 미디어를 활용한 자원기반학습이다. 위키기반 수업 등을 통해 자료에 자유롭게 접근하고 수정하도록 하는 수업을 실시할 수 있다. 둘째, 에듀테크를 활용한 문제해결학습이다. 이때 태블릿 PC 또는 메타버스 교실 등을 활용한 협동학습을 실시할 수 있다.

049 역량을 중심으로 한 교육과정 #역량중심 교육과정 #변혁적 역량

새로운 사회에 대응하기 위해 역량중심 교육과정을 통해 변혁적 역량을 함양하는 것이 중요하다. 지식과 내용을 사전에 설정하고 이를 전달하는 것을 강조하는 교과중심 교육과정과 달리 역량중심 교육과정은 지식과 내용이 교수학습과정 중에 새롭게 창출된다고 본다. OECD 교육 2030에서 강조하는 변혁적 역량은 2022 개정 교육과정의 인재상과 관련했을 때 다음의 가치를 지닌다. 첫째, 창의성이다. 지식과 기능 등을 조합하여 새로운 가치 창출을 강조하면 새로운 문제해결책을 내놓는 창의적 인재와 관련이 있다. 둘째, 포용성이다. 모순적이거나 양립불가능한 생각을 조화롭게 고려하는 긴장과 딜레마 조정을 통해 공동체 사회에 원만하게 적응하는 포용적 인재와 관련이 있다. 셋째, 자기주도성이다. 자신을 성찰하고 평가하는 책임감 갖기를 통해 미래사회를 주도적으로 이끄는 자기주도적 인재와 관련이 있다.

050 교육과정 개발의 기본적 이해 #합리적 교육과정 개발 #목표설정

교육과정 개발 시 목표 설정이 중요한 이유는 첫째, 학습의 방향성을 제시해주기 때문이다. 수업 전 구체적인 학습목표를 학습자에게 제공하면서 학습에 집중할 수 있게 해주고, 수업의 일관성을 확보해준다. 둘째, 평가의 기준을 제공해주기 때문이다. 수업 후 학생의 목표 도달도 여부를 평가하면서 평가의 기준을 분명하게 해준다. 단원 내 목표를 설정할 때 교사가 지켜야 할 원칙으로는 첫째, 학습자의 수준과 특성을 고려하여 목표를 설정한다. 이를 통해 학습자의 수준을 고려한 수업의 방향을 구체화할 수 있다. 둘째, 구체적인 행동 용어로 진술한다. 이를 통해 학습의 방향성을 구체화한다. 또한 이를 통해 목표달성도 여부를 용이하게 평가할 수 있다.

051 | 교육과정 개발의 기본적 이해 | #교육과정 개발 유형 #분권형

교육에서 지역의 역할 강화를 위해 교육과정 개발 유형을 새롭게 적용할 필요가 있다. 보고서에서와 같이 지역과 단위학교의 자율성을 강조한 교육과정 개발 유형을 분권형이라 한다. 분권형 교육과정의 장점으로는 지역·학교의 특수성을 반영한 특색있는 교육과정을 개발 운영하여 교육 경쟁력을 높일 수 있다는 점을 들 수 있다. 그러나 단점으로는 지역·학교의 역량에 따른 교육과정의 격차가 발생하고 이로 인해 교육격차가 심화될 수 있다는 점을 들 수 있다. 분권형 교육과정을 현실에 적용하는 방안으로는 다음과 같다. 첫째, 교육청 차원에서 시도별 중점 사항을 반영한 시도 교육과정 편성운영지침을 개발한다. 둘째, 단위학교 차원에서 단위학교의 교육적 수요와 지역 내 자원을 반영한 새로운 교과서를 개발하여 학교 자율시간에 활용한다.

052 | 전통적 교육과정 개발모형 | #타일러 #합리적 교육과정 개발

타일러의 교육 목표 설정 단계에서 고려해야 할 사항 3가지는 다음과 같다. 첫째, 학습자의 입장이다. 교육 목표는 학습자의 일반적인 발달단계의 특성에 대한 이해뿐만 아니라, 학습자 간에 나타날 수 있는 개인차에 대한 이해를 토대로 설정되어야 한다. 둘째, 사회의 입장이다. 교육 목표는 사회 전체가 추구하는 이념 및 사회의 직접적인 요구를 반영해야 하고, 급변하는 사회의 필요에 대한 분석을 포함해야 한다. 셋째, 교과 전문가의 입장이다. 교육 목표는 반드시 학습해야 할 기본적인 내용과 교과의 최근 동향에 대한 분석을 포함해야 한다.

053 | 전통적 교육과정 개발모형 | #타일러 #학습경험 선정 #학습경험 조직

학습목표를 달성하기 위해 타일러가 말한 학습경험의 선정과 조직의 원칙을 고려해야 한다. 제시문에서 학습경험 선정의 원칙 중 유 교사가 고려한 원칙은 다음과 같다. 첫째, 가능성의 원칙이다. 유 교사는 목표를 달성하기 위해 학생들의 발달 수준을 고려하면서 토론 수업의 주제를 선정하고자 한다. 둘째, 일경험 다목표의 원칙이다. 유 교사는 비판적 사고력, 토의토론 능력 함양 등 다양한 목표를 달성하기 위해 토론 수업이라는 하나의 경험을 제시한다. 한편 학습경험 조직의 원칙 중 사형제에 대한 이해도 제고라는 목적 달성을 위해 정 교사가 고려한 원칙은 다음과 같다. 첫째, 통합성의 원칙이다. 정 교사는 사형제에 관한 다양한 교과 내용을 통합적으로 조직하고자 한다. 둘째, 계열성의 원칙이다. 정 교사는 사형제의 기본적 내용부터 심화된 내용의 순서로 내용을 조직하고자 한다.

054 전통적 교육과정 개발모형 #타바 #단원개발모형

타바는 교사가 주도적으로 단원 수준의 교육과정 개발을 강조한다. 단원 구성 시 교사의 실행전략으로는 첫째, 요구진단을 통해 학생이 도달해야 할 가장 바람직한 상태와 현재 상태 간의 격차를 확인한다. 둘째, 요구진단을 바탕으로 학습자가 성취해야 할 학습 목표를 구체화한다. 이렇게 구성한 시험 단원을 타 교과, 타 학년으로 확대 적용하기 위해 단원을 검증한다. 단원 검증 시 기준으로는 첫째, 교수가능성이다. 구성한 단원을 가르치기 위한 시간과 자원이 충분한지 등을 고려한다. 둘째, 내용의 타당성이다. 단원에 필수적으로 성취해야 할 내용과 능력이 반영되어 있는지 등을 고려한다.

055 전통적 교육과정 개발모형 #타일러 #타바

교사의 자율성을 통한 교육의 질 개선을 위해 교육과정 개발모형에 대한 논의를 할 수 있다. 타일러의 교육과정 개발모형은 일반적 모형의 통일된 적용을 강조하여 교사의 자율성을 제약한다는 한계가 있다. 반면 타바의 단원중심 개발모형에서는 교사의 주도적 역할을 강조하여 교육과정 전문가로서 교사의 사기를 앙양하고 이를 통해 현장 맞춤형 교육을 실천할 수 있다는 장점이 있다. 한편 심 교사는 타바의 모형을 바탕으로 여러 개의 단원을 구조화하고자 하는데 이때 고려할 수 있는 요소는 다음과 같다. 첫째, 횡적 범위의 적절성이다. 여러 개의 단원에 들어간 내용의 범위를 고려하면서 세부 단원들을 개발하고 구조화한다. 둘째, 종적 계열의 적절성이다. 학습자의 특성을 반영한 현장 맞춤형 교육을 위해 여러 개의 단원을 제공하는 순서를 고려한다.

056 전통적 교육과정 개발모형 #역행설계모형 #백워드모형

역행설계모형은 교육목표를 설정하고 달성 여부를 판단할 평가계획을 먼저 수립하고 이후 구체적인 교육활동을 계획함으로써 2022 개정 교육과정에서 강조하는 교육목표−수업(내용)−평가−기록의 일체화를 추구한다는 점에서 의의가 있다. 이 모형에서는 바람직한 교육결과를 목표로 설정하고자 하는데 이를 영속적 이해라고 한다. 이러한 영속적 이해의 성취 여부에 따라 평가 계획을 수립하고 이후 수업계획을 수립하는데 이때 WHERETO원리를 고려할 수 있다. 구체적으로는 첫째, 수업 도입 단계에서 학생들에게 학습목표를 구체화하면서 학습 내용의 이유(why)를 설명해주고 방향성(where)을 제시한다. 둘째, 수업 전개 단계에서는 학생들이 중요한 개념과 본질적인 질문을 탐구(explore)하도록 준비시킨다.

057   대안적 교육과정 개발모형   #워커 #자연주의적 개발모형 #숙의

단위학교 교육과정 개발에 있어서 워커의 자연주의적 개발모형을 고려할 수 있다. 참여자들의 숙의를
강조한 자연주의적 교육과정 개발모형을 단위학교에 적용할 때 장점으로는 교사들의 참여와 숙의의
과정을 통해 교육과정 개발에서 단위학교에서 민주성을 확보하기 용이하다는 점을 들 수 있다. 이 모형에
근거하여 단위학교의 교육과정 개발 시 운영 전략은 다음과 같다. 첫째, 숙의의 기반이 되는 토대를
다지도록 유도한다. 이때 교사들이 자신의 의견을 자유롭게 표현하기 위해 교사 간 비판적 태도를 금지하고
여러 교사에게 다양한 의견제출의 기회를 부여한다. 둘째, 충분한 숙의를 유도한다. 시간이 다소 걸리더라도
학교는 중립자의 입장에서 다양한 대안에 대해 다양한 측면에서 검토하고 성급한 의사결정을 지양한다.

058   대안적 교육과정 개발모형   #아이즈너 #예술적 교육과정

아이즈너는 예술적 교육과정 개발모형을 통해 전통적 교육과정 개발모형에서 강조하는 구체적 행동
목표를 비판한다. 아이즈너는 구체적인 행동목표의 한계로 첫째, 수업은 복잡하고 역동적인 것으로
수업의 결과로 나타나는 학생 행동의 모든 변화를 사전에 행동목표로 제시하기 어렵다는 점, 둘째,
행동목표에는 호기심, 창의성, 독창성 등을 반영하기 어렵다는 점을 제시한다. 아이즈너는 대안적인
목표로서, 첫째, 문제 해결 목표를 제안한다. 이는 문제와 조건을 만족시키며 문제를 해결하는 목표로
"만 원으로 내 건강에 가장 알맞은 한 끼 식사 재료 구입하기"와 같이 일정 조건 아래 다양한 정답이
있는 목표를 의미한다. 둘째, 표현적 결과를 제안한다. 이는 어떤 활동을 하는 도중 또는 종료한 후에
얻는 목표로 "친구들과 벽화 그리기"와 같이 별도의 조건 없이 다양한 답이 존재하는 목표를 의미한다.

059   대안적 교육과정 개발모형   #아이즈너 #예술적 교육과정

아이즈너는 공식적인 교육과정에 대한 비판으로서 예술적 교육과정을 제시한다. 신 교사는 교육과정
내용 선정 시 가르칠 만한 가치가 있음에도 고의로 빠져있는 내용들을 고려하자고 언급하는데 아이즈너의
예술적 교육과정에서는 이것을 영 교육과정이라 한다. 영 교육과정을 고려하면서 교육과정을 새롭게
재구성하게 되는데 이때 교사에게 필요한 능력을 아이즈너는 교육적 상상력이라고 하였다. 이러한 능력이
발현된 예시로는 첫째, 구체적 행동목표를 문제해결 목표나 표출적 성과 등을 반영하여 새롭게 수정한다.
둘째, 기존의 교과별 교육 내용에서 통합과 연계 등을 다양한 교과를 포괄하는 범교과 내용으로 수정한다.

060   대안적 교육과정 개발모형   #아이즈너 #예술적 교육과정

학생 맞춤형 교육을 위해서 교육내용의 제시방식과 평가 방법을 바꿔야 한다. 조 교사는 아이즈너의
예술적 교육과정에 근거하여 다양한 방식으로 교육내용을 표현하고자 한다. 이를 위한 구체적 제시방식
으로는 첫째, 동영상, 그래픽 등 시각 자료를 통해 교육내용을 제시한다. 둘째, 언어적인 표현을 하더라도
설명의 방식에서 벗어나 시적 진술, 은유 등을 활용하여 교육내용의 다양한 측면을 보여준다. 한편
조 교사는 학습자의 미묘한 변화를 평가하는 것을 강조하는데 이때 교사에게 요구되는 능력은 다음과
같다. 첫째, 교육적 감식안이다. 이는 평가 대상인 학습자의 자질 간의 미묘한 차이를 감식 또는 인식할
수 있는 감상술이라 할 수 있다. 둘째, 교육비평이다. 이는 교육적 감식안을 통해 인식한 미묘한 차이를
학생이나 학부모가 이해할 수 있도록 평가 결과를 표현하는 표출술이라 할 수 있다.

061   대안적 교육과정 개발모형   #교육과정 재구성

현장 맞춤형 교육을 위해 교육과정을 재구성할 수 있어야 한다. 학교 현장에서 교사가 재구성할 수 있는
유형으로는 첫째, 교과 내 재구성이 있다. 단원의 순서를 변경하거나, 기존 교과서의 내용을 추가·수정
하는 것을 의미한다. 둘째, 교과 간 재구성이 있다. 타 교과와 연계하거나 통합하는 것이 이에 해당한다.
한편 교육과정 재구성을 위해 필요한 교사의 역량으로는 교육과정 문해력이 있다. 이는 기존의 교육과정을
읽고 상황에 맞게 새로이 작성하는 것을 의미한다. 이러한 역량을 단위학교에서 기르기 위해서는 전문적
학습공동체 또는 동 교과협의회 등 교사간 협력을 통해 교육과정 재구성에 관한 노하우를 공유할 수 있다.

062   대안적 교육과정 개발모형   #교육과정 재구성 #스킬벡 #SBCD

학교별 특성에 맞는 교육을 위해 교육과정 분권화를 논의할 필요가 있다. 교육과정 분권화의 필요성으
로는 첫째, 지식이 급변하는 현실을 고려할 때 교육과정을 통해 가르쳐야 하는 내용을 빠르게 변화하기
위해서 교육과정 분권화가 필요하다. 둘째, 학교 내 구성원의 수요가 학교별로 상이하므로 이에 효과적인
대응을 위해서 교육과정 분권화가 필요하다. 교육과정 개발의 분권적 접근으로 스킬벡의 SBCD모형에
서는 교육과정 개발 전 학교별 상황분석을 강조한다. 상황분석 시 구체적인 방법으로는 첫째, 학생상담,
진단평가 등을 통해 학습자 특성과 같은 내적 요인을 분석한다. 학부모 상담, 지역 연계 등을 통해
학부모와 지역사회의 기대 등과 같은 외적 요인을 파악한다. 이러한 분석을 기반으로 목표를 설정하고
프로그램을 구성하는 등 학교별 교육과정을 개발한다.

063 | 교육과정의 설계모형

교육과정 설계모형 중 과정 모형은 학습자의 역량 발달을 위해 교수·학습과정이 따라야 할 절차나 원리를 상세화하는 모형이다. 이 모형의 특징으로는, 첫째, 교육목표로서 무엇보다도 학습자의 개별적 역량의 지속적 발달을 추구한다. 둘째, 목표를 미리 설정하기 보다는 교수학습과정 중에서 설정된다는 특징을 지닌다. 따라서 이 모형에 따를 때 연설문에 드러난 기존 목표 중심의 설계모형의 한계는 다음과 같다. 첫째, 학습자의 개별적 역량발달이 아니라 국가에 의해 정해진 목표와 그에 따른 행동만 강조해 학습에서 학습자의 개별성이 고려되지 못한다. 둘째, 교수학습 과정에서 나타날 수 있는 교육목표를 소홀히 다뤄 미래 사회에서 중요한 문제해결능력, 상호작용 능력을 기르는 데는 한계가 있다.

064 | 일반적 설계 원리

조 교사의 발표처럼 효과적인 학습을 위해서 단원의 학습 순서, 즉, 계열성을 고려해야 한다. 계열성을 확보하는 구체적 방법으로는, 첫째, 단순한 것에서 복잡한 것으로 조직한다. 학습자의 수준을 고려하여 먼저 이해하기 쉬운 개념, 사례를 제시하고 이후 세부적인 내용을 가르친다. 둘째, 사건의 연대기적 순서로 조직한다. 다루게 될 교과의 내용이 시간의 흐름과 관련이 있을 때 과거에서 현재로, 또는 반대로 조직하여 학습 내용의 전반적 흐름에 대한 이해를 돕는다. 학습 내용의 계열화를 위해 교사가 고려해야 하는 요소로는 첫째, 학습자의 수준이다. 학습자의 인지적·정의적 측면을 고려하여 학습의 순서를 재조직한다. 둘째, 교과의 특성이다. 교과 세부 내용의 특징을 고려하여 귀납법, 연역법 등 내용조직의 순서를 결정할 수 있다.

065 | 일반적 설계 원리

효과적인 교육과정의 운영을 위해 학습경험의 선정 원리를 준수할 필요가 있다. 2022 개정 교육과정 총론에서 확인할 수 있는 학습경험의 선정 원리는 다음과 같다. 첫째, 수평적·횡적 조직원리로서 범위이다. 이는 교과목 수를 조정하는 등 동일 학년 내 교육과정에서 다룰 내용의 폭과 깊이를 결정해야 한다는 것을 의미한다. 둘째, 총체적 조직원리로서 내용의 수직적 연계이다. 이는 생활 및 학습 준비 등 지속적 교육이 필요한 내용은 두 개의 학년이 만나는 지점에서 유사한 내용을 연결해야 한다는 것을 의미한다. 이러한 원리를 적용했을 때 교육적 효과로는 첫째, 학습 내용의 범위를 고려하여 학습량을 적정화하고 학습자들의 학습 부담을 완화할 수 있다. 둘째, 학습 내용 간 수직적 연계를 통해 교육 내용 간 연결성을 확보하고 학생들의 지속적 성장을 도모할 수 있다.

066   통합 교육과정   #통합 교육과정

복잡한 문제해결 능력을 함양하기 위해 통합 교육과정을 운영할 수 있다. 이때 활용할 수 있는 통합 교육과정의 유형은 다음과 같다. 첫째, 간학문적 통합으로, 학문 간의 경계를 허물고 교과에 공통적으로 들어있는 주제, 개념, 기능 등을 추출하여 교육과정을 조직한다. 둘째, 탈학문적 통합으로, 특정 분과 학문을 초월하여 실제 생활의 주제나 문제 등을 중심으로 교육과정을 조직한다. 교과 통합 운영의 원칙으로 첫째, 적합성의 원칙은 통합 단원이 학습자의 개성과 수준에 맞으며 학습자의 전인격적 성장을 목표로 해야 한다는 것을 의미한다. 둘째, 일관성의 원칙은 통합 단원에 포함되는 내용과 활동이 단원의 목표 달성을 위하여 고안된 수업 전략에 부합해야 한다는 것을 의미한다.

067   통합 교육과정   #통합 교육과정

복잡한 사회문제에 적절히 대응하는 인재를 양성하기 위해 교육과정 통합이 강조되고 있다. 교육과정 통합에 영향을 미치는 요인으로는, 첫째, 학교 측면에서 학교가 가진 물적·인적 자원을 들 수 있다. 둘째, 사회 측면에서 여러 교과 통합을 촉진하고 교사의 자율성을 보장하는 제도적 기반을 들 수 있다. 따라서 교육과정 통합을 활성화하기 위한 지원 방안으로는 다음과 같다. 첫째, 예산확보 등 통합을 위한 물적 인프라를 확보하고 통합 경험이 있는 수석교사, 외부 강사를 통한 다양한 연수 제도를 운영한다. 둘째, 제도적으로 교육과정 총론 등에 교육과정 개발과 운영에 관한 교사의 재량권을 확대 반영한다.

068   교육과정 운영   #교육과정 자율화

교육과정의 자율적 운영이 필요한 이유는 학습자 맞춤형 교육을 실현하기 위함이다. 교실 현장에서 만나게 되는 학생들의 개별적인 특성은 모두 다양하므로 단지 국가 교육과정만을 수동적으로 따르는 것은 맞춤형 교육의 실현이라는 측면에서 한계가 있다. 교원의 역할에서 본 교육과정의 운영 원리 3가지로는 다음과 같다. 첫째, 자율성의 원리는 전문가 집단으로서 교사의 자주적 역할을 보장해야 한다는 것이다. 둘째, 전문성의 원리는 교육과정의 운영이 일상의 교육활동과 다른 전문적 활동이어야 한다는 것이다. 셋째, 책무성의 원리는 교육과정에 제시된 학년별·교과별 목표, 교과의 단원 목표 및 성취기준을 달성해야 한다는 것이다.

069 　교육과정 운영　　　　　　　　　　　　　　　　　#스나이더 #상호적응관점

교육과정 운영에 관한 스나이더의 분류에 따를 때 계획된 국가 교육과정을 학교 현장에서 교사가 조정 가능한 관점을 상호적응 관점이라 한다. 이러한 관점의 장점으로는 첫째, 교실 상황, 학생들의 수준 등 실제 상황적 맥락에 따라 교사가 즉각적으로 교육과정을 수정할 수 있어 현장 맞춤형 교육을 실시하는 데 용이하다. 둘째, 교육과정 재구성자로서 교사의 적극적 역할이 부각되어 교육과정 전문가로서 교사의 사기가 앙양될 수 있다. 상호적응의 관점에 따라 교육과정을 운영하는 경우 고려 요인은 다음과 같다. 첫째, 국가 교육과정의 기본 목적과 성취기준이다. 국가 교육과정의 목적 달성을 위해서는 제한된 범위 내에서 교사가 자율을 발휘할 수 있어야 한다. 둘째, 학습자의 수준이다. 학습자가 개별적으로 교육목적을 달성하기 위해서 학습자의 적성, 수준 등을 고려하여야 한다.

070 　CBAM모형　　　　　　　　　　　　　　　　　　　　　#CBAM모형

새로운 교육과정의 현장 안착을 위해 교육과정에 관한 교사의 관심 수준을 고려할 필요가 있다. 홀의 CBAM모형 에서는 교사의 관심수준(0~6단계)에 따라 새 교육과정을 실행하는 정도를 보여준다. 이 모형에 근거할 때 박 교사는 3단계 운영 단계에 해당하는데, 이 단계에서 교사는 새 교육과정의 운영을 위한 정보와 자원 활용에 관심이 있고, 주로 시간계획과 교재 준비에 힘을 쓴다. 새 교육과정의 실행 정도를 높이기 위해 교사의 관심 수준을 높이는 것이 필요한데, 관심 수준을 높이기 위한 구체적 지원 방안은 다음과 같다. 첫째, 새 교육과정 운영 사례 또는 보고서 등을 제공하여 새 교육과정의 실행이 학생에게 어떤 결과를 주는지 관심을 갖게 한다. 둘째, 새 교육과정 운영 방안에 대해 공유하는 전문적 학습공동체 조직 및 운영을 지원하여 새 교육과정 실행에 있어 타 교사와의 협동에 대한 관심을 불러일으킨다.

071 　평가모형　　　　　　　　　　　　　　　#교육과정 평가 #목표중심 평가 #탈목표평가

교육 프로그램의 질 제고를 위해 적절한 평가모형을 적용할 수 있다. 강 교사는 기존에 목표중심 평가모형을 적용했는데, 이 모형의 한계로는 동기·흥미 등과 같은 정의적 영역의 목표를 정확히 측정하기가 곤란하다는 점을 들 수 있다. 이에 따라 탈목표평가를 적용하고자 하는데 이 모형의 의의로는 의도한 목표와 부수적인 목표 등을 종합적으로 고려하여 프로그램의 효과성에 대한 종합적 평가가 가능하다는 점을 들 수 있다. 탈목표평가모형에 따라 평가를 할 때 평가의 준거로는 다음과 같다. 첫째, 프로그램의 기본적 속성으로서 신뢰도·객관도와 같은 내재적 준거이다. 둘째, 프로그램의 기능적 속성으로서 프로그램에 대한 학생의 만족도와 같은 외재적 준거이다.

072   의사결정 평가모형   #스터플빔 #CIPP

스터플빔은 교육과정에 관한 의사결정자의 의사결정에 유용한 정보를 제공하기 위해 CIPP모형을 제안하였다. 이 모형에 따를 때, 김 교사는 새롭게 실시하려는 프로그램의 목표를 분명하게 선정하고자 하는데 이러한 의사결정을 계획 의사결정이라 한다. 반면 신 교사는 종료된 프로그램의 성과 분석 결과를 새로운 프로그램에 반영하고자 하는데 이러한 의사결정을 순환 의사결정이라 한다. 각 교사의 의사결정을 위해 사용할 수 있는 평가방식으로, 첫째, 김 교사의 경우 학교 환경과 풍토와 같은 전반적 맥락을 평가하는 상황평가를 활용할 수 있다. 둘째, 신 교사의 경우 프로그램의 성과를 분석하는 산출평가를 활용할 수 있다.

073   2022 개정 교육과정   #2022 개정 교육과정 #인재상

2022 개정 교육과정에서는 인재상을 통해 핵심역량으로서 포용성, 창의성, 자기주도성을 제시한다. 따라서 이러한 역량을 길러주기 위해서는 다음의 교육 방법을 적용할 수 있다. 첫째, 모둠학습을 통해 포용성을 함양한다. 학생들은 협력과 상호작용을 통해 배려, 소통, 공감 등의 가치를 학습할 수 있다. 둘째, 창의적 문제해결학습을 통해 창의성을 함양한다. 다양한 교과지식을 융합하여 사전에 정해지지 않은 답을 창출할 수 있도록 문제를 구성하고 이를 해결하게 한다. 셋째, 자기주도학습을 통해 자기주도성을 함양한다. 스스로 학업계획서를 작성하게 하고 체크리스트를 통해 자기평가를 할 수 있도록 함으로써 학습에 대한 책임감을 느끼게 한다.

074   2022 개정 교육과정   #2022 개정 교육과정 #기초 소양

2022 개정 교육과정에서 여러 교과 학습의 기반이 되는 기초 소양으로서 언어 소양, 수리 소양, 디지털 소양을 제시한다. 3가지 기초 소양의 개념과 이를 쌓을 수 있는 교과 활동은 다음과 같다. 첫째, 언어 소양은 텍스트를 이해하고 상황에 맞게 사용하며 타인과 소통하는 능력을 의미한다. 이 소양은 교과별로 글을 읽고 자신의 생각을 표현하는 글짓기 활동을 통해 쌓을 수 있다. 둘째, 수리 소양은 다양한 상황에서 수리적 정보를 이해하고 활용하여 문제를 해결하는 능력을 의미한다. 이 소양은 교과별로 관련 수를 어림 계산하고, 수치적 자료를 분석하는 활동을 통해 함양할 수 있다. 셋째, 디지털 소양은 디지털 교육환경에서 적절하게 정보를 검색하고 새로운 정보와 지식을 생산·활용하는 능력을 의미한다. 이 소양은 교과별로 인터넷을 활용한 검색, 데이터 수집과 검증 등을 통해 길러질 수 있다.

075

2022 개정 교육과정

#2022 개정 교육과정 #핵심역량

2022 개정 교육과정에서는 핵심역량으로서 6가지를 제시한다. 이 중 최 교사는 자신의 진로와 삶을 스스로 개척하는 사람을 키우는 것을 강조하는데, 이와 관련한 핵심역량을 자기관리 역량이라 한다. 또한 오 교사는 인류 공동체 발전에 적극적이고 책임감 있는 자세를 기를 것을 강조하는데 이와 관련한 핵심역량을 공동체 역량이라 한다. 이러한 역량을 함양하기 위한 교육 방법은 다음과 같다. 첫째, 자기관리역량의 경우 자기성장계획서 작성, 자기평가의 실시 등 자기주도적 학습을 통해서 함양할 수 있다. 둘째, 공동체 역량의 경우 생태전환교육, 세계시민교육 등을 통해 함양할 수 있다.

076

2022 개정 교육과정

#2022 개정 교육과정 #학교 자율 시간

2022 개정 교육과정에서는 초·중등학교에 새롭게 학교 자율 시간을 운영할 수 있도록 근거를 마련하였다. 학교 자율 시간 운영의 교육적 효과로는 첫째, 학교 상황에 맞는 교육을 통해 학생 수요 등 학교별로 다른 교육적 수요에 신속하고 융통적으로 대응할 수 있도록 해준다. 둘째, 새로운 교과를 편성할 수 있도록 하여 학습 내용을 다양화하고 학생의 흥미를 유발할 수 있다. 이러한 학교 자율 시간의 구체적 운영방안으로 다음과 같다. 첫째, 기존 교과 학습의 경우 해당 기간 동안 물리적 교실에 탈피하는 등 새로운 학습방법을 적용한다. 둘째, 지역 및 학교별 특수성을 반영하여 새로운 교과서를 만들어 운영한다.

077

2022 개정 교육과정

#2022 개정 교육과정 #학습량 적정화

2022 개정 교육과정에서는 교과교육의 지향점을 바탕으로 학습량을 적정화하도록 한다. 학습량 적정화의 필요성으로는 첫째, 인지적 측면에서 필수 핵심적인 내용만 파지할 수 있도록 도우면서 학습자들의 인지과부화를 줄일 수 있다. 둘째, 정의적 측면에서 학습자들의 학습부담과 학업 스트레스를 감소시킬 수 있다. 교과 교육과정에서 학습량 적정화를 위한 실행방안은 다음과 같다. 첫째, 동 교과협의회를 통해 핵심 아이디어를 추려내고 이를 바탕으로 깊이있는 학습 내용을 엄선한다. 둘째, 교과 간 협의회, 전문적 학습 공동체를 통해 교과 간 연계 노하우 등을 공유함으로써 교과 간 학습내용의 중복을 최소화한다.

078　　　고교학점제　　　　　　　　　　　　　　　　　　　　　　　　　　　　　　#고교학점제

고교학점제의 성공적 운영을 위해서 중점사항 3가지를 실현해야 한다. 이를 실현하는 구체적인 방안은
다음과 같다. 첫째, 학생 수요를 반영한다. 학기 시작 전 온·오프라인을 통해 학생들의 수요를 조사하고
단위학교에서 가능한 선택과목을 충분히 개설한다. 둘째, 진로 학업 설계 지도를 강화한다. 진로집중학
기제를 통해 학생들이 자신의 진로정체성을 찾을 수 있도록 지원하고, 진로교사를 중심으로 여러 교사가
참여하는 교육과정 이수지도팀을 통해 학생이 자신의 진로를 위한 명확한 학습계획을 수립할 수 있도록
지원한다. 셋째, 최소 학업성취 수준을 보장한다. 학기 중 상시 형성평가를 통해 학생들의 성취수준을
확인하고 보충학습을 지원하며, 성취평가 결과 미이수가 나온 과목에 대해서도 보충이수를 할 수 있도록
지원한다.

079　　　고교학점제　　　　　　　　　　　　　　　　　　　　　　　　　　　　　　#고교학점제

2025년 전면 시행을 앞둔 고교학점제는 그 의의에도 불구하고 학생과 교사 측면에서 여러 문제점이
발생할 수 있다. 첫째, 학생 측면에서는 학교별 교사 수급 상황에 따라 학생들의 충분한 과목 선택권을
보장하기 곤란할 수 있다. 둘째, 교사 측면에서 한 교사 여러 과목을 개설하고, 진로학업설계지도도
담당하는 등 업무부담이 강화될 수 있다. 이러한 문제점을 해결하기 위한 방안은 다음과 같다. 첫째,
인근 학교 간 연계, 온라인 공동교육과정의 운영을 통해 학생의 과목선택권을 최대한 보장한다. 둘째,
행정업무전담팀을 배치하거나, 다수 교과 개설 과목 교사에게 업무선택권 등을 부여함으로써 교원의
업무 부담을 경감한다.

080　　　교수평기 일체화　　　　　　　　　　　　　　　　　　　　　　　　　　　#교수평기 일체화

교육과정-수업-평가-기록의 일체화, 즉 교수평기의 일체화란 교사가 재구성한 교육과정을 기반으로
배움중심의 철학과 가치를 반영한 학생중심의 수업, 과정중심의 평가를 통해 학생의 전인적 성장을 돕는
일련의 과정을 의미한다. 교수평기의 일체화는 교육과정에서 설계한 학습자 중심의 목표를 달성할 수
있도록 충실하게 가르치고 일관성 있게 학생을 성장시킬 수 있기 때문에 필요하다. 이때 교사의 역할은
단순히 교육과정에 따라 수동적으로 수업하고 평가, 기록하는 것이 아니라 자율성과 주도성을 바탕으로
배움과 성장의 과정을 하나로 통합하는 역할을 수행한다. 교수평기의 일체화를 위해서 학생중심의 수업을
강조하는데 이때 구체적인 수업전략은 다음과 같다. 첫째, 프로젝트 중심의 수업을 실시한다. 다차시
수업을 통해 교과의 성취기준을 달성하면서 핵심역량과 교과역량을 함양한다. 둘째, 하브루타 수업을
실시한다. 동료와 모둠을 지어 서로 질문하는 수업을 통해 학생의 사고를 자극하고 집단지성을 발휘하도록
한다.

081 교수학습의 기초   #교수학습방법 유형 #사회형 #역할극

조이스 등에 따르면 교수학습 유형은 사회형, 정보처리형, 개인형, 행동 체제형으로 구분된다. 구 교사는 여러 학습자 간의 협력과 토론 등을 활성화할 것을 강조하는데 이와 같은 유형을 사회형이라고 한다. 사회형 교수학습 방법의 장점으로는 첫째, 협력, 토론 등을 통해 최근 사회에서 강조되는 포용성, 공동체 의식 등을 함양할 수 있다. 둘째, 학습자 간에 가진 지식을 공유함으로써 지식의 확장을 도모하고 문제해결력을 함양할 수 있다. 지문의 상황에서 구 교사는 공감을 통해 갈등을 해결하는 역량을 함양하고자 하는데, 구체적인 방법으로는 학생 간 역할극이 있다. 예를 들어 갈등 상황을 연출하고 학생들은 각자 역할을 수행하면서 서로의 상황을 이해할 수 있게 된다.

082 교수학습의 기초   #라이겔루스 #결과변인 #조건변인

선 교사가 기존에 활용한 교수 방법은 강의법으로서 이는 교과서에 충실하면서 많은 정보를 전달하는 교수방법이다. 라이겔루스가 말한 결과변인에 근거할 때 기존 교수방법인 강의법의 장점은 수업 준비 시간이 적게 들고 부차적 비용도 들지 않아 효율적이라는 점을 들 수 있다. 반면 강의법의 단점은 교사 설명 위주로 수업이 진행되어 학생들이 쉽게 흥미를 잃을 수 있으므로 매력적이지 못하다는 점을 들 수 있다. 이에 대한 대안으로 선 교사는 지역 사회 자원을 활용하는 교수 방법을 제시하는데, 이때 고려 해야 하는 것을 조건변인의 측면에서 제시하면 다음과 같다. 첫째, 교과의 목표를 고려한다. 목표분석을 통해 교과의 목표가 지역사회 자원 활용과 관계 있는지 파악한다. 둘째, 학습자의 특성을 고려한다. 상담 등을 통해 학습자의 적성, 동기, 선수학습 수준 등이 지역사회 자원 활용과 부합하는지 고려한다.

083   교수학습의 기초   #행동목표

일반적으로 교수설계 시 교육목표는 구체적인 행동 목표로 진술하도록 요구받는다. 구체적인 행동 목표의 장점으로는 첫째, 교수 측면에서 교수의 방향을 결정해준다. 목표가 구체적일수록 교수자가 준비하는 수업의 방향이 분명해지고, 수업 내용의 선정과 조직을 위한 지침으로서 작용할 수 있다. 둘째, 평가 측면에서 평가를 용이하게 해준다. 학습자의 목표달성도 여부를 평가할 때 목표가 구체적일수록 평가 기준이 분명해지고 평가의 신뢰성, 객관성을 확보할 수 있게 해준다. 구체적인 행동 목표를 진술할 때 유의점으로는 첫째, 목표는 학습자가 성취해야 하는 것이므로 교사가 해야 할 활동을 목표로 진술하지 않는다. 둘째, 평가 기준을 분명하게 제시하기 위해 하나의 수업목표 속에 둘 이상의 학습 결과를 포함 시키지 않는다.

084   교수학습의 기초   #교수설계

배움과 삶을 일치시키는 교육을 위해 교수설계 단계부터 체계적인 노력이 필요하다. 수업의 준비 과정 에서 교사가 고려해야 하는 요소는 다음과 같다. 첫째, 학습자 요소이다. 학습자의 흥미, 삶의 과정 등을 고려해서 학습 내용과 수준을 결정한다. 둘째, 교과 요소이다. 공식적 교육과정의 핵심 목표를 발견하고 이 목표와 학생들의 삶을 연결시킨다. 배움과 삶의 일치를 위해 수업 준비 이후의 단계에서 교사의 실행방안으로는 첫째, 수업의 전개 단계에서는 학생들이 학습에 적극적으로 참여할 수 있도록 상시 질문하고 다양한 참여 활동을 실시한다. 둘째, 수업의 평가 단계에서는 결과중심의 지필평가에서 벗어나 학생의 학습활동 과정을 평가하여 지식의 적용능력을 평가한다.

085   교수학습의 기초   #교수설계 #수업준비

학습자 맞춤형 교육을 위해 학습자의 특성을 전인적 측면에서 종합적으로 고려해야 한다. 이를 위한 구체적인 내용과 방법은 다음과 같다. 첫째, 인지적 측면에서 진단평가를 통해 학습자의 선수학습 수준을 평가한다. 둘째, 정의적 측면에서 관찰과 면담을 통해 학습자의 동기나 사회성 등을 평가한다. 이때 교사의 유의점으로는 첫째, 인지적 영역에 대한 평가 결과는 학습자를 이해하는 목적으로만 활용해야 한다. 결과를 바탕으로 학습자를 서열화하는 것은 학습 전부터 학습 부담을 불러일으킬 수 있으므로 지양해야 한다. 둘째, 정의적 영역에 대한 관찰과 면담을 통해 파악한 내용은 교사의 주관이 개입될 여지가 있으므로 확대해석하지 않는다.

086   **교육공학의 기초**   #교수설계 #교육공학의 영역

교육공학은 학습을 위한 과정과 자원을 설계, 개발, 활용, 관리, 평가하는 이론이자 실제를 의미한다. 에듀테크를 활용한 교수설계 시 교육공학 영역별 교사의 실행전략은 다음과 같다. 첫째, 설계영역에서 에듀테크를 활용하는 교수체제를 계획한다. 이때, 에듀테크 활용 역량이 높은 교사의 학내지도를 요청하면서 교수설계와 메시지 디자인에 대한 정보를 얻을 수 있다. 둘째, 개발영역에서 교과별, 학습자별 특성에 맞는 에듀테크 활용 콘텐츠를 개발하고 온라인클래스 등에 탑재한다. 셋째, 활용영역에서 에듀테크와 관련한 다양한 수업자료를 실제 교육 현장에 활용한다. 넷째, 관리영역에서 수업과 관련한 정보를 데이터베이스에 저장하고 관리하면서 향후 수업의 질 개선을 추구한다. 이처럼 교육공학의 영역별로 실행전략을 세우면서 테크놀로지를 통한 교육의 질 제고를 도모할 수 있다.

03

087   **교수학습 패러다임 변화**   #공학적 패러다임

지식에 대한 접근성이 높아지면서 새로운 교육패러다임이 부각되고 있다. 지식의 독점자로서 교사와 전달식 교육을 강조한 과거 전통적 패러다임은 교육을 통해 새로운 지식을 창출하거나 새로운 상황에 융통적으로 지식을 적용하는 데 한계를 지녔다. 반면 새로운 공학적 패러다임은 지식베이스에 자유롭게 학생이 접근하고 소통을 통해 새로운 지식을 창출한다는 특징을 지닌다. 이러한 특징에 비추어볼 때 새로운 패러다임 하에서 교사와 학생의 역할 변화 양태는 다음과 같다. 첫째, 교사는 지식을 독점했던 일차적 정보원에서 학생의 정보수집과 활용을 도와주는 코치로 변모한다. 둘째, 학생은 언제나 지식을 습득하던 학습자에서 벗어나 필요한 경우 스스로 전문가가 되거나 지식정보의 창출자, 제공자로 변화하게 된다.

088   **프로그램 교수법**   #스키너 #프로그램 교수법

완전학습을 위해 스키너의 프로그램 교수법을 적용할 수 있다. 제시문의 AI진단 검사 프로그램에서 확인할 수 있는 스키너의 학습원리는 다음과 같다. 첫째, 스몰스텝의 원리이다. 이는 하나의 학습 과정을 학습자의 수준별로 쉬운 것에서부터 점차 어려운 것으로 제시하는 원리이다. 둘째, 즉시 확인의 원리이다. 이는 응답 수준을 AI가 확인하고 즉각적으로 다른 수준의 문제를 제공하는 원리이다. 이러한 AI진단 검사가 가지는 장점으로는 첫째, 점진적으로 학습과정을 설계함으로써 어떤 수준의 학생이더라도 학습목표를 달성하게 되는 완전학습을 추구할 수 있다. 둘째, 학습자의 응답에 대해 즉각적으로 피드백을 해주면서 학습자의 응답을 검증하고 학습자에게 학습 흥미를 유발시킬 수 있다.

089 학교학습모형

캐롤은 학교학습모형을 통해 학습의 정도에 영향을 미치는 변인을 제시하였다. 이 모형에 근거하였을 때 정훈이의 학습의 정도가 낮은 이유로는 첫째, 운동부 활동에 참여하느라 학습을 하는 데 허용된 시간인 학습기회가 부족한 점. 둘째, 꿈이 좌절되었다는 생각으로 인해 학습을 하려는 태도·의욕인 학습 지속력이 낮은 점을 들 수 있다. 정훈이의 학습의 정도를 높이기 위한 구체적 방안으로는 다음과 같다. 첫째, 교사의 충분한 설명, 충분한 과제 수행시간을 부여하면서 정훈이의 학습기회를 높인다. 둘째, 일상생활과 관련된 지식을 제시하거나 그래픽 등을 활용한 지식 전달을 통해 동기를 유발하고 정훈이의 학습 지속력을 높인다.

090 완전학습

블룸은 학습자의 95% 이상이 과제의 90% 이상을 학습하는 것을 완전 학습으로 보고 이를 위한 수업 전략을 제시하였다. 완전 학습을 위해 김 교사가 수업 전 분석할 수 있는 학습자 특성으로는 첫째, 인지적 특성으로서 선행학습의 수준이다. 진단평가 등을 통해 선행학습의 수준을 파악하고 이에 맞는 학습과제를 제시한다. 둘째, 정의적 특성으로서 학습에 대한 동기화이다. 상담 등을 통해 학습자의 동기를 파악하고 동기를 유발할 수 있는 과제를 제시한다. 수업 중 학습에 사용한 시간을 늘릴 수 있는 전략으로는 첫째, 학습자의 수준과 흥미를 고려한 단서를 제공한다. 비고츠키가 주장한 스캐폴딩을 활용하면서 학습의 기회를 제공할 수 있다. 둘째, 학습자의 참여를 유도한다. 질문, 협동학습 등 학습자의 직접적 학습 참여를 통해 학습에 사용한 시간을 늘릴 수 있다.

091 유의미학습

오수벨은 새로운 학습 내용과 기존 인지구조를 관련짓기 위해서 유의미학습이론을 제시하였다. 이때 새로운 학습 내용인 동물의 사육제를 본격적으로 제시하기 전에 밑줄 친 (가)와 같이 기존에 알고 있는 지식을 자극하는 것을 선행조직자라고 한다. 선행조직자를 제시했을 때 교육적 효과는 다음과 같다. 첫째, 인지적 측면에서 기존 관련정착지식과 새로운 학습내용을 연결하면서 학습내용에 대한 이해도를 높이고 지식의 파지를 돕는다. 둘째, 정의적 측면에서 학생의 주의 집중을 유도하여 학습하고자 하는 동기, 즉 학습 태세를 자극한다.

092 유의미학습

`#오수벨` `#유의미학습` `#선행조직자`

오수벨은 새로운 학습과제의 내용을 기존 인지구조와 유의미하게 관련지을 때 학습이 효과적으로 나타난다고 본다. 이러한 유의미한 학습이 일어나기 위한 조건으로 첫째, 학습과제는 어떻게 표현하더라도 의미와 본성이 변하지 않는 실사성과 학습과제와 인지구조가 연결된 이후 그 관계가 임의적으로 변경될 수 없는 구속성을 지녀야 한다. 둘째, 학습자는 새로운 개념과 연결할 수 있는 관련 정착 지식과 학습과제를 인지구조에 연결하려는 태도인 학습 태세를 지녀야 한다. 지문의 최 교사처럼 기존 지식과 유사성이 높은 새로운 지식을 가르칠 때 활용 가능한 선행조직자로는 비교조직자를 들 수 있다. 이러한 비교조직자를 활용할 때 유의점으로는 교사는 새로운 과제와 관련 정착 지식 간의 유사성과 차이점을 지적하면서 상호관계를 부각하는 경우 학습의 효과성을 높일 수 있다.

03

093 발견학습

`#브루너` `#발견학습` `#지식의 구조`

발견학습을 통해 발견하고자 하는 것은 근본적인 개념과 원리로서, 이를 지식의 구조라고 한다. 지식의 구조를 발견하기 위해 교사는 발견의 근간이 되는 필수적, 기초적 사실을 제시하고 학생은 그 사실과 지식으로부터 최종형태를 발견하는데, 이러한 과정에서 기르고자 하는 역량은 탐구 능력이다. 효과적인 발견학습을 위한 구체적 수업 전략으로는 다음과 같다. 첫째, 예시를 제공한다. 가르치고자 하는 개념의 예시와 그렇지 않은 예시를 제공하면서 개념 간의 차이점을 학생 스스로 발견할 수 있도록 돕는다. 둘째, 직관적 추측을 유도한다. 개념과 단어를 직접적으로 말해주는 대신, 개념과 관련한 단어를 생각하고 추측하도록 질문한다.

094 발견학습과 유의미학습

`#발견학습` `#유의미학습`

대표적 교수학습이론으로서 발견학습과 유의미학습이론은 교육 목표와 교사의 역할 측면에서 다음의 차이점을 가진다. 첫째, 교육 목표 측면에서 유의미학습이론은 지식의 파지를 강조하지만 발견학습은 발견한 지식의 전이를 목표로 한다. 둘째, 교사의 역할 측면에서 유의미학습이론은 교사의 설명과 안내를 통한 지식의 전달을 강조하지만 발견학습이론에서 교사는 학습자가 스스로 지식을 발견할 수 있도록 돕는 조력의 역할을 강조한다. 새로운 교육환경에서 다양한 교수학습이론을 조화롭게 활용할 수 있는데, 그 구체적 방안은 다음과 같다. 첫째, 일방향 강의 플랫폼을 통해 교사가 설명의 방식으로 기본적인 지식을 제공하고, 학생들은 게임 등을 통해 해당 지식을 적용하게 한다. 둘째, 메타버스 교실 환경을 구축하고 우선 해당 교실 내에서 교사의 설명식 수업을 통해 선행조직자를 제공한다. 이후 학생들은 가상 공간 내에서 탐구활동을 전개해나가면 새로운 지식을 발견하도록 한다.

095   **ARCS**   #켈러 #ARCS

켈러의 ARCS이론에 따르면 학습 동기 유발을 위해서 주의집중, 관련성, 자신감, 만족감을 고려해야
한다고 본다. 이 이론에 근거하여 제시문의 학생들의 학습 동기가 낮은 이유를 분석하면, 첫째, 학습에
성공한 경험이 극히 드물어 자신감이 낮은 상태이기 때문에 학습 동기가 낮다. 둘째, 학습 내용이 자신의
진로에 중요치 않는다고 보아 관련성이 낮은 상태이기 때문에 학습 동기가 낮다고 볼 수 있다. 따라서
송 교사가 해당 학생들의 학습 동기를 높이기 위한 방안으로는 다음과 같다. 첫째, 학습의 자신감을
높여준다. 학습자의 수준을 먼저 파악하고 이를 고려하여 적절한 난이도로 문제를 구성하여 학생들의
성공 경험을 높여준다. 둘째, 학습과제의 관련성을 높여준다. 실생활과 관련한 문제로 과제를 구성하여
이를 제시함으로써 학교에서의 학습내용이 실생활과 높은 연관성이 있음을 보여준다.

096   **구성주의 공통**   #구성주의

전통적 교수학습모형에 대한 비판으로서 구성주의 이론은 다음의 특징을 지닌다. 첫째, 학습과제 측면
에서 절대적인 지식보다는 맥락과 상황에 따라 변화하는 지식을 강조한다. 둘째, 학습자의 역할 측면에서
스스로 학습내용을 구성해가는 능동적 역할을 강조한다. 구성주의에 근거할 때 디지털 교육환경의 모습
2가지는 다음과 같다. 첫째, 학습과제는 서책형 교과서를 벗어나 디지털 교육매체를 통해 최대한 실제
생활과 유사하게 제시된다. 둘째, 학습자는 물리적 교실 내에서 수동적으로 앉아있는 학생에서 탈피하여
메타버스 교실과 같은 온라인 공간에서 학습 방법을 스스로 선택하게 된다.

097   **구성주의 학습환경 설계**   #구성주의 #조나센

조나센의 학습환경 설계모형을 통해 구성주의에 입각한 교수학습 설계를 실시할 수 있다. 문제의 해결을
위해 학생들이 활용할 수 있는 도구로는 첫째, 인지적 도구이다. 이는 문제해결과정을 지원하고 촉진하기
위해 제공되는 다양한 시각화 도구, 정보수집 도구 등을 의미한다. 둘째, 대화협력 도구이다. 이는 학습자
상호 간에 소통하고 협력할 수 있는 도구를 의미한다. 이러한 도구의 활용을 촉진하기 위한 교사의 역할은
다음과 같다. 첫째, 모델링을 통해 인지적 도구의 활용 방법을 샘플로 제시한다. 둘째, 코칭을 통해
학습자들의 대화협력 과정에서 발생할 수 있는 시행착오 등을 모니터링하고 피드백 해준다.

098 문제중심학습

#문제중심학습

문제중심학습은 실제 문제를 중심으로 학습자 스스로 학습 내용을 찾아서 학습하는 방법을 의미한다. 문제중심학습에서 문제의 특성으로는 첫째, 복잡성을 가진다. 문제의 개념과 아이디어 대한 구성원 간의 활발한 토의가 필요하고 공통의 합의를 통해 다양한 해결책이 필요한 과제이다. 둘째, 비구조화성을 지닌다. 문제상황 및 요소가 분명하게 정의되어있지 않아서 학습자가 문제를 스스로 이해하고 정의할 필요가 있다. 문제중심학습에서 문제를 해결하고 수업을 정리하는 과정에서 교사의 역할로는, 첫째, 문제를 해결하는 과정에서는 학습을 촉진하는 역할을 수행한다. 비판적 사고를 경험할 수 있도록 문제 해결에 관한 질문을 하는 메타인지적 코치의 역할을 수행한다. 둘째, 정리 과정에서 교사는 학생 간 해결책을 비교하고 다양한 사고를 유도한다. 다양한 관점을 제시하면서 학생의 사고를 확장하는 역할을 수행한다.

099 프로젝트학습

#프로젝트학습

학습자 스스로 목적과 계획을 수립하고 문제를 해결하며 자기평가를 진행하는 교수학습방법을 프로젝트 학습이라 한다. 이러한 학습을 통해 길러지는 역량은 다음과 같다. 첫째, 학습자의 자기관리역량이다. 스스로에게 적합한 목표를 선정하고 목표를 달성하기 위한 계획을 수립하면서 자기주도성이 길러질 수 있다. 둘째, 창의적 문제해결 역량이다. 지식들을 활용해 창의적으로 문제를 해결하는 과정에서 지식 기반 사회에서 필요한 문제해결 능력을 함양할 수 있다. 그러나 프로젝트학습의 경우 계획수립 시 학생은 혼란, 오랜 시간 소요라는 문제를 겪을 수 있는데, 이러한 문제를 해결하기 위한 교수학습 활동은 다음과 같다. 첫째, 수업 전 구체적 계획수립 사례를 보여주면서 학습자의 혼란을 최소화한다. 둘째, 수업 중 상시 피드백을 통해 학습의 방향을 이끌어주면서 제한시간 내에 과제를 완수하도록 한다.

100 맥락정착적 교수이론

#앵커드수업 모형

실생활에서의 지식 활용을 촉진하기 위한 맥락정착적 교수이론에서는 수업 내용을 실제적인 문제해결 환경에 정착시키기 위해 앵커를 활용한다. 이때 앵커의 특성으로는 첫째, 앵커의 내용은 캠핑에서 발생할 수 있는 문제처럼 실생활에서 경험 가능한 실재성을 갖춘 내용이어야 한다. 둘째, 앵커의 제시는 메타버스 교실처럼 비디오 기반으로 역동적인 정보를 제공한다. 차 교사의 경우 메타버스를 활용해 팀 학습을 전개하는데, 이때 발생할 수 있는 문제점은 다음과 같다. 지나치게 디지털 기술활용에만 치중하는 경우 수업이 흥미 위주로만 흘러가게 되어 궁극적인 학습목표를 달성하는 데 한계를 지닌다. 둘째, 팀 학습으로 문제를 해결하는 과정에서 적절한 피드백이 없으면 무임승차 효과와 같은 학습이탈 현상이 나타날 수 있다.

101   자원기반학습   #자원기반학습

자원기반학습은 학습자 스스로 자신의 관점과 능력에 따라 다양한 자원을 선택·활용하는 학습으로서 최근 디지털 시대가 심화되면서 강조되고 있다. 자원기반학습을 통해 획득하는 기능으로는 첫째, 위치 확인 기능이다. 자료가 무한히 쏟아지는 인터넷 환경에서 필요한 자원을 찾아내고 자원에 포함된 유용한 정보를 발견하는 기능을 의미한다. 둘째, 분석 기능이다. 학습 주제를 분석하고 연구계획을 수립하며 다루고자 하는 주제와 목적에 관련한 정보의 가치를 분석하는 기능이다. 효과적 자원기반학습을 위한 교사의 유의점으로는 다음과 같다. 첫째, 학습자의 정보활용 능력 차이를 고려한다. 자원기반학습에서는 전통적인 학습자의 인지적, 정의적 능력 외에 정보활용능력도 학습효과에 영향을 미치므로 이를 고려한 수업을 설계한다. 둘째, 정보 리터러시교육을 실시한다. 폭증하는 정보 속에서 학습자가 부정확하고 비윤리적 정보를 스스로 선별할 수 있도록 정보소양교육을 사전에 실시한다.

102   자원기반학습   #빅6모형

디지털 정보기술이 확대되는 미래교육 대전환 시대에 자원기반학습의 중요성이 부각되고 있다. 미래교육 대전환 시대의 자원기반학습을 통해 길러지는 역량으로는 첫째, 무수한 자원 속에서 자신에게 적합한 자원을 선택하는 역량, 둘째, 자원을 바탕으로 새로운 지식을 창출하는 역량을 들 수 있다. 한편 권 교사는 자원을 정확하게 읽고, 보고, 가려내는 활동을 강조하는데, 빅6모형에 따를 때 이와 관련한 인지능력은 분석에 해당하고, 이를 발휘할 수 있는 단계는 정보활용 단계라고 할 수 있다.

103   자원기반학습   #지역 자원

교육내용의 다양화를 통해 학생들의 학습경험을 확대할 수 있다. 교실수업에서 활용할 수 있는 지역사회 자원 3가지와 이를 활용한 구체적 교육 방법은 다음과 같다. 첫째, 창의적 체험 활동 또는 견학 등을 통해 지역 내 도서관, 박물관에 있는 지역 문화유산을 직접 체험한다. 둘째, 지역신문 NIE 수업을 통해 지역에서의 주요 문제를 확인하고 해결방안을 도출한다. 셋째, 지역에 있는 건축가, 소설가 등 지역전문가를 초빙하여 일일 강사로 활용한다.

104 인지적 유연성이론

다양한 관점을 학습하도록 하는 인지적 유연성이론에서는 다음의 학습원리를 강조한다. 첫째, 주제중심의 학습이다. 유연한 지식구조인 상황의존적 스키마 연합체의 형성을 위해 다양한 주제를 다룬다. 둘째, 소규모 사례를 제시한다. 상황과 문맥에 따라 유연하게 대처할 수 있는 인지구조를 획득할 수 있도록 사례를 소규모화하고 해당 사례를 영상 등으로 제시한다. 이런 수업 방법이 학습자 측면에서 주는 장점으로는 첫째, 인지적 측면에서 주제와 관련해 다양한 지식을 습득하게 하여 인지경험을 확대한다. 둘째, 정의적 측면에서 다양한 관점이 타당성이 있음을 학습하도록 하여 포용성, 공감의 가치를 습득하게 한다.

03

105 인지적 도제이론

인지적 도제이론에서는 교수방법으로서 전문가와 초심자간의 상호작용을 제시하는데 이러한 교수방법의 목적은 전문가의 전문성을 모방하면서 새로운 지식의 창출과 적용이라고 할 수 있다. 이 이론은 크게 3단계로 구분되며 점차 교사의 역할은 축소되는데, 단계별 교사의 구체적 교수학습 활동은 다음과 같다. 1단계에서 교사는 학생이 교사를 잘 관찰하고 따라하는 과정에서 힌트를 제공해준다. 2단계에서 교사는 체크리스트를 제공하여 학습자들이 스스로 학습에 대한 이해도를 체크하고 중간 질문을 통해 학습자가 자신의 생각을 명확하게 설명하도록 유도한다. 3단계에서 교사는 학습자가 스스로 자신의 문제해결 방법을 고안하도록 최종 질문을 하고 답에 대해서 피드백을 해준다.

106 실천공동체

교육목적의 효과적 달성을 위해 실천공동체와 같은 교사 간 협력을 활성화할 필요가 있다. 학습이 사람들과의 사회적 관계에서 발생한다고 보는 실천공동체의 구성요소는 다음과 같다. 첫째, 공동의 관심사이다. 공동체의 구성원들은 공동의 교육목적 달성을 위해 노력해야 한다. 둘째, 구체적 실천행위이다. 교육목적 달성을 위한 활동의 내용이 구체적이면서 상호 관계를 맺는 방식으로 공동체를 운영한다. 한편 제시문의 기본회칙에서 멤버십의 단계를 두는 것처럼 실천공동체에서는 구성원에게 단계적 참여 권한을 부여하는데, 이를 합법적 주변 참여라고 한다. 이러한 단계적 참여 권한을 부여하는 이유는 다음과 같다. 첫째, 교육목적은 본질상 단기간에 달성되기 어려운 측면이 존재하는데, 초기에 부담과 위험이 적은 활동에 참여하면서 공동체의 규율과 문화에 자연스럽게 적응하고 점차적으로 교육목적 달성에 기여하도록 하기 위함이다. 둘째, 전문가부터 초보자끼리 단계를 구분하고 역할을 분명히 하면서 초보자가 실수·실패하더라도 전문가의 도움을 받게 하고 이를 통해 교육목적 달성을 위한 전문성을 향상시키기 위함이다.

107   상보적 교수이론

#상보적 교수이론 #문해력 #독해력

언어적 기본소양을 함양하기 위해 상보적 교수이론을 활용할 수 있다. 대화와 같은 상호작용을 통해 교재의 독해력을 증진시키는 상보적 교수이론에 따를 때 독해력의 세부 구성 능력으로는 첫째, 텍스트를 보고 간단하게 요약하는 능력, 둘째, 텍스트의 핵심을 파악하고 다음 내용을 예견하는 능력을 들 수 있다. 이 이론에 근거하여 제시문의 추 교사가 활용할 수 있는 구체적인 교수학습전략을 테크놀로지와 함께 제시하면 다음과 같다. 첫째, 제한된 시간 내에 텍스트를 읽고 요약한 후 온라인 학급 게시판에 요약 내용을 쓰고 댓글 토론을 할 수 있다. 둘째, 미완성된 텍스트를 읽게 한 후 텍스트의 뒷부분을 메타버스 교실에 구현하는 방법을 할 수 있다.

108   목표기반 시나리오

#생크 #목표기반 시나리오

목표기반 시나리오는 학습목표 달성을 위해 미션을 수행하게 하고 표지이야기를 제공하여 학습에 이해도를 높인다. 미션은 목표달성을 위해 실제 수행해야 하는 과제로서 제시문의 권 교사는 미션으로서 각 부처 장관의 역할을 하면서 부처별 입장을 표명하는 것을 설정할 수 있다. 표지이야기는 시나리오의 맥락을 형성하게 하는 것으로서 권 교사는 원전과 관련한 최근의 정치·경제 상황, 각 중앙부처의 기본 업무 방향, 국무회의 장면 등을 제시할 수 있다. 목표기반 시나리오 수업이 가지는 교육적 의의를 학습자 측면에서 제시하면 다음과 같다. 첫째, 인지적 측면에서 학습자가 스스로 미션을 수행하면서 자기주도성을 함양할 수 있고 다양한 입장을 듣는 과정에서 인지경험이 확대된다는 것을 들 수 있다. 둘째, 정의적 측면에서 현실과 관련한 학습내용을 역할극 형태로 접하게 되면서 학습동기를 유발할 수 있다.

109   ISD모형

#교수설계 #ISD

일반적으로 교수설계는 분석-설계-개발-평가의 과정을 거친다. 이 중 분석단계에서는 학습자의 특성, 학습 과제를 분석한다. 학습자의 특성을 분석하는 구체적인 방법으로는 첫째, 학습자의 인지적 특성을 분석하는 방법으로 진단평가, 지능검사 등을 제시할 수 있다. 둘째, 학습자의 정의적 특성을 분석하는 방법으로 학생 및 학부모 상담을 활용할 수 있다. 또한 학습 과제를 분석하는 구체적인 방법으로는 첫째, 수업목표 달성을 위한 수행과제를 단계별로 구분하고 단계별 필수 능력을 최하위 수준까지 추적 분석하여 기능 간의 위계적 구조를 분석하는 위계 분석, 둘째, 학습 과제가 언어적 정보와 같이 학습 과제 간에 논리적 구조가 없는 과제를 분석하는 군집 분석을 제시할 수 있다.

110 교수설계이론   #가네 #학습위계이론 #목표별 수업이론

가네의 학습위계이론에서는 학습의 결과에 따라 학습의 조건이 달라진다고 본다. 이러한 학습의 결과로서 가네는 지적기능이란 학교학습에서 가장 중요하게 다루는 능력으로 위계성을 가진다고 본다. 지적기능 중 가장 고차원적인 지적기능은 문제해결능력으로서 문제상황에 따라 해결방안을 모색하고 적용하는 능력을 의미한다. 이를 함양하기 위해 한 가지 이상의 규칙을 조합하여 다양한 문제 상황에 적용하는 고차원규칙학습(문제해결학습)을 실시할 수 있다. 효과적 문제해결학습을 위해 학습 준비 단계에서 교사의 역할로는 첫째, 주의를 집중시킨다. 문제상황과 관련한 실제 영상물, 사진 자료를 제공하면서 학생의 흥미를 유발한다. 둘째, 학습 목표를 제시한다. 이번 수업을 통해 어떤 능력을 함양할 수 있는지 목표를 구체적으로 제공하면서 학습에 대한 기대감을 형성할 수 있다.

03

111 정교화이론   #라이겔루스 #정교화이론

복잡한 주제를 다루는 수업을 위한 교수설계이론으로서 라이겔루스의 정교화이론을 활용할 수 있다. 정교화이론에서 말하는 정교화란 일반적 내용을 바탕으로 세분화된 내용을 학습하는 것을 의미한다. 이때 과제가 개념적, 절차적, 원리적(이론적) 과제인지에 따라 7가지 전략을 제시한다. 이중 수업 도입부 (구분 3)에 들어갈 주요 전략으로는 비유가 있다. 이는 새로운 학습 내용 요소를 학습자에게 이미 친숙한 내용 요소와 관련짓게 하는 전략을 의미한다. 다음으로 수업 중(구분 7) 활용할 수 있는 주요전략 2가지는 다음과 같다. 첫째, 요약자이다. 이는 학습한 내용을 다시 검토·복습하게 하는 전략이다. 둘째, 종합자 이다. 이는 학습 내용 요소를 사전 지식에 유의미하게 동화시키는 전략을 의미한다.

112 내용요소제시이론   #메릴 #내용요소제시이론

단일한 주제를 하나씩 교수할 때 적용할 수 있는 내용요소제시이론에서는 학습 목표를 내용과 수행 행렬표에 따라 이원화시킨다. 제시문의 목표 1의 경우 파이의 값은 기본적 정보로서 사실에 해당하고, '말할 수 있다'는 기억하기에 해당한다. 따라서 목표 1은 행렬표 중 A에 해당한다. 목표 2의 경우 피타고라스의 정리는 법칙이므로 원리에 해당하고, 이를 통해 건물의 높이를 측정하는 것은 원리의 활용하기에 해당 한다. 따라서 목표 2는 행렬표 중 I에 해당한다. 이러한 목표를 달성하기 위한 1차 자료제시 형태는 다음과 같다. 첫째, 목표 1을 달성하기 위해 설명식으로 자료를 제시한다. 파이의 값을 구하는 방법을 교사가 설명 또는 시범을 보인다. 둘째, 목표 2를 달성하기 위해 탐구식으로 자료를 제시한다. 피타고라스의 정리를 적용하는 연습을 지속시키고 질문 등을 통해 학습활동을 수행하도록 한다.

113   ADDIE모형   #교수설계 #ADDIE

일반적 교수설계를 위해 ADDIE모형을 활용할 수 있다. 교수설계를 문서화하는 설계단계에서의 구체적 실행전략으로는 첫째, 학습목표를 구체적 행동목표로 명세화한다. 둘째, 목표를 달성하기 위한 구체적 교수전략과 매체를 선정한다. 마지막으로 평가단계에서는 교수설계 과정의 타당성을 평가하게 되는데, 이때 활용할 수 있는 기준은 다음과 같다. 첫째, 설계과정의 효율성이다. 이는 제한된 시간·비용 내에서 교수설계가 이루어졌는지를 평가하는 것으로 메타평가를 통해 확인할 수 있다. 둘째, 전달과정과 방법의 효과성이다. 이는 학습목표를 원활하게 달성했는지를 평가하는 것으로 학습자 평가로 확인할 수 있다.

114   딕과 캐리 모형   #교수설계 #딕과 캐리

일반적 교수설계를 위해 딕과 캐리 모형을 활용할 수 있다. 이 모형의 학습자 분석 단계에서 분석하는 내용으로는 다음과 같다. 첫째, 학습자의 선수학습 기능이다. 학습자의 현재 도달 수준을 확인하는 것으로 주로 지필 진단평가를 통해 확인한다. 둘째, 학습자의 정의적 특성이다. 학습자의 적성, 동기, 태도 수준을 확인하는 것으로 관찰과 면담 등을 통해 확인한다. 이어서 학습자 분석을 토대로 성취목표 진술 시 포함되어야 하는 요소로는 첫째, 학습자가 성취해야 할 구체적인 행동 또는 기능, 둘째, 행동의 성공 여부를 판단할 수 있는 준거를 들 수 있다.

115   교수매체 연구   #교수매체 #비교연구 #속성연구

에듀테크 기술의 발전으로 매체활용 수업이 부각되고 있다. 매체활용 수업의 장점으로는 첫째, 학습자에게 시청각적 자극을 주어 주의집중을 유도하고 이를 통해 학습동기를 유발할 수 있다. 둘째, 서책형 교과서 내의 정보 획득을 넘어 다양한 형태로 학습자료를 제시함으로써 학습내용의 범주를 확대하고 학습자로 하여금 다양한 경험을 할 수 있게 한다. 매체의 효과성을 분석하는 방법으로 정 교사는 매체 간의 효과성을 비교하는 비교연구, 남 교사는 매체 자체의 속성을 연구하는 속성연구를 강조한다. 이때 각 분석방법의 한계점으로는 다음과 같다. 첫째, 매체 비교연구의 경우, 매체활용수업은 교수방법의 변화까지 수반하는 경우가 많아 매체만의 효과인지, 교수방법의 변화로 인한 효과인지 그 인과관계를 정확히 확인하는 것이 곤란하다. 둘째, 매체 속성연구의 경우, 매체 자체에만 집중하다보니 매체에 영향을 미치는 학습자의 인지적·정서적 요인과 같은 학습자 요인을 충분히 고려하지 못한다는 한계를 지닌다.

116 교수매체 연구 · 모형

벌로의 SMCR모형에 따르면 교사와 학생 간에 주고받는 메시지는 교사와 학생의 주관적인 요소에 의해서 왜곡될 수 있다. 교사와 학생 간의 소통에 영향을 주는 요인으로는 다음과 같다. 첫째, 교사 측면에서는 교사의 지식수준을 들 수 있다. 동일한 교과서에 대해서 교사가 갖고 있는 사전 지식의 정도에 따라 학생에게 전달하는 메시지의 질과 양이 바뀔 수 있다. 둘째, 학생 측면에서는 학생의 태도를 들 수 있다. 학생이 학습에 적극적인 태도를 지니는 경우 교사가 보내는 메시지에 대한 수용도가 높을 수 있다. 따라서 교사 학생 간 효과적인 소통을 위해 수업 준비 시 교사의 실행방안으로는 다음과 같다. 첫째, 목표설정 시 학습자의 수준뿐 아니라 교사가 실제 가르칠 수 있는 능력, 지식수준을 고려하면서 목표를 설정한다, 둘째, 내용선정 시 학습자의 태도 등 학습자의 특성을 반영하여 학습자의 흥미를 끌 수 있는 교육내용을 선정한다.

117 교수매체모형

송신자와 수신자 사이의 의사소통 과정을 설명한 모형인 쉐넌과 쉬람의 커뮤니케이션 모형에 따르면 교수활동의 효과성을 떨어뜨리는 요인은 다음과 같다. 첫째, 송신자와 수신자가 갖는 언어·문화적 배경 등 경험의 장의 차이이다. 경험의 장의 차이가 클수록 의사소통의 효과성을 떨어뜨린다. 둘째, 교실 안팎에 존재하는 소음이다. 이는 물리적 소음뿐 아니라 메시지와 매체의 정확성, 편견이나 오해 등을 포괄하는 것으로 소음이 클수록 원활한 의사소통이 곤란해진다. 이러한 요인을 방지하기 위한 교사의 실행전략은 다음과 같다. 첫째, 경험의 장의 차이를 좁히기 위해 교사는 수업 전 학습자의 특성을 분석하고 그에 맞게 학습 내용을 기호화한다. 둘째, 수업 후 학생의 반응을 고려하면서 피드백을 통해 자신의 교수 방법 등을 지속적으로 개선한다. 이를 통해 교수활동의 효과성을 제고할 수 있다.

118 미래형 교수매체
#교수매체

학습에 주도적인 인재의 육성을 위해서 교수매체의 변화가 필요하다. 미래형 교수매체의 특징으로는 첫째, 탐구활동 중심적이어야 한다. 매체를 통해서 교육내용을 습득하는 것에 그치지 않고 매체를 활용하는 과정 자체가 학생들의 탐구 능력을 함양시켜 줄 수 있어야 한다. 둘째, 학습자에게 통제권이 부여되어야 한다. 교사에 의해 제공된 교수매체를 수동적으로 따르는 것이 아니라 학습자가 주도적으로 교수매체를 선택하고 변형하고 적용하는 과정을 통해서 자기주도성을 기를 수 있어야 한다. 미래형 교수매체 선정 시에는 2가지 기준을 고려해야 한다. 첫째, 목표 달성의 적합성 여부이다. 아무리 최첨단 교수매체라도 학습자의 탐구 능력, 자기주도성 함양이라는 목표 달성에 적합하지 않으면 부적절한 교수매체일 수 있다. 둘째, 학습자의 이용 가능성 여부이다. 매체 활용을 위해 필요한 기술, 지식의 수준이 지나치게 높다면 학습자가 주도적으로 매체를 활용할 수 없기 때문에 매체의 이용 가능성 여부를 고려해야 한다.

119 ASSURE모형
#교수설계 #ASSURE

하인니히는 교수매체를 효과적이고 체계적으로 활용하기 위한 수업 설계모형으로서 ASSURE모형을 제안하였다. 이중 첫 번째 단계는 학습자 분석 단계로서 다음의 2가지 특성을 분석한다. 첫째, 기본 신상조사, 가정환경 조사서 등을 통해 학습자의 연령, 성별, 적성, 인성 등 일반적 특성을 분석한다. 둘째, 진단평가 등을 통해 학습자의 선수학습 지식과 기능 등 출발점 행동을 분석한다. 최근 원격수업이 실시되면서 매체 활용 수업이 강조되는데 매체 활용 단계에서 원격수업을 위한 교사의 구체적 활동을 제시하면 다음과 같다. 첫째, 원격수업 자료를 사전 검토한다. 교사가 제작한 자료와 학생이 보는 자료 간에 해상도, 색상이 일치하는지, 자료에 비교육적 요소가 없는지 등을 확인한다. 둘째, 원격수업 환경을 준비한다. 조명과 카메라 등 원활한 원격수업을 위한 각종 기기들이 잘 작동하는지 확인한다.

120 ASSURE모형

`#교수설계 #ASSURE`

교육 매체 활용의 효과성을 극대화하기 위해서는 교사의 적극적 역할이 필요하다. 이 교사가 수업에 적합한 매체를 선정하기 위해 활용할 수 있는 기준은 다음과 같다. 첫째, 학습자의 이용 가능성이다. 학생이 다루기 어렵거나 복잡한 경우 매체활용의 효과가 저해되므로 학습자의 디지털 역량 등을 고려하여 매체를 선정해야 한다. 둘째, 현실적 구비가능성이다. 단위학교 현장에서 구비하기에 지나치게 고비용인 경우 현실성이 떨어지므로 매체의 구입비용 등을 고려해야 한다. 이 교사는 매체 활용 수업의 효과를 극대화하기 위해 학습자의 참여 유도를 강조하는데, 이를 위한 교사의 구체적 역할은 다음과 같다. 첫째, 학습과정 중에 수시로 피드백을 해준다. 수업 중 수시로 질문과 응답을 해주면서 학습자의 적극적 반응을 유도한다. 둘째, 연습의 기회를 부여한다. 매체 활용의 주체를 교사에서 학생으로 전환하면서 학습을 통해 배운 내용을 직접 매체를 통해 적용할 수 있는 기회를 제공한다.

03

121 다양한 교수방법

`#강의법`

강의법은 가장 오래된 전통적 교수법으로, 교사 중심의 수업 방식을 의미한다. 강의법을 수업에 적용하기 적절한 경우는 다음과 같다. 첫째, 수업의 계열상에서 다음 단계의 학습에 필요한 기본적인 정보를 제공할 때 유용하다. 둘째, 지식을 논리적이고 체계적으로 전달할 수 있으므로 학생들이 가지고 있는 교과서와 참고서에 없는 사실이나 어려운 내용을 전달할 때 유용하다. 강의법이 가지는 한계를 극복하기 위한 방안은 다음과 같다. 첫째, 학습자 분석을 통해 학습자의 흥미나 수준을 파악하고 이를 반영하여 목표를 선정하거나 강의에 필요한 매체를 선정한다. 둘째, 강의 중에 적절한 질문과 피드백을 통해 학습자의 학습 참여를 유도한다.

122 다양한 교수방법

`#토의식`

토의식 수업을 통해 포용성과 창의성을 갖춘 주도적인 인재의 육성이 가능하다. 토의식 수업의 장점으로는 첫째, 토의과정 속에서 구성원과의 의사소통을 통해 상대방의 의견을 경청하고 이해함으로써 포용성을 함양할 수 있다. 둘째, 토의를 통해 다양한 지식을 공유하고, 새로운 문제 해결 방안을 도출하는 과정을 통해서 창의성을 함양할 수 있다. 성공적인 토의식 수업을 위한 교사의 실행전략으로는 다음과 같다. 첫째, 수업 설계 시 교사는 학습자 수준과 사회적 관심사 등을 고려하여 토의 주제를 정하고 토의에 필요한 각종 보조자료를 준비한다. 둘째, 수업 진행 중에는 토의의 방향이 어긋나지 않도록 면밀하게 관찰하고 상시 피드백을 한다.

123　　다양한 교수방법　　　　　　　　　　　　　　　　　　　　　　#협동학습

협동학습의 효과를 극대화하기 위해 단점을 이해하고 이를 극복하기 위한 교사의 역할을 고려할 필요가 있다. 혜진이는 협동학습에서 일부 학생들만 참여하는 것에 불만을 가지고 있는데, 이와 같이 협동학습에서 나타나는 대표적인 단점은 일부만 참여하고 나머지 학생들은 소극적으로 참여하는 무임승차 효과를 들 수 있다. 무임승차 효과가 심화되는 경우 공정한 평가를 저해하고 열심히 하는 학생의 학습동기를 저해할 우려가 있다. 이를 방지하기 위한 구체적 수업전략은 다음과 같다. 첫째, 수업의 도입 단계에서 교사는 협동학습에 관한 규칙을 학생들과 함께 만든다. 이때 학생들의 기여도를 판별할 수 있는 기준을 제시할 수 있다. 둘째, 수업의 전개 단계에서 교사는 집단을 순회하면서 협동학습 진행 과정을 관찰하고 피드백을 해줄 수 있다. 셋째, 수업의 정리 단계에서는 학생들로 하여금 집단 내 기여도 평가와 같은 동료평가를 실시할 수 있다.

124　　다양한 교수방법　　　　　　　　　　　　　　　　　　　#개별화교수 #PSI

학습자 맞춤형 교육을 위해 개별화 교수체제를 활용할 수 있다. 개별화 교수체제의 장점은 다음과 같다. 첫째, 과제를 세부 단원으로 구분하고 하나의 단원을 80~90% 이상 학습한 이후 다음 단계로 나아가도록 모든 학습자의 완전학습을 지향한다. 둘째, 학습을 도와주고 오답을 교정해주는 보조관리자와의 상호작용을 통해 비고츠키가 말한 근접발달영역(ZPD)를 학습하도록 도와준다. 한편 이 교수법에서는 필요한 상황에서 강의식을 활용하도록 한다. 강의식 수업이 활용할 수 있는 상황으로는 첫째, 학습동기를 유발하고자 할 때이다. 새로운 상황이나 기본배경을 설명할 때는 강의식을 통해 동기를 유발할 수 있다. 둘째, 학습의 전이를 촉진하고자 할 때이다. 단계별로 학습한 내용을 어느 상황에 적용해야 할지, 또는 어떻게 적용해야 할지에 대해서 교사가 간단하게 설명해줄 수 있다.

125　　다양한 교수방법　　　　　　　　　　　　　　　　　　　　　　　#ATI

학습자 개별 특성에 맞는 교육을 위해 ATI이론을 적용할 수 있다. ATI이론에 따를 때 개별 맞춤형 수업을 위해 교사가 고려해야 하는 것은 다음과 같다. 첫째, 적성이다. 학습자 개인의 학업적인 특성을 종합적으로 고려한다. 둘째, 처치이다. 수업 방법별로 어떤 특징을 가지는지 고려한다. 제시문의 학생별로 적합한 수업방식을 제시하면 다음과 같다. 첫째, 승진이의 경우 혼자 공부하는 것을 선호하고 팀별학습에서 낮은 학업성취를 보이므로 학업성취 효과를 극대화하기 위해 강의식 수업이 적합하다. 둘째, 민호의 경우 활동형 수업을 선호하고 그때 해당 수업 내용의 파지가 원활하므로 토의토론식과 같은 학생중심형 수업이 적합하다.

126 다양한 교수방법 `#자기주도 학습`

자기주도 학습은 학습자 스스로가 학습의 참여 여부에서부터 교육의 전 과정에 이르기까지 자발적 의사에 따라 선택하고 결정하는 학습법을 의미한다. 자기주도 학습이 필요한 이유로는 성인이 되어서도 지속적으로 학습에 참여하게 함으로써 끊임없이 성장할 수 있게 하는 힘을 길러준다는 점을 들 수 있다. 자기주도 학습을 증진시킬 수 있는 방안은 다음과 같다. 첫째, 학생들에게 목표 설정 전략, 자기점검 전략, 자기평가 전략 등을 지도한다. 둘째, 교사는 학생들의 자율성과 주도성을 수용하고 장려한다. 셋째, 학생들에게 개방적 질문을 하거나 학생들 간에 서로 질문을 하게 함으로써 학생들의 탐구를 유도한다. 이상의 방안을 통해 학습자가 지속적으로 성장할 수 있는 원동력으로서 자기주도성을 함양할 수 있다.

03

127 새로운 교수방법 `#메타버스 교실`

발전하는 과학기술을 교육에 활용하면서 교육의 효과를 극대화할 수 있다. 새로운 경험이 강조되는 상황에서 과학기술을 활용한 효과적인 교수학습 방법으로는 메타버스 교실수업을 들 수 있다. 학습자의 참여를 통해 직접 온라인 공간에 교육공간을 구축하고 그 안에서 협동학습을 시행하면서 학생들의 교육경험을 확대할 수 있다. 이러한 수업을 할 때 교사의 유의점으로는 다음과 같다. 첫째, 학습자 수준에 맞게 에듀테크를 활용해야 한다. 컴퓨터 활용 능력, 코딩 능력 등 학생들의 디지털 기초 소양 수준에 따라 메타버스 교실의 활용 수준을 결정해야 한다. 둘째, 현재 학교의 여건에서 실행 가능한지 검토해야 한다. 학교 내 온라인 기기를 충분히 보유하고 있는지, 구입 비용은 예산제약 내에 포함되는지 고려해야 한다. 셋째, 메타버스 교실의 주체는 학습자로 설정해야 한다. 교사주도로 메타버스 교실 수업이 진행된다면 강의식 수업의 장소만 바뀔뿐이므로 메타버스 교실수업을 통해 자기주도성을 함양하기 위해서는 메타버스를 설계하고 참여하는 주체는 학생이 되도록 교수를 설계해야 한다.

128 새로운 교수방법 `#거꾸로 수업 #플립 러닝 #하브루타 수업`

학습의 효과성을 높이기 위해서 학교 현장에서는 다양한 수업 방법이 시도되고 있다. 주 교사가 말하는 거꾸로 수업의 절차로는 사전에 온라인을 활용하여 교수자의 강의를 듣고, 사후에 교실 안에서 과제를 포함한 다양한 학습활동에 참여한다. 이때 교사의 유의점으로는 교실 안에서 수업이 효율적으로 이뤄지기 위해 반드시 사전 온라인 강의를 학생들이 수강하도록 유도해야 한다는 것이다. 다음으로 유 교사가 말하는 수업은 하브루타 수업이다. 하브루타 수업의 학습자 측면에서 의의로는 서로 수준이 다른 학습자 간의 상호작용을 통해 비고츠키가 언급한 근접발달영역(ZPD)을 학습할 수 있다는 점을 들 수 있다.

129 **새로운 교수방법**   #팀 티칭

교육의 질을 개선하기 위해 교사 간 협력을 바탕으로 한 새로운 교수법을 시도할 필요가 있다. 강 교사가
언급했듯이 한 수업에 2명 이상의 교사가 참여하는 수업의 명칭을 팀 티칭이라고 한다. 팀 티칭의 장점
으로는 기본 수업이 진행되는 도중 어려움을 겪는 학생을 발견하기 용이하고 수업을 중단하지 않고도
즉각적 피드백이 가능해져 개별 맞춤형 수업을 가능하게 한다. 팀 티칭의 실제적 운영 방안으로는 첫째,
주 교사가 학급 전체를 대상으로 수업을 진행하고 보조교사가 상시 질문을 받아주는 방식, 둘째, 학생들을
모둠으로 구성하고 교사 2명이 모둠별로 순회하면서 교육 경험을 제공하는 방식을 들 수 있다.

130 **새로운 교수방법**   #하브루타 수업

학생들간의 상호작용을 활성화하면서 학습 효과를 높일 수 있다. 제시문에서처럼 학생들끼리 짝을 이루어
서로 질문을 주고받으며 논쟁하는 수업을 하브루타 수업이라고 하는데, 이 수업의 장점은 다음과 같다.
첫째, 학생들 간의 상호소통을 강조함에 따라 현대사회에서 중시되는 소통 능력을 함양할 수 있다. 둘째,
1 : 1 토론으로 수업이 진행되므로 모든 학습자들의 참여를 유도하고 학습이탈을 방지한다. 하브루타 수업
효과를 극대화하기 위한 교사의 실행전략은 다음과 같다. 첫째, 수업 준비 단계에서는 모든 수준의
학생들이 적극적으로 질의응답을 진행할 수 있도록 비교적 가벼운 주제를 선정한다. 둘째, 수업 실행
단계에서는 학생 간 질의응답, 토론이 활발히 일어날 수 있도록 관찰과 피드백을 강화하되 학생끼리의
질문에 대해 교사가 응답하는 것을 지양한다.

131 | **교육평가의 기초** | #측정관 #총평관

평가에 대한 관점에 따라 평가의 목적과 기능이 변화한다. 조 교사는 기존에 점수를 내기 위한 평가를 주로 실시했는데 이것과 관련한 평가의 관점을 측정관이라 한다. 측정관의 한계는 수치화하기 어려운 정의적 측면의 성장을 확인하기 곤란하여 학생들의 전인적 성장을 고려하지 못한다는 점을 지적할 수 있다. 이에 따라 조 교사는 전인적 성장의 관점에서 학생을 평가하려는 총평관에 근거하여 학생을 평가하고자 한다. 총평관에 부합하는 교육평가의 방법으로는 과정중심평가를 들 수 있다. 이는 학생의 성장 과정을 관찰하는 평가방식이라고 할 수 있다. 이러한 평가의 주된 기능으로는 형성적 기능을 들 수 있다. 즉, 특정 시점의 학습자의 수준을 평가하는 것이 아니라 학습의 과정 중 학습자의 모든 것을 평가하고 피드백하면서 학습자의 변화를 유도하는 학습으로서의 평가라는 기능을 제시할 수 있다.

132 | **교육평가의 기초** | #2022 개정 교육과정

2022 개정 교육과정의 안정적 실현을 위해 평가를 개선해야 한다. 2022 개정 교육과정에서 확인할 수 있는 교육평가의 원칙은 다음과 같다. 첫째, 과정중심의 원칙이다. 평가는 결과에 이르기까지의 학습 과정을 확인하고 환류해야 한다는 점에서 확인할 수 있다. 둘째, 일관성의 원칙이다. 교과목별 성취기준을 고려하여 평가계획을 수립하고 배울 기회를 주지 않은 내용과 기능은 평가하지 않는다는 부분에서 확인할 수 있다. 이러한 원칙을 실현하기 위한 교사의 실행전략은 다음과 같다. 첫째, 평가 설계 시 평가 목적에 학생들의 전인적 성장 과정을 반영하고 학습의 과정별로 교사가 평가해야 하는 정의적 요소를 반영한다. 둘째, 교과목의 성취기준을 분명히 확인하고, 교수학습 내용과 평가 내용이 일치하도록 이원목적분류표 등을 분명히 작성한다.

133 교육평가의 운영   #평가의 오류

공정한 평가를 위해 평가 시 발생할 수 있는 오류를 예방해야 한다. 교원평가 결과에서 확인할 수 있는 평가의 오류와 부정적 효과는 다음과 같다. 첫째, 선생님의 좋은 점에서 언급된 것처럼 평가점수가 중간점수에 몰리는 오류를 집중 경향의 오류라고 한다. 이 오류는 평가의 변별력을 낮춘다는 부정적 효과를 발생시킨다. 둘째, 선생님께 바라는 점에서 언급된 것처럼 학생의 실제 능력보다는 전반적 인상·배경에 대한 선입견이 평가에 영향을 주는 오류를 인상의 오류(후광효과)라고 한다. 이는 평가자의 주관이 개입되어 평가의 공정성 시비가 나타날 수 있다는 부정적 효과를 발생시킨다. 이러한 오류를 예방하기 위한 실천 방안은 다음과 같다. 첫째, 집중 경향의 오류를 방지하기 위해 평가점수 또는 등급별로 일정비율을 할당하는 강제배분법을 활용한다. 둘째, 인상의 오류를 방지하기 위해 평가자의 신상을 지우고 평가하는 블라인드 평가를 실시한다.

134 교육평가의 유형   #질적평가 #과정중심평가

평가는 기본적으로 평가 대상을 수량화하여 서열화하려는 양적 평가와 평가 대상을 이해·분석·판단하려는 질적 평가로 구분된다. 현 교사는 평가의 목적을 학생의 성장을 위한 기초자료로 활용하기 위한 것이라고 보고 있는데 이를 통해 현 교사는 질적 평가를 강조하고 있음을 알 수 있다. 질적 평가의 구체적인 평가 방법으로는 학생들을 관찰 및 상담 등을 통해 학생을 종합적으로 평가하는 과정중심평가를 들 수 있다. 이때 평가 기준은 목표달성 여부뿐 아니라 목표달성 과정에서 나타나는 성장의 정도를 제시할 수 있다. 한편 과정중심평가는 비교적 오랜 시간에 걸쳐 지속되는데, 이 과정에서 교사가 유의해야 할 사항으로는 학습자를 이해하고 분석하는 과정에서 평가자의 주관의 개입을 최소화하여 평가의 공정성을 확보해야 한다는 점을 들 수 있다.

135 교육평가의 유형 #기초학력

기초학력 보장을 위해 정확한 진단을 실시할 필요가 있다. 기초학력 진단을 위해 3단계의 과정을 거치게 되는데, 이러한 평가 절차를 거치는 이유는 다음과 같다. 첫째, 관찰·면담, 진단 검사 등을 실시하면서 학습자의 인지적 영역과 정의적 영역에서 기초학력을 종합적으로 진단하기 위함이다. 둘째, 학교 내에서는 팀을 통해 학교 외에서는 전문 센터를 통해서 정밀 진단하게 되는데, 이는 과학적이고 전문적인 진단을 통해 학생 맞춤형 지원을 실시하기 위함이다. 한편 기초학력 진단 결과를 안내할 때는 다음의 유의사항을 지켜야 한다. 첫째, 학부모에게 안내할 때는 기초학력 진단 결과는 학생의 고정적 능력에 대한 절대적 평가가 아니라 지속적으로 개선 가능함을 알리고 후속 지원 절차를 함께 안내하여 학부모의 불안감을 최소화한다. 둘째, 학생들에게 안내할 때는 학습지원대상학생으로 선정된 학생이 부진아로 낙인되지 않도록 철저하게 대상 학생에게만 평가 결과를 제공한다.

136 교육평가의 유형 #형성평가

형성평가란 교수 학습이 진행되는 도중에 학생에게 피드백을 주고 교육과정 및 수업방법을 개선하기 위한 평가로서 다음의 기능을 가진다. 첫째, 학습자 측면에서 학습자가 부족한 능력에 대한 즉각적인 확인이 가능하여 보충학습의 필요성 여부를 스스로 판단하게 한다. 둘째, 교사 측면에서는 형성평가를 통해 자신의 교수 방법을 되돌아보게 하면서 수업 개선을 위한 근거가 된다. 한편 협동학습 시에 학습자의 학습 참여도를 높일 수 있는 방안으로 형성평가를 실시할 수 있는데, 이때 활용할 수 있는 형성평가의 기준은 다음과 같다. 첫째, 학생의 참여도이다. 협동학습 시 발언의 횟수, 학생 참여도에 관한 동료의 인식도 등을 통해 학생 참여도를 평가할 수 있다. 둘째, 조직 내 기여도이다. STAD모형과 같이 개인의 향상점수를 팀 점수로 환산하는 과정을 통해 학생의 참여도를 평가할 수 있다.

137 교육평가의 유형 #규준참조평가 #준거참조평가

평가는 참조 준거에 따라 서열화를 강조하는 규준참조평가, 목적달성 여부를 강조하는 준거참조평가로 구분된다. 성취평가제에서 확인할 수 있는 평가 방식은 다음과 같다. 첫째, 공통과목에 대해서는 석차등급을 제시하는데 이를 규준참조평가라 한다. 둘째, 선택과목에 대해서는 석차등급을 제시하지 않고 성취도만 5단계로 제시하는데 이를 준거참조평가라 한다. 이와 같은 평가방식의 장점으로는 규준참조평가의 경우 학생들의 상대적 위치를 파악할 수 있게 해주어 학생들에게 경쟁을 통한 동기를 부여한다. 준거참조평가의 경우 평가에 대한 학생의 부담을 낮추고 경쟁이 배제되어 협동학습을 가능하게 한다.

138 교육평가의 유형   #성장참조평가

박 교사는 그간 학생의 성취 정도, 상대적 위치를 평가했던 기존의 평가 기준이 과정중심평가에 어울리지 않는다고 분석하면서 새로운 기준이 있어야 함을 강조한다. 과정중심평가를 실시하는 데 있어서 박 교사가 활용할 수 있는 참조 기준은 학생 성장의 정도를 들 수 있다. 즉 성장참조평가를 통해 학생이 초기 수준에 비해서 얼마나 성장했는지를 평가하는 것이다. 이러한 기준을 적용한 평가 시에 교사의 유의점은 다음과 같다. 첫째, 정확한 성장 정도를 확인하기 위해 성장에 영향을 주는 다양한 요인, 즉 가정적 요인, 친구 관계 등을 고려하여 평가한다. 둘째, 자칫 성장의 정도를 수치화로만 표현하기 쉬운데, 수치화하기 어려운 정의적 영역에서의 성장 정도도 반영하도록 한다.

139 교육평가의 유형   #정의적 영역 평가

학습자의 전인적 성장을 위해서 정의적 영역에 대한 평가를 강조할 필요가 있다. 학습자의 성장과 관련하여 평가할 수 있는 정의적 영역으로는 첫째, 학습동기이다. 학습에 대한 학생의 의지, 태도와 관련해서는 체크리스트 등을 통해 확인할 수 있다. 둘째, 사회성이다. 공동체 역량으로서 사회성을 평가하기 위해 사회성 측정법을 활용할 수 있다. 한편 정의적 영역에 대한 평가의 효과성을 높이기 위해서 교사는 다음의 사항을 고려해야 한다. 첫째, 평가의 타당성을 확보하기 위해 측정하고자 하는 정의적 영역의 세부요소를 명확히 개념화하고 평가기준과 요소들이 정의적 요소에 부합하도록 평가를 설계한다. 둘째, 평가의 신뢰성을 확보하기 위해 최대한 평가자의 주관 개입을 억제하고 블라인드평가, 다면평가 등 다양한 평가방법을 활용한다.

140 교육평가의 유형   #자기평가 #동료평가

2022 개정 교육과정의 현장 안착을 위해 학생이 주체가 되는 평가를 적극 활용할 필요가 있다. 학생이 주체가 되는 평가의 종류로는 다음과 같다. 첫째, 자기평가이다. 이는 학습 후 자기평가 보고서나 체크리스트를 작성하는 것을 의미한다. 둘째, 동료평가이다. 이는 모둠 내, 모둠 간에 학생들이 타학생을 평가하는 것을 의미한다. 학생이 주체가 되는 평가는 자기주도성 함양에 목적을 두는데, 이러한 목적 달성을 위한 교사의 역할은 다음과 같다. 첫째, 스스로 반성하는 것에 익숙치 않은 학생들을 위해 자기평가 · 동료평가의 사례를 제공한다. 둘째, 평가를 원활하게 하고 평가 결과의 수용도를 높이기 위해 학생과 함께 평가 기준을 마련한다.

141 교육평가의 유형 #역동적 평가

학생의 잠재가능성을 극대화하기 위해 새로운 평가방식을 실시할 필요가 있다. 평가자와 피험자 간의 상호작용을 통해 발달잠재력을 확인하기 위한 평가의 명칭을 역동적 평가라 한다. 역동적 평가의 장점으로는 표면화된 수준에 대한 평가뿐 아니라 보이지 않는 학습자의 잠재가능성도 평가하여 교육의 본질과 부합한다는 점을 들 수 있다. 역동적 평가의 성공을 위한 교사의 실행전략은 다음과 같다. 첫째, 평가의 준비 단계에서 학습자의 수준별로 평가과정을 설계한다. 둘째, 평가의 실행 단계에서 발달잠재력을 평가하기 위해 평가의 과정에서 계속해서 학습자를 관찰하고 피드백을 해주면서 발달잠재력을 정확하게 체크한다.

142 교육평가의 유형 #메타평가

평가의 효과성을 높이기 위해 평가에 대한 검토 또한 필요하다. 안 교사는 교과협의회를 통해 평가에 대한 평가를 실시하고자 하는데, 이러한 평가의 명칭을 메타평가라 한다. 메타평가의 기능으로는 평가의 결과를 바탕으로 평가 방법의 개선사항과 평가 시 고려사항을 확인한다는 것을 들 수 있다. 한편, 메타평가 시 활용할 수 있는 평가 기준은 다음과 같다. 첫째, 평가의 유용성이다. 평가가 본래의 기능을 다하였는지 타당도를 검증한다. 둘째, 평가의 정당성이다. 평가가 지나치게 학습자들에게 부담을 주지 않았는지, 윤리적인 문제가 없었는지 검증한다.

143 문항의 선정과 활용 #문항제작

학습자를 평가할 때 평가의 효과성에 가장 큰 영향을 미치는 것은 문항의 질이다. 따라서 교사가 좋은 문항을 제작하여야 하는데, 좋은 문항의 조건으로는 첫째, 문항 내용과 평가 목적을 일치시켜야 한다. 둘째, 문항이 학습자 수준에 맞는 적절한 난이도로 구성되어야 한다. 따라서 문항 제작 시 고려사항으로는 첫째, 교육목표와 교육 내용에 대한 정확한 이해가 필요하다. 이를 위해 교사는 공식적 교육과정에 대한 정확한 이해가 필요하다. 둘째, 학습자의 수준을 파악하여야 한다. 학습자의 선수학습 수준뿐 아니라 학습자의 독해력, 어휘력 등을 고려할 필요가 있다.

144 │ 문항의 선정과 활용   #고전검사이론 #문항반응이론

문항과 검사의 질을 검사 총점에 의하여 분석하는 고전검사이론에 따라 문항을 분석할 때 장점으로는
절차가 간단하고 기준이 명확하여 누구나 쉽게 문항분석에 활용할 수 있다는 점을 들 수 있다. 하지만
단점으로는 문항의 난이도 계산식에서 알 수 있듯이 피험자의 수준에 따라 문항 특성이 다르게 분석된
다는 점을 들 수 있다. 이러한 단점을 극복하기 위해 문항 하나하나를 분석하는 문항반응이론에 따르면
문항의 난이도는 문항특성곡선의 y축에서 정답을 맞힐 확률 0.5에 대응되는 x축의 점에 따라 측정할
수 있다. 문항의 변별도는 문항특성곡선의 y축에서 정답을 맞힐 확률 0.5일 때 문항특성곡선의 기울기로
측정될 수 있다.

145 │ 문항의 선정과 활용   #규준점수

학습자의 상대적 위치를 파악하기 위해 T점수와 백분위를 활용할 수 있다. 원점수에서 평균점수를 뺀
값에 표준편차로 나눈 Z점수를 바탕으로 T점수를 구할 수 있는데, 국어과목에서 은아의 Z점수는 2이므로
T점수는 70점에 해당한다. 또한 수학과목에서 은아의 Z점수는 1이므로 T점수는 60점에 해당한다.
Z점수를 통해서 백분위를 구할 수 있는데, 은아의 경우 국어과목은 2표준편차 위에 있으므로 상위
2.28퍼센트에 해당하고, 수학과목은 1표준편차 위에 있으므로 상위 15.87퍼센트에 해당한다.

146 │ 문항의 선정과 활용   #구인타당도

평가목적에 부합하는 평가를 타당도가 높은 평가라 한다. 정의적 영역의 경우 평가하고자 하는 내용이
명확하게 정의되지 않은 경우가 많은데, 이처럼 정의적 영역에 대한 평가 시 고려해야 하는 타당도를
구인타당도라고 한다. 구인타당도는 조작적으로 정의되지 않은 인간의 심리적 특성을 분석하여 조작적
으로 정의하고 평가가 그 정의에 맞게 제대로 측정되었는지를 검증하는 것을 의미한다. 구인타당도를
확보하기 위한 구체적인 방법으로는 요인분석법을 들 수 있다. 이를 통해 평가 문항의 상호관계를 분석
하고 상관관계가 높은 것을 모아 하나의 요인으로 규명하여 그것들이 정의적 요인과 부합하는지 확인하
면서 타당도를 검증할 수 있다.

147 문항의 선정과 활용

인본주의적 교육관에서는 교육을 환경과의 상호작용을 통한 자아실현의 과정으로 본다. 이에 근거할 때 정의적 평가의 필요성으로는 평가가 단순히 학생의 학습 결과 정도를 평가하는 것에 그치는 것이 아니라 평가 그 자체가 학생의 전인적 성장을 도모할 수 있다는 점을 들 수 있다. 이러한 목표를 달성하기 위해 활용할 수 있는 정의적 평가의 종류로는 과정중심의 평가를 들 수 있다. 즉, 토의토론 평가, 포트폴리오 평가 등 과정중심의 평가를 통해 학생 성장의 과정을 확인할 수 있다. 정의적 평가를 설계하는 과정에서 교사의 구체적 실행방안으로는 다음과 같다. 첫째, 정의적 평가의 타당도를 높이기 위해 평가하고자 하는 정의적 역량의 개념과 구성요소를 명확히 한다. 예를 들어 사회성의 요소를 포용성, 융통성, 친밀성으로 구분하고 그에 맞는 평가 기준을 마련한다. 둘째, 평가의 신뢰도를 높이기 위해 정의적 평가를 위한 평가기준인 루브릭을 설계한다. 분명하고 명확하게 루브릭을 작성하여 평가자가 바뀌더라도 일관된 평가결과가 나올 수 있도록 유도한다.

04

148 문항의 선정과 활용

새로운 평가가 확대되면서 평가의 신뢰도 확보가 강조되고 있다. 장 교사는 동일한 채점자가 동일한 대상을 두 번 평가하였을 때 동일한 결과가 나와야 함을 강조하는데 이와 관련한 신뢰도를 채점자 내 신뢰도라고 한다. 이를 확보하기 위한 구체적 방법은 다음과 같다. 첫째, 평가기준인 루브릭을 명확한 용어로 제작하여 두 번의 평가가 동일한 기준에 의해서 평가되도록 한다. 둘째, 첫 번째 평가와 두 번째 평가의 시기를 적절하게 조정하여 첫 번째 평가가 이후 평가에 미치는 영향을 최소화한다.

149 컴퓨터화 검사

기초학력 보장을 위해 학생에 대한 정확한 진단 시스템을 확립할 필요가 있다. 전인적 성장의 관점에서 학습을 저해하는 요인으로는 낮은 학습 동기를 들 수 있다. 아무리 지능이나 선수학습 수준이 높더라도 학습 동기가 낮으면 학업성취 수준이 낮아질 수 있다. 동기와 같은 정의적 요인은 지필평가로 드러나기 힘든 점이 존재하므로 이를 진단하기 위한 방법으로는 교사의 관찰과 면담을 들 수 있다. 한편 최근 학생 맞춤형 진단을 위해 컴퓨터 적응형 학업성취도평가(CAT)가 강조되는데, 이 평가는 학생의 문항 응답 수준에 따라 다른 난이도의 문항을 계속해서 제시하는 것으로서 이 평가방식이 가지는 학습자 측면에서의 장점은 다음과 같다. 첫째, 문항별 응답 수준을 확인하면서 영역별 학습자의 정밀한 수준을 파악할 수 있다. 둘째, 학습자의 수준에 맞는 후속 문항을 제시하면서 학생이 성취 경험, 자신감을 느끼게 하고 이를 통해 학습 동기 향상으로 이어질 수 있다.

150   수행평가   #수행평가

학습자의 다양한 능력을 평가하기 위해 수행평가를 활용할 수 있다. 이때 학생의 수행 결과물에 대한 평가 방법으로는 첫째, 특정 주제에 관해 글을 쓰고 그것을 평가하는 서논술형 평가, 둘째, 보고서나 작품에 대한 평가를 제시할 수 있다. 수행 결과물에 대해 채점할 때 박 교사는 종합적으로 판단하는 총괄적 채점 방법과 세부 요소별로 채점하는 분석적 채점 방법을 제시한다. 이때 총괄적 채점 방법의 장점은 채점이 용이하고 시간이 절약된다는 점이 있으며, 분석적 채점 방법의 장점은 학생들의 강점과 약점을 세부적으로 판단하기 용이하다는 점을 들 수 있다.

151   수행평가   #신뢰도 #루브릭

평가에 대한 준거를 묘사하여 작성한 채점 척도인 루브릭을 설정하는 이유는 채점 기준을 명확하게 하고 수행평가와 같이 평가 결과의 일관성을 확보하기 어려운 상황에서도 평가의 신뢰도를 제고하기 위함이라 볼 수 있다. 루브릭 설계 시 유의점으로는 다음과 같다. 첫째, 가능한 구체적으로 명백하게 진술한다. 이를 통해 평가자가 바뀌어도 일관된 평가 결과를 얻을 수 있다. 둘째, 루브릭 제작과정에 학생을 참여시킨다. 이를 통해 평가자의 주관적 판단에만 의존하는 것을 방지할 수 있고 평가 기준 및 결과에 대한 학생의 수용도를 높일 수 있게 한다.

152   수행평가   #과정중심평가

성취기준에 도달하기 위한 학습의 과정, 성장의 과정을 중시하는 평가인 과정중심평가는 결과중심의 평가와 달리 학습자에게 평가 부담을 줄여주고 수업에 참여할 동기를 유발하여 학생의 전인적 성장을 촉진한다는 교육적 효과를 가진다. 따라서 과정중심평가 시 가져야 하는 교사의 태도로는, 첫째, 장기적 인내심이다. 교육의 특성상 학생의 성장은 단기간에 나타나는 것이 아니므로 인내심을 가지고 평가계획을 수립하고 학생을 관찰할 필요가 있다. 둘째, 모든 학생들의 성장 가능성에 대한 존중이다. 과정중심평가는 한 시점에서 학생의 목표도달도를 확인하거나 서열화보다는 학생의 성장 과정에 초점을 두므로 개별 학습자의 가능성을 존중할 필요가 있다. 한편 협동학습 시에도 과정중심평가를 실시할 수 있는데, 이때 교사가 활용할 수 있는 평가의 종류로는 관찰평가를 들 수 있다. 협동학습에서 학생의 참여도, 기여도를 관찰하고 기록하면서 수업 과정 중 발생하는 다양한 능력, 태도를 평가할 수 있고 이를 바탕으로 학생의 성장 정도를 확인할 수 있다.

153 수행평가 #과정중심평가

토의토론 학습의 효과를 높이기 위해 과정중심평가를 활용할 수 있다. 학생의 학습과정을 종합적으로 관찰·평가하는 과정중심평가의 기능으로는 다음과 같다. 첫째, 학생의 학습과정 전체를 평가하면서 교수학습 방법의 개선사항을 발굴하고 학습자 수준에 맞게 다음 교수학습을 계획하고 조정할 수 있다. 학생의 성장 과정을 평가하면서 학생의 점진적인 변화를 유도하여 평가 자체가 교육적 효과를 가질 수 있도록 하는 것이다. 한편 토의토론 학습에서는 모든 학생들이 참여하여 문제를 해결하는 것을 강조하는데, 토의토론 과정을 평가할 때 반영할 수 있는 평가요소는 다음과 같다. 첫째, 학생 참여도이다. 모둠 내에서 학습이탈자가 없도록 학습자들이 스스로 모둠 내 동료의 적극성을 평가하게 한다. 둘째, 문제해결력이다. 모둠 간에서 평가대상 모둠이 과제를 충실히 이해하였고 정확한 대안을 제시하였는지 평가하게 한다.

154 교육연구방법 #사회성 측정법

성공적 학급운영을 위해서 교실 내 학생들 간의 관계를 파악할 수 있어야 한다. 천 교사의 의도처럼 학생들의 사회성을 정확히 파악하고자 실시할 수 있는 연구방법으로는 사회성 측정법을 들 수 있다. 이는 집단 내에서 개인 간의 상호관계를 발견하고 설명하는 방법으로서 이를 실시할 때 유의점은 다음과 같다. 첫째, 관계라는 특성상 지속적으로 변화할 수 있으므로 한번의 측정 결과가 고정적일 것이라는 편견을 버려야 한다. 둘째, 측정 결과가 학생들의 심리, 교우관계 등에 영향을 미칠 수 있으므로 측정 결과는 비공개해야 한다.

155 교육연구방법 #의미분화척도

학급 경영을 위해서 다양한 척도법을 통해 학습자들의 특성을 파악할 수 있어야 한다. 김 교사는 교사의 이미지에 대해 대비되는 형용사로 표현하고 이를 7점 척도로 측정하고자 했는데, 이를 의미분화척도라고 한다. 의미분화척도의 장점은 평가자의 주관적 느낌을 수치적으로 표현할 수 있다는 점을 들 수 있다. 그러나 이 척도기법을 활용할 때 교사의 유의점으로는 첫째, 설문조사를 이해하지 못하는 경우가 있을 수 있으므로 설문조사 내용과 척도의 의미를 정확히 설명해야 한다는 것, 둘째, 단어 선택에 따라 결과가 달라질 수 있으므로 척도 길이와 단어 선택에 신중을 기해야 한다는 것을 들 수 있다.

156 교육연구방법

#연구의 타당도 #내적 타당도

사회 현상에 관한 연구는 독립변인이 종속변인에 영향을 미친 정도인 내적 타당도가 높아야 한다. 제시문에서 내적 타당도를 확보하는 데 장애가 되는 요인 2가지는 다음과 같다. 첫째, 선발이다. 이는 실험집단과 통제집단의 특성 차이를 의미하는데, 성 연구원은 실험참여를 희망한 학생을 실험집단으로, 특정반 학생을 편의표집하여 통제집단으로 구성하여 두 집단간의 동질성을 확보하지 못했다. 둘째, 성숙이다. 이는 시간의 경과에 따른 집단 특성의 변화이다. 두 번의 검사 기간 간격은 10개월이며, 이 비교적 긴 시간 속에서 성 연구원은 성숙요인을 충분히 고려하지 못했다. 이러한 요인을 통제할 수 있는 방안은 다음과 같다. 첫째, 무작위 배정을 통해 실험집단과 통제집단을 구성하여 선발 요인이 내적 타당도에 영향을 미치는 것을 최소화한다. 둘째, 검사 기간의 간격을 가능한 짧게 하여 자유학기 외 요소가 연구 결과에 미치는 영향을 최소화한다.

157 교육연구방법

#연구의 타당도 #외적 타당도

연구결과의 활용을 위해 타당도를 확보하는 것이 중요하다. 이 교사는 연구의 일반화를 강조하는데 이와 관련한 타당도의 명칭을 외적 타당도라고 한다. 외적 타당도의 확보를 위해 대표성있는 표본을 선정하는 것이 중요한데, 표본의 대표성을 제고하기 위한 방안은 다음과 같다. 첫째, 모집단으로부터 무작위로 실험집단과 통제집단을 선정한다. 둘째, 일반화시키고자 하는 집단의 특성을 고려하여 계획적으로 이질적인 요소를 포함하여 집단을 구성한다.

158 지능 #지능

학교에서 지능검사를 실시하는 이유는 지능검사를 통해 학습자의 인지적 측면의 특성을 이해하고 이를 바탕으로 수준별 맞춤형 교육을 실시하기 위함이다. 최근 다양한 방법으로 지능검사를 실시하고 있는데, 검사 결과를 학생에게 안내할 때 교사는 다음의 사항을 유의해야 한다. 첫째, 지능검사는 학생의 특성 중 인지적 측면의 일부 요소만 측정한 것이므로 이 수치가 학생의 모든 것을 대변하는 것이 아님을 알려준다. 둘째, 검사방식에 따라 언제든 달리 측정될 수 있으며, 학습 등을 통해 수치가 높아질 수 있음을 알려준다.

159 지능 #가드너 #다중지능이론

개별 맞춤형 교육의 실현을 위해 가드너의 다중지능이론을 활용할 수 있다. 지능 자체를 여러 개로 분류하여 개인마다 강점 지능이 있다고 본 다중지능이론의 교육적 의의는 학습자별 강점 지능의 이해를 통해 개별 맞춤형 교육의 근거로 활용할 수 있다는 것을 들 수 있다. 한편 이 교사는 기초문해력과 관련한 지능을 함양할 것을 강조하는데 가드너의 다중지능이론 중 기초문해력과 관련한 지능은 언어지능이라고 할 수 있다. 언어지능의 함양을 위해 수업에서 진술할 수 있는 학습목표로는 "주제를 읽고 자신의 생각을 말할 수 있다"와 같이 언어적 표현과 관련한 목표를 제시할 수 있다.

160 지능 #스턴버그 #삼원지능이론

스턴버그의 삼원지능이론에서는 지능을 분석적 지능(성분적 요소), 창의적 지능(경험적 요소), 실제적 지능(맥락적 요소)으로 구분한다. 홍 교사는 다양한 정보를 분석, 평가, 비교할 수 있는 능력으로서 분석적 지능을 강조하고, 안 교사는 스스로 환경을 변화시켜 나갈 수 있는 실제적 능력으로서 실제적 지능을 강조한다. 이러한 지능을 개발하기 위한 구체적인 활동으로는 첫째, 분석적 지능을 높이기 위해 비교하기, 비평하기 등과 같은 활동을 실시하여 개념 간의 차이점 등을 분석한다. 둘째, 실제적 지능을 높이기 위해 개념들을 상황에 적용하고 실제적 과제에 대한 해결점을 찾는 활동을 실시한다.

161 지능

학습자를 정확히 이해하기 위해 학습자의 지능과 동기에 대한 이해가 필요하다. 드웩의 암묵적 지능이론에서는 지능의 유동성에 대한 개인의 신념에 따라 지능에 대한 관점을 구분한다. 인경이의 경우 지능이 노력을 통해서 바뀔 수 있다고 믿는데 이를 증가적 관점이라고 한다. 반면 상명이의 경우 지능이 변하지 않을 것이라고 믿는데 이를 고정적 관점이라고 한다. 증가적 관점을 가지고 있는 학생의 경우 실패하더라도 노력에 귀인하게 되어 학습동기를 갖는 데 긍정적 영향을 준다. 그러나 고정적 관점을 가지고 있는 학생의 경우 실패하면 능력에 귀인하고 학습효과에 대해 부정적이어서 학습 동기를 갖는 데 부정적 영향을 준다.

162 창의성

미래사회는 지금보다 더 복잡한 사회문제, 급격한 사회변화가 예상된다. 따라서 미래사회에서 요구하는 창의적인 사람의 특성으로 첫째, 인지적 측면에서는 복잡한 문제를 해결할 수 있는 융합적 사고가 요구된다. 하나의 교과와 지식이 아니라 다양한 지식을 활용할 필요가 있다. 둘째, 정의적 측면에서 사회변화에 대한 도전적, 긍정적 태도가 요구된다. 새로운 것에 당황하지 않고 자신이 가진 역량을 발휘할 필요가 있다. 이러한 창의성을 함양하기 위해 교사의 실행전략으로는 다음과 같다. 첫째, 학습자 준비를 위해 문제와 관련한 기본적인 정보를 제공한다. 창의적 수업 활동과 관련한 시청각 자료를 제시하면서 문제에 관한 주의집중과 동기를 유발할 수 있다. 둘째, 창의적 사고의 유발과 표출을 위해 충분한 시간을 부여한다. 과제를 부여하고 일정 시간 생각할 기회를 제공하여 창의적 사고가 배양될 수 있도록 한다.

163 창의성

미래사회에 필요한 인재를 육성하기 위해 창의성을 계발시켜야 한다. 창의성이란 새롭고 적정한 것을 생성해내는 능력으로서 이는 밖으로 표현될 때 그 의미를 지닌다. 생각을 표현하는 것이 중요한 이유로는 첫째, 생각의 표현을 통해 어떤 새로운 생각이 상황에 적절한지를 검증할 수 있기 때문이다. 둘째, 표현된 생각들이 모여서 창의성이 넘치는 다양한 생각으로 발전할 수 있기 때문이다. 이러한 중요성에도 불구하고 현실에서는 학생들이 자신의 생각을 표현하는 데 주저함을 보이는데, 학생들의 표현을 활성화하기 위해 오 교사가 활용할 수 있는 창의성 향상 방법은 다음과 같다. 첫째, 육색사고모자(six-hat) 기법이다. 학생들은 각 색깔에 맞는 사고 유형을 표현하게 되는데 이때 타인의 비판이 있더라도 자아에 대한 손상 없이 자유롭게 사고하고 표현이 가능하다. 둘째, 브레인스토밍이다. 집단을 이뤄 특정 주제에 대해 자유롭게 사고하고 표현하는데 이때 비판적 태도 금지의 원칙을 적용하여 어떤 표현이더라도 받아들이고 추후에 결합과 개선을 통해 아이디어를 발전시킨다.

164 창의성

창의적인 인재의 육성을 위해 다양한 기법을 적용할 수 있다. 조 교사가 활용하려는 창의성 함양 기법은 다음과 같다. 첫째, 질문 목록에 따라 새로운 아이디어를 자극하는 것은 스캠퍼(SCAMPER) 기법이다. 둘째, 유추의 방법을 통해 기존의 것을 새롭게 바라보는 것은 시네틱스 기법이다. 이때 에듀테크를 활용하여 학습자의 반응을 촉진하기 위한 방안으로는 다음과 같다. 첫째, 스캠퍼를 활용할 때 학생들이 온라인 상에서 자유롭게 대답할 수 있도록 온라인 게시판에 질문하면 익명게시판을 통해 댓글을 달 수 있도록 한다. 둘째, 새롭게 바라본 것을 적극적으로 표현하게 하기 위해 게임 형태의 메타버스 교실을 활용하여 새로운 것을 만들거나 그리도록 한다.

165 자기주도성

2022 개정 교육과정에서는 자기주도 학습 능력 함양을 강조한다. 스스로 학습을 계획하고 실행하는 자기주도 학습이 필요한 이유로는 첫째, 개인적 측면에서 스스로 계획하고 실행하는 과정에서 자신을 반성하게 되고 이를 통해 지속적인 개인의 성장을 도모할 수 있다. 둘째, 사회적 측면에서 변화하는 환경에 스스로가 능동적으로 대응할 수 있는 인재를 육성할 수 있다. 자기주도적 학습의 구체적 수업전략으로는 다음과 같다. 첫째, 자기학업계획서를 작성하게 하여 자신의 상황에 맞는 최적의 학습계획을 수립하게 한다. 둘째, 체크리스트를 제공하고 자기평가의 기회를 부여하여 스스로가 자신의 학습 과정을 성찰하게 한다.

166 자기주도성

자아존중감이란 자신이 가지고 있는 자아개념에 대한 스스로의 평가로서 긍정적 자아존중감과 부정적 자아존중감으로 나뉜다. 제시문의 정훈이는 자신에 대해 부정적 평가를 하고 있어 부정적 자아존중감을 지니고 있다. 이러한 부정적 자아존중감이 지속되는 경우 자신의 능력에 대해 회의적이고 미래에 비관적이게 되어 학습자의 학업성취에 악영향을 미친다. 따라서 이를 개선하기 위한 교사의 지도방안은 첫째, 과거 실패에 대한 인정이다. 예를 들어 실패를 딛고 일어서 위인의 사례, 선배들의 사례를 알려주면서 삶 속에서 실패가 당연히 발생할 수 있음을 인지시킨다. 둘째, 자신의 현재가치에 대한 인식이다. 학생이 현재 가진 장점을 알려주고, 그간의 성과물을 보여주면서 학생의 현재 능력을 존중해준다. 셋째, 미래 성장 가능성에 대한 격려이다. 학생의 장점이 발전한 상황, 예시를 보여주면서 노력을 통해 긍정적 미래를 쟁취할 수 있음을 알려준다.

167 **학습의 개인차**   #학습양식 #장 의존 #장독립

학습자 맞춤형 교육을 위해 개인의 학습양식을 고려해야 한다. 제시문의 주형이는 사회 과목을 좋아하고
타인의 시선을 많이 신경쓰는데 위트킨의 분류에 따르면 이처럼 외적인 장에 영향을 받는 학생의 유형을
장 의존형이라 한다. 장 의존형 학생은 사회적 관계에 관심을 갖고 있으므로 학생 간 협동학습이 적합하며,
동기유발을 위해 언어적 칭찬이나 외적 보상을 활용할 필요가 있다.

168 **학습의 개인차**   #콜브

콜브의 학습유형과 같이 학습자의 학습유형을 분석하는 이유로는 학습자 이해를 통해 학습자 맞춤형
교육을 실현하기 위함이라 할 수 있다. 콜브는 학습자가 사용하는 정보지각 방식과 정보처리 방식에
의해서 학습유형을 4가지로 구분한다. 은유는 구체적 경험을 통해 정보를 지각하고, 동료와 함께 정보를
처리하는데 콜브의 이론에 따를 때 은유의 학습유형은 조절형에 해당한다고 볼 수 있다. 따라서 은유에게는
주어진 문제에 대해 계획을 수립하고 팀 학습을 통해 해결하는 수업인 협동적 문제해결학습이 적합할
수 있다.

169 **학습의 개인차**   #영재교육

교육의 수월성 가치를 추구하기 위해 영재교육을 활성화할 수 있다. 렌줄리의 정의에 의하면 영재아의
특성으로는 첫째, 독창적인 아이디어를 창출하는 높은 창의성, 둘째, 과제에 대한 높은 집착력을 제시할
수 있다. 제시문의 A교육청은 영재아의 교육을 위해 월반제와 같은 속진제를 실시하고자 한다. 속진제의
장점으로는 영재아에게 비효율적일 수 있는 초급단계의 학습을 뛰어넘을 수 있게 하여 시간과 비용상
효율적·경제적이란 점을 들 수 있다. 하지만 속진제의 단점으로는 속도전에 매몰되다보면 결과중심의
수업으로 이루어지고 이로 인해 창의성의 원동력이 될 수 있는 다양한 학습경험을 하는 데 한계를 지닐
수 있다.

170 동기의 기초

학습에서 내재적 동기를 유발하는 것이 중요하다. 내재적 동기란 외적 보상과 상관없이 주어진 과제를 하거나 활동하는 그 자체가 보상이 되는 동기를 의미한다. 학습에서 내재적 동기 유발이 필요한 이유로는 내재적 동기는 스스로의 만족·필요에 의해서 발생하는 것으로 외적 보상이 없더라도 학습을 지속시킬 수 있기 때문이다. 내재적 동기는 학습을 해낼 수 있다는 자신감과 학습에서 배운 내용이 도움이 된다는 유용성이 있을 때 형성될 수 있다. 교실 현장에서 활용할 수 있는 구체적인 내재적 동기 유발 전략으로는 다음과 같다. 첫째, 과제를 성공한 경험을 제시해준다. 학습자의 수준에 적합한 과제를 제시하고 이를 스스로 달성할 수 있게 해줌으로써 학습에 대한 자신감을 형성하게 해준다. 둘째, 학습에서 배운 내용을 활용할 수 있는 실제적 과제를 제시해주어 학습의 전이를 촉진하고 유용성을 느끼게 해준다.

171 동기의 기초

학습 동기는 학습을 위한 행동을 유발하고 지속시키고 강화하는 기능을 한다. 학습 동기에 영향을 미치는 변인으로는 첫째, 과제 변인으로서 과제의 난이도와 흥미도를 들 수 있다. 둘째, 교사 변인으로서 교사의 열정, 온정과 감정이입, 학습자의 성취에 대한 기대 등을 들 수 있다. 따라서 학습 동기를 증진하기 위한 전략으로는 다음과 같다. 첫째, 학습자의 수준을 고려한 과제를 선정한다. 진단평가, 상담 등을 통해 학습자의 인지 수준과 흥미를 파악하여 이에 부합하는 과제를 선정한다. 둘째, 교사 스스로 학습자가 학습에 성공할 수 있다는 자성예언, 자기충족적 예언을 실시한다. 수업 설계 시부터 학습자의 성취가능성을 믿고 목표와 내용, 방법들을 결정한다.

172 인본주의 동기이론

학습자의 학습 동기를 발현하기 위해서 매슬로우의 욕구위계이론을 활용할 수 있다. 이 이론의 특징으로는 첫째, 인간의 욕구를 생리적 욕구부터 자아실현욕구까지 중요도에 따라 계층화하여 제시한다. 둘째, 하나의 욕구가 충족되어야 다음 단계의 욕구가 등장하며 욕구의 퇴행은 존재하지 않는다. 이 이론에 근거할 때 학교 내 학교폭력 문제를 해결해야 하는 이유는 다음과 같다. 학교폭력 문제는 학습자에게 안전의 욕구 또는 사회적 욕구를 충족시켜주지 못하게 된다. 따라서 이를 해결하지 못하면 상위욕구인 자아실현 욕구를 추구할 수 없게 만들어 이와 관련한 학습 동기를 불러일으키지 못하므로 학교폭력 문제를 해결해야 한다.

173   인지주의 동기이론   #자기결정성이론

데시와 라이언의 자기결정성이론에서는 학습자의 유능감, 자율성, 관계성 욕구가 충족되는 경우 자기
결정력이 발생하고 이를 통해 학습 동기가 발생한다고 본다. 제시문의 민주는 계속해서 수학 시험에
실패하여 수포자가 된 학생으로, 현재 결핍된 욕구는 유능감 욕구이다. 이러한 유능감을 충족하기 위한
방안으로는 성공경험 제시를 들 수 있다. 예를 들어 민주의 수학 수준보다 조금 낮은 수준의 과제를
제공하면서 성공 경험을 늘려주면 유능감 욕구를 충족시킬 수 있다. 한편 원격수업 상황에서 학습자의
학습 동기를 높이기 위한 방안은 다음과 같다. 첫째, 자율성 욕구를 충족하기 위해 원격수업 활동 시
과제선택의 기회를 제공한다. 수준별 수학 과제를 제시하고 학습자가 온라인상에서 맞춤형 과제를
선택하도록 한다. 둘째, 관계성 욕구를 충족하기 위해 원격수업에서도 팀 학습을 실시한다. 실시간 쌍방향
화상 수업 내에서 수학 문제 공통 풀이 등을 활용하면서 관계성 욕구를 충족할 수 있다.

174   인지주의 동기이론   #자기효능감

자기효능감이란 어떤 과제를 성공적으로 조직, 실행하는 자신의 능력을 지각하는 특성을 의미하는 것으로
자기효능감이 높은 경우 과업에 집중하고 높은 학업성취를 달성한다. 자기효능감에 영향을 미치는 요인
으로는 첫째, 과거 과제 수행 경험이 있다. 이전에 과제의 성공과 실패 경험이 자기효능감에 영향을
미친다. 둘째, 모방의 대상이다. 자신과 비슷한 사람의 성공과 실패 경험이 자기효능감에 영향을 미친다.
따라서 자기효능감을 증진하기 위한 전략은 다음과 같다. 첫째, 충분한 성공 경험을 제시한다. 학습자
수준보다 조금 낮은 난이도의 과제를 제시하고 점차 과제 난이도를 상승시키면서 성공 경험을 통해
자기효능감을 높일 수 있다. 둘째, 성공모델을 제시한다. 학습자와 능력, 성격 등이 유사한 타인 중 과제
수행에 성공한 타인을 제시하여 이를 모방하게 함으로써 자기효능감을 높일 수 있다.

175   인지주의 동기이론   #귀인이론

귀인이론은 학습의 성공과 실패의 원인을 무엇으로 귀속시키는지에 따라 후속 행동에 미치는 영향을
설명하는 이론이다. 민지는 수학 시험 실패의 원인으로 머리, 즉 능력에 귀인하고 있다. 이처럼 시험
실패의 원인을 통제 불가능하고 안정적인 능력에 귀인함에 따라 노력으로 결과를 바꿀 수 없다는 인식이
발생하였고 이로 인해 수포자가 된 것이다. 따라서 민지를 위한 교사의 지도방안으로는 첫째, 노력 귀인
전략을 들 수 있다. 다른 친구의 사례를 보여주면서 노력이 충분했는지를 점검하도록 한다. 둘째, 전략
귀인 전략이다. 충분한 노력을 했음에도 실패했다고 여겨지는 경우, 수학 공부를 위한 전략에 문제가
없었는지 함께 살피고 다른 전략의 대입을 통해 높은 학업성취를 도모할 수 있다.

176 인지주의 동기이론 #목표지향성

학습자 맞춤형 교육을 위해 학습자가 갖는 목표지향성을 확인할 필요가 있다. 목표지향성이론에서는 숙달목표와 수행목표로 구분하고 회피와 접근의 개념을 추가한다. 제시문의 수영이는 타인과 비교하여 무능하게 보이는 것을 우려하고 학습목표 역시 무시받지 않을 정도로만 설정하는데 이러한 목표지향성을 수행회피 목표라고 한다. 이러한 목표지향의 문제점으로는 학습자로 하여금 도전감 있는 학습목표를 설정하는 데 방해를 불러일으켜 학습자의 성장과 발전에 유의미한 역할을 하지 못한다는 점을 들 수 있다. 따라서 수영이를 위한 구체적 지도방안은 다음과 같다. 첫째, 수행목표를 지니는 학생은 외적 보상에 민감하므로 적당히 도전적 목표를 설정했을 때 더 큰 강화를 부여한다. 둘째, 지나친 타인과의 비교에서 벗어날 수 있도록 스스로 학습목표를 설정하고 점검할 수 있도록 체크리스트를 제공한다.

177 인지주의 동기이론 #성취동기

성취동기란 도전적이고 어려운 과제를 성공적으로 수행하려는 욕구를 의미한다. 제시문의 은아는 실패의 원인을 노력에 귀인하는 학생으로 실패하더라도 동기가 증가하는 성공 추구 학습자이다. 반면 규태는 실패의 원인을 능력에 귀인하고 변명을 통해 실패를 회피하려는 학생으로 실패 회피 학습자이다. 은아와 같은 성공 추구 학습자를 위한 교수전략은 적당히 어려운 과제를 제시하여 실패하더라도 전략의 수정을 통해 성취욕을 달성하도록 유도한다. 규태와 같은 실패 회피 학습자는 외적 보상에 민감하므로 성공에 대해 지속적으로 강화하고 새로운 과제에 도전하는 경우 더 큰 보상과 칭찬을 해주는 교수전략을 취할 수 있다.

178 인지주의 동기이론 #기대가치

기대가치이론에서는 과제를 성공적으로 수행할 수 있다는 믿음인 기대와 행동의 결과물에서 찾을 수 있는 가치에 따라 행동의 정도가 달라진다고 본다. 이 이론에 근거하여 한국 학생들의 수학 과목에 대한 학습동기가 낮은 이유를 설명하면 다음과 같다. 첫째, 자신이 수학을 잘하는지에 대해 확신이 없어서 성공에 대한 기대가 낮기 때문이다. 둘째, 수학과목에서 배운 내용을 다른 곳에 활용하려는 인식이 낮아 수학에 대한 내재적 가치 또한 낮기 때문이다. 따라서 수학 과목의 학습동기를 높이기 위한 학습과제 구성 방안은 다음과 같다. 첫째, 학습자 수준에 맞는 적정한 난이도의 과제를 제시하여 성공 경험을 통해 기대감을 느끼게 한다. 둘째, 현실 생활에 도움이 되는 수학적 내용을 알려주고 이를 적용할 수 있는 기회를 주어 과제의 가치를 인식하게 한다.

179 인지주의 동기이론

#TARGET원리

학습동기를 유발하기 위해 TARGET 원리를 적용할 수 있다. 유 교사가 사용할 수 있는 학습동기 촉진방안은
다음과 같다. 첫째, 학습자 수준을 고려하면서 도전적인 과제를 제시하여 과제 수행 욕구를 자극한다.
둘째, 타 학생과 협력해서 학습 문제를 해결할 수 있는 협동학습을 통해 학습의 흥미도를 불러일으킨다.
셋째, 학습에 필요한 충분한 시간을 제공하여 과제수행에 대한 부담감을 줄여준다.

180 발달에 대한 이해

#생태이론

학생에 영향을 미치는 환경의 개념을 확장한 생태이론에 근거할 때, A중학교 학생들의 학교생활 만족도에
영향을 미치는 요인은 다음과 같다. 첫째, 학생이 직접적으로 상호작용하는 미시체계로서 설문조사에서와
같이 또래, 교사, 학부모와의 관계가 이에 해당한다. 둘째, 미시체계들 사이의 상호작용인 중간체계로서
학부모의 학교 참여이다. 설문조사에서 보듯이 부모가 학교 참여에 적극적이면 학생의 학교생활 만족도가
향상된다. 셋째, 아동의 성장과정에서 발생하는 시간체계로서 과거의 사건이다. 중학교 이전의 불행한
경험이 상급학교에서의 만족도에 영향을 미친다.

181 인지적 영역 발달

#피아제

발달이 학습에 선행한다고 보면서 아동의 발달에 있어서 사회적 환경의 소극적 역할을 강조한 이론을
피아제의 인지발달이론이라고 한다. 이 이론에 근거할 때 인지발달이 나타나게 된 과정은 다음과 같다.
첫째, 새로운 환경과 기존 인지구조가 일치하지 않는 불평형의 상태를 동화와 조절이라는 적응의 과정을
통해 평형화시키는 과정에서 발달이 나타난다. 둘째, 평형화된 상태를 일관성 있는 체계로 형성하도록
더 높은 수준의 체계로 통합하는 조직의 과정에서 발달이 나타난다. 피아제는 조작의 발달 정도에 따라
인지발달단계를 구분하면서 가장 상위의 단계로 형식적 조작기를 제시한다. 형식적 조작기 단계에서
나타나는 발달의 모습은 다음과 같다. 첫째, 추상적 사고이다. 이 단계에서는 눈에 보이지 않는 추상적인
개념뿐 아니라 추상적인 관련성을 이해한다. 둘째, 가설연역적 추리이다. 현상에 대해 여러 가설을 세우고
이를 검증하는 자료를 수집하여 문제 해결에 도달한다.

182 | 인지적 영역 발달 | #비고츠키 #근접발달영역

비고츠키는 타인과의 사회적 관계 속에서 상호작용을 통해 인지발달이 나타난다고 본다. 따라서 협동학습의 장점으로는 학습자 혼자서는 문제를 해결할 수 없지만 성인의 안내 또는 친구와 협동을 통해 성공적으로 문제를 해결할 수 있는 영역인 근접발달영역(ZPD) 내의 학습내용을 학습할 수 있다는 것을 들 수 있다. 이때 교사는 ZPD 학습을 위해서 비계를 설정할 수 있는데, 구체적인 방법으로는 다음과 같다. 첫째, 모델링이다. 교사가 직접 효율적인 과제 수행 모습을 보여주거나 문제에 내포한 의미를 설명한다. 둘째, 소리내어 생각하기이다. 과제를 수행하는 과정 속에서 자신의 생각을 말로 표현하는 과정을 거친다. 셋째, 길잡이와 힌트를 제공하는 것이다. 학습하는 방법에 관해서 알려주거나 과제 수행과정에서 필요한 힌트를 제공한다.

183 | 인지적 영역 발달 | #피아제 #비고츠키

05

인지적 영역의 발달을 위해 피아제와 비고츠키의 발달이론을 활용할 수 있다. 차 교사는 새로운 상황·문제를 통해 학습자의 고정관념을 깨뜨리도록 하는데 이러한 수업전략은 피아제의 인지발달이론에서 강조한 대립전략이라 할 수 있다. 반면 강 교사는 질문과 힌트를 통해서 학습을 도와주는데 이러한 수업전략은 비고츠키의 인지발달이론에서 강조한 스캐폴딩 전략이라 할 수 있다. 각각의 수업전략이 갖는 교육적 효과는 다음과 같다. 대립전략은 학생들의 기존 인지구조와 새로운 내용과의 불일치를 고의로 일으켜 학습자가 학습내용에 대해 집중하게 만들고 스스로 학습내용이 갖는 의미를 재발견하도록 돕는다. 스캐폴딩 전략은 교사와의 협동을 통해 혼자서는 학습하기 곤란했던 근접발달영역의 학습내용을 학습하도록 도와준다.

184 | 인지적 영역 발달 | #피아제 #비고츠키

피아제와 비고츠키는 인지발달과 언어와의 관계를 서로 다르게 인식한다. 피아제의 경우는 언어는 인지발달의 부산물이라고 가정하면서 인지발달이 먼저 일어나고 이후 언어발달이 나타난다고 본다. 반면 비고츠키의 경우 인지발달은 언어발달과 독립적이라고 보면서 언어는 학습과 발달을 매개하는 역할을 수행한다고 본다. 한편 제시문의 지훈이는 학습 시 혼잣말을 하는데, 혼잣말에 대해서 피아제는 미성숙하고 자기중심적인 성향을 대변한다고 보는 반면, 비고츠키는 혼잣말이 문제해결을 위한 사고의 도구라고 보면서 혼잣말의 긍정적 기능을 존중한다.

185   성격발달   #에릭슨

에릭슨은 생애주기에서 각 단계별로 직면하는 심리사회적 위기를 해결하는 과정에서 성격이 발달한다고
본다. 제시문의 지희의 경우 6살 때부터 방치되어 무엇인가를 성취한 경험이 부족하다. 즉 에릭슨의
이론에 따를 때 근면성 대 열등감 시기에 성공경험이 부족하여 근면성의 형성이 곤란했다. 지희의 문제를
해결하기 위해 교사가 실행할 수 있는 전략은 다음과 같다. 첫째, 지희가 주도적으로 무엇인가 행동할
수 있도록 계획 수립을 조언한다. 이때 스스로 학업계획서를 작성하게 하고 이를 숙달시키도록 조력한다.
둘째, 지희가 성공할 수 있는 과제를 제공하고 성공 시에는 칭찬하고, 실패 시에는 피드백을 제공하면서
지희가 잘할 수 있는 것을 알게 한다.

186   성격발달   #마샤 #정체감

마샤의 정체성 지위 이론에서는 학습자가 무엇에 전념하고 있는지 여부, 정체성을 갖기 위해 노력했는지
여부(정체성 위기)에 따라 학습자의 정체성을 4가지로 분석한다. 제시문의 성현이는 진로에 대해 고민도
하지 않았고 주도적으로 무엇인가 전념하지 않으므로 정체성 혼미상태라고 할 수 있다. 따라서 성현이의
정체성을 확립시키기 위한 교사의 역할로는 다음과 같다. 첫째, 과업에 전념하기 위해 각 분야에 전념하여
성공한 사례를 제시하여 전념할 동기를 부여한다. 둘째, 위기를 경험하도록 학습자의 현 상태를 진단하고
질문이나 과제를 통해 학습자가 고민할 거리를 제공한다.

187   사회성 발달   #사회성

학생들의 균형있는 성장을 위해 학교에서 사회성을 함양할 필요가 있다. 사회에서 타인과 공동생활에
잘 적응하는 개인의 소질이나 능력인 사회성의 하위 구성요소로는 첫째, 타인과의 직접적인 상호작용,
둘째, 타인에 대한 공감과 배려를 들 수 있다. 따라서 교실 현장에서 사회성을 발달시킬 수 있는 구체적
실행방안으로는 다음과 같다. 첫째, 다양한 모둠별 체험활동을 통해 직접적인 상호작용의 기회를 늘린다.
둘째, 다양한 역할을 수행하는 역할극 등을 통해 타인에 대한 공감과 배려의 정신을 함양한다.

188 사회성 발달 #셀만 #조망수용능력

학생들의 사회성 함양을 위해 사회적 조망수용 이론을 활용할 수 있다. 사회적 조망수용 능력이란 자신과 타인을 객체로 이해하고 타인의 관점에서 자신의 행동을 인지함으로써 타인의 의도·태도·감정을 추론하는 능력을 의미한다. 학생의 조망수용 능력 형성에 영향을 미칠 수 있는 요인은 다음과 같다. 첫째, 가정환경이다. 가정 내의 애착 관계는 타인에 대한 공감 능력에 영향을 미친다. 둘째, 교사이다. 교사는 바람직한 상호작용의 모델로서, 학생을 이해하고 감정이입하는 교사의 태도를 학생들이 모델로서 영향을 받게 된다. 셋째, 또래집단이다. 또래집단은 학생 소속감의 원천으로서 또래 활동을 통해 협동심·규칙에 대한 개념을 형성한다.

189 도덕성 발달 #도덕성 #피아제

피아제는 아동이 성장함에 따라 규칙을 이해하는 방식의 변화를 3단계로 구분한다. 이때 가장 상위의 단계를 자율성과 도덕적 상대주의라고 한다. 이 단계에서는 규칙이란 사람에 의해 만들어졌으므로 타인과의 상호작용을 통해 수정 가능하다는 상대주의적 관점을 따른다. 이 관점에서는 행동의 결과가 아니라 행동의 의도로 선악을 판단한다. 따라서 실수로 창문 2개를 깨뜨린 진욱이에 비해 고의로 규칙을 어긴 행동을 하다가 창문 1개를 깨뜨린 준영이가 더욱 악한 행동을 했다고 평가할 수 있다. 한편 도덕성 발달을 위해서 담임교사로 실행할 수 있는 전략으로는 학생들이 규칙의 상대주의적 관점을 깨달을 수 있도록 학급 내 규칙을 학생 스스로 형성하고 주기적으로 규칙의 개선점을 찾고 개정해보는 학급 회의를 실시할 수 있다.

190 도덕성 발달 #콜버그 #도덕성

콜버그는 도덕적 딜레마 상황을 제시하고 행동에 대한 이유에 따라 도덕성 발달 수준을 3수준 6단계로 구분한다. 이중 3단계는 착한아이를 지향하는 단계로 이 단계의 학생은 제시문과 같은 상황에서 아이를 살리는 행위가 타인으로부터 칭찬을 받을 것이기 때문에 운전을 해야 한다고 말한다. 또한 4단계는 사회질서와 권위를 지향하는 단계로 이 단계의 학생은 제시문과 같은 상황에서 음주운전으로 절대적인 법과 질서를 준수하지 못할 수 있으므로 운전을 하지 않는다고 말한다. 이 이론이 도덕성 교육에 주는 시사점 2가지는 다음과 같다. 첫째, 딜레마 상황을 제시하고 토론하게 하는데, 이는 지식중심의 도덕성 교육에서 벗어나 토론식 도덕 교육의 근거가 된다. 둘째, 학습자별로 도덕성 발달 단계를 점검하게 하고 이에 맞는 도덕성 교육을 실시할 수 있는 이론적 기반이 된다.

191   도덕성 발달   #콜버그 #길리건 #도덕성

콜버그의 도덕성 발달이론은 단계별 도덕성 발달수준을 제시했다는 의의가 있지만 길리건은 이를 남성중심의 구분이라고 비판한다. 특히 소년은 어려서부터 독립적·추상적 사고위주의 교육을 받고 소녀는 양육자로서의 성장을 강조하는 교육을 받으므로 남녀 간에는 다른 유형의 도덕적 추론을 할 수 밖에 없으므로 이를 고려하지 않은 콜버그의 이론은 성 차별적이라는 것이다. 이에 대한 대안으로 배려의 윤리를 제시하고 도덕성 발달 단계를 3단계 2전환기로 구분한다. 이때 도덕성 발달을 위한 2가지 방안은 다음과 같다. 첫째, 이기심에서 책임감으로 전환시켜주기 위해 또래 상담 등을 통해 타인과의 애착관계를 형성시킨다. 둘째, 선에서 진실로 전환시켜주기 위해 사회문제에 관한 토론활동 등을 통해 보편적 도덕 원리를 학습한다.

192   행동주의 학습이론   #처벌 #행동주의

학생의 올바른 성장을 위해 처벌 사용에 유의해야 한다. 바람직하지 않은 행동을 감소시키려는 처벌이 필요한 상황으로는 첫째, 다른 학생의 학습권을 침해하는 경우, 둘째, 공식적인 학교 규칙을 위반하는 경우를 들 수 있다. 다만 처벌은 학생들에게 심리적 스트레스를 줄 수 있으므로 다음의 사항을 유의해야 한다. 첫째, 처벌의 수용도를 높이기 위해서 바람직하지 않은 행동이 발생한 직후에 처벌을 하여야 한다. 둘째, 처벌의 교육적 효과를 극대화하기 위해 처벌과 동시에 바람직하지 않은 행동을 대체할 대안을 제시해야 한다.

193   행동주의 학습이론   #조형 #소거 #행동주의

학생 행동 변화를 위해 조형과 소거를 적용할 수 있다. 조형이란 단계적으로 학습자의 행동을 분화하여 강화를 통해 차근차근 목표 행동에 도달하게 하는 방법을 의미한다. 소거란 형성된 자극-반응의 조건화에 대하여 강화를 제공하지 않으면서 강화된 행동을 제거하는 것을 의미한다. 이를 활용하여 주안이의 태도를 바꿀 수 있는 방법은 다음과 같다. 첫째, 조형의 방법을 사용할 경우 먼저 숙제를 위한 시간계획을 수립하면 강화물을 제공한다. 이후 계획에 따른 행동을 할 때 강화물을 차근차근 제공하면서 시간 내에 숙제를 제출하도록 하는 습관을 기르게 한다. 둘째, 소거의 방법을 사용하는 경우, 먼저 산만한 행동을 할 때마다 교사는 매번 응답을 해주면서 산만한 행동과 교사의 반응을 조건화한다. 이후 주안이가 산만한 행동을 하더라도 교사가 무응답하게 되면 주안이의 산만한 행동이 소거될 수 있다.

194 행동주의 학습이론 #강화계획

학교에서 외적 강화물을 제공할 때는 학습자의 특성을 고려해서 과정당화 현상이 나타나지 않도록 유의해야 한다. 과정당화란 내재적 동기가 있는 학습자에게 외재적 보상이 주어지면 과제가 보상을 위한 수단으로 인식되게 되고, 이후 외재적 보상이 없으면 그 행동을 감소시키는 것을 의미한다. 혜민이의 경우 어려서부터 어려운 수학 문제 풀이에 내재적 동기가 있었다. 그러나 선생님이 칭찬스티커를 제공하게 되자 내재적 동기가 손상되었고 강화를 받기에 쉬운 문제만 풀게 되는 과정당화 현상이 나타났다. 따라서 학교에서 보상을 제시할 때는 다음의 사항을 유의해야 한다. 첫째, 학습자의 수준과 적성 등 특성을 파악하고 그에 맞는 보상체계를 제시해야 한다. 둘째, 학생의 높은 반응률, 반응의 지속성 등을 확보하기 위해 강화계획을 수립하고 이에 따라 일관된 보상을 적용해야 한다.

195 행동주의 학습이론 #프리맥의 원리

강화 효과를 극대화하기 위해 강화원리와 강화계획을 적절히 적용할 필요가 있다. 남 교사는 좋아하는 행동을 좋아하지 않는 행동의 강화물로 사용하려고 하는데 이와 같은 강화의 원리를 프리맥의 원리라고 한다. 이 원리를 적용할 때 유의점은 좋아하는 행동은 학습자의 성장 등에 의해 수시로 변화할 수 있으므로 좋아하는 행동이 변화되면 강화물 역시 변경해야 한다는 것이다. 한편 정 교사는 학생의 반응률을 높이고자 하는데, 이때 실시할 수 있는 강화계획으로는 변동비율 강화계획이 있다. 예를 들어, 세 번 질문을 했을 때 호기심스티커를 주다가 이후에 다섯 번 질문을 했을 때 호기심스티커를 주는 등 강화물의 제공 횟수를 변화시키면서 학생의 반응률을 높일 수 있다.

196 행동주의 학습이론 #관찰학습 #대리강화 #모델링

행동에 대한 직접적인 강화 없이도 대리강화를 통해 행동을 변화시킬 수 있다. 교육 현장에서 대리강화가 효과적인 이유로는 일대다의 교육 현장에서 모든 학생들의 행동마다 강화를 하는 것은 현실적으로 곤란하므로 대리강화를 통해 다수 학생의 행동을 한번에 교정하기 용이하다는 것을 들 수 있다. 대리강화의 효과를 극대화하기 위해서는 모방을 촉진하는 모델을 제시해야 한다. 이때 모델을 제시하는 전략으로는 다음과 같다. 첫째, 학습자와 모델 간의 유사점이 높을수록 모방이 촉진되므로 다수의 학생의 공통된 특성을 지닌 모델을 제시한다. 둘째, 모델이 높은 능력과 지위를 가지면 모방이 촉진되므로 다수의 학생이 믿고 따를 수 있는 위인의 사례를 제시한다.

197 인지주의 학습이론

#주의집중

학습 효과를 극대화하기 위해 적절한 수업전략을 실시할 수 있다. 이 교사는 학생들의 주의집중도를 높이고자 하는데, 이를 위한 방법으로는 다음과 같다. 첫째, 해당 차시에서 배울 내용을 수업 도입부에 간단하게 요약해서 제시하고, 본격적으로 설명하기 전에 이를 다시 한 번 강조하여 일종의 칵테일파티 효과가 일어나도록 한다. 둘째, 중요한 내용을 설명하기 전에 박수를 치거나 칠판을 두드리는 물리적 행위를 통해 학생들의 주의집중을 유도할 수 있다. 한편 이 교사가 활용할 수 있는 기억용량의 한계를 극복하는 방법은 다음과 같다. 첫째, 청킹이다. 서로 관련된 여러 자극을 하나의 정보 또는 묶음으로 인식하게 하면서 기억에 대한 부담감을 줄인다. 둘째, 이중부호화이다. 이는 언어설명과 더불어 시각적 정보를 연계시켜 파지를 돕는다.

198 인지주의 학습이론

#인출 #설단현상

정보를 장기기억에 파지하더라도 상황에 따라 인출에 실패한다. 제시문의 현준이의 경우 책을 흥미롭게 읽고 기억도 했지만 질문에 대해서 명확한 답을 하지 못했다. 현준이처럼 기억한 내용이 어렴풋이 생각만 나고 정확하게 기억이 나지 않는 현상을 설단현상이라고 한다. 책을 읽을 때 추후 인출을 촉진하기 위한 연습 전략은 다음과 같다. 첫째, 사전검토이다. 제목, 소제목, 전체적 구조를 빠르게 훑어보고 소제목을 이용하여 개요를 작성하는 방법이다. 둘째, 숙고이다. 사전검토 후 주요 내용을 질문하고 질문과 책을 읽으면서 질문과 관련한 중요 내용을 정리한다. 이때 조직화·심상화 전략을 활용한다.

199 인지주의 학습이론

#부호화

학습 내용을 장기기억에 파지시키기 위해 다양한 전략을 사용할 수 있도록 도와야 한다. 수업 시간에 배운 내용을 정확하게 장기기억에 파지하는 것을 부호화라고 하는데, 부호화를 위한 교사의 실행전략은 다음과 같다. 첫째, 정교화 전략이다. 학습자의 사전 경험에 근거하여 새로운 정보를 장기기억에 저장된 정보와 연결시키는 전략이다. 둘째, 조직화 전략이다. 공통 범주나 유형을 기준으로 하여 새로운 정보를 장기기억에 저장된 정보와 연결시키는 전략이다. 셋째, 심상화 전략이다. 새로운 정보를 학생 마음속에 그림으로 만들어 기억을 촉진하는 전략이다.

200 인지주의 학습이론   #메타인지

메타인지란 자신의 인지과정 전체를 지각하고 통제하는 정신활동으로서 계획, 점검, 평가하는 일련의
활동을 의미한다. 메타인지의 교육적 효과로는 첫째, 자신에 맞는 최적의 학습환경을 스스로 창조하여
학업성취 수준을 제고할 수 있다. 둘째, 스스로 학습할 수 있다는 자신감을 들게 할 수 있다. 이러한
메타인지를 가르치는 방안으로는 다음과 같다. 첫째, 스스로 학습을 계획할 수 있도록 시범을 보여주거나
학습을 점검할 수 있는 체크리스트를 제공한다. 둘째, 메타인지의 중요성을 설명해주고 동기를 부여하여
학습에 대한 자신감을 불러일으킨다.

201 인지주의 학습이론   #망각

망각 발생을 최소화하면서 학습 효과를 높일 수 있다. 망각은 학습 내용을 일시적 또는 영속적으로 떠올리지
못하는 것을 의미한다. 효진이는 1번 문제를 풀 때 지난 시간에 쉽게 이해한 내용을 잊었는데 이처럼
시간이 지남에 따라 기억의 흔적이 사라지는 것을 쇠퇴라고 한다. 또한 효진이는 2번 문제를 풀 때 이전에
배운 내용이 새로운 정보의 기억을 방해하였는데, 이를 (순행)간섭이라고 한다. 이러한 망각을 방지하기
위한 교수학습 전략은 다음과 같다. 첫째, 쇠퇴를 방지하기 위해 지속적으로 반복하여 암송하는 등 복습을
하게 한다. 둘째, 간섭을 방지하기 위해 이전의 정보와 새로운 정보가 유사한 경우 차이점을 중심으로
학습하도록 한다.

202 인지주의 학습이론   #전이

전이란 선행학습이 새로운 학습에 영향을 미치는 것 또는 새로운 학습을 다른 상황에 적용하는 것을
의미한다. 전이에 영향을 미치는 요인으로 첫째, 선행학습에 대한 이해력 등 선행학습 수준, 둘째, 새로운
학습과 상황과의 연관성을 들 수 있다. 따라서 전이를 촉진시키기 위한 방안으로는 다음과 같다. 첫째,
수업의 도입부에서 선행학습에 관해 충분한 회상의 과정을 거친다. 이때 선행학습에서 핵심적인 부분을
요약하고, 새로운 학습과 연결할 수 있는 부분 중심으로 설명한다. 둘째, 개념이나 이론 설명 시 이를
현장에 적용한 예시와 연습문제를 제시한다.

203 효과적인 교수   #교사효능감

교사의 자기 효능감이란 교사에게 부여된 업무를 수행하기 위해 필요한 다양한 능력(교수학습능력, 생활
지도능력, 학급경영능력)에 대한 스스로의 판단 혹은 신념을 의미한다. 자기효능감이 높은 교사의 특징
으로는 첫째, 가르치는 능력에 대한 높은 믿음을 바탕으로 교수학습 개선에 적극적이다. 둘째, 학생들이
긍정적으로 변화할 것이라는 믿음을 바탕으로 학습자의 내재적 동기를 유발하는 수업을 실시한다. 교사의
자기효능감을 높이기 위해 학교차원의 실천방안은 다음과 같다. 첫째, 교사 스스로 자신의 수업역량 등을
평가할 수 있는 기회를 부여하여 자신의 능력에 대한 믿음을 심어준다. 둘째, 전문적 학습공동체를 통해
학생들을 변화시키는 다양한 노하우를 공유한다.

204 효과적인 교수   #자기충족적 예언

효과적인 교수를 위해 교사의 기대를 적극적으로 활용할 필요가 있다. 고 교사는 사실이 아니더라도
학생에게 어떠한 기대를 하면 실제로 이루어진다는 것을 강조하는데 이러한 기대효과의 명칭을 자기충족적
예언(자성예언)이라고 한다. 따라서 학생을 그 자체로 바라보고 학생의 잠재가능성을 극대화하기 위해
교사의 기대가 주는 부정적 효과를 최소화해야 하는데, 이를 위한 구체적 방안은 다음과 같다. 첫째,
새로운 학급을 경영하는 경우 이전연도 학교생활기록부나 타 교사의 평가 자료는 단순 참고자료로만
활용한다. 둘째, 수업 중에는 특정 학생만 지목하여 학습에 참여시키거나 참여 활동에 대한 과한 반응을
지양한다.

205 효과적인 교수   #교수전략

수업 효과를 극대화하기 위해 성공적인 교사와 교수전략을 인식해야 한다. 수업에 성공하는 교사의
특성은 다음과 같다. 첫째, 인지적 측면에서 교과에 대한 지식과 가르치는 방법에 관한 교수내용지식을
가진다. 둘째, 정의적 측면에서 교직에 대한 높은 동기, 높은 교사 효능감을 가진다. 한편 학습자의
학습참여가 강조되는 현실에 적합한 촉진적 교수전략은 다음과 같다. 첫째, 수업 중 적절한 질문을
활용하고 학생 대답에 대한 피드백을 통해 교사의 열정이 학습자에게 전달되도록 한다. 둘째, 수업 정리
부분에서 학생 의견을 적극 반영하여 후속 학습 과제를 마련하여 학생들의 공감을 불러일으키는 수업을
계획한다.

206 생활지도의 기본적 이해 #생활지도

인간의 존엄성을 강조하는 인본주의 교육관에 근거한 생활지도의 목적은 인간의 온전한 자아실현에 있다. 이러한 목적은 모두가 함께하는 교육을 통해서 달성될 수 있는데, 이를 위해 지켜야 할 원칙은 다음과 같다. 첫째, 구체적 조직의 원칙이다. 학교 내 협력의 일환으로서 상담교사를 중심으로 여러 교과 교사로 구성된 전담팀을 구성하여 생활지도를 체계적으로 실시한다. 둘째, 협동성의 원칙이다. 학교 외 협력의 일환으로서 대학이나 지역센터와 같은 지역사회 자원과 연계하면서 종합적인 생활지도를 실시할 수 있다.

207 진로지도의 기본적 이해 #진로지도

학습자의 올바른 진로지도를 위해 개인 검사를 유의해서 활용해야 한다. MBTI와 같은 개인 검사 시 유의점은 다음과 같다. 검사 결과에 대한 과잉해석을 피해야 한다. 진로지도를 위해서는 개인의 경험과 실제 행동에 따라 학생을 판단하는 것이 필요하므로 개인 검사 자료는 참고자료로만 활용한다. 둘째, 다양한 검사를 활용해야 한다. MBTI와 같은 검사는 특정 측면만을 살피는 것이기 때문에, 다양한 검사를 활용하여 개인의 성향과 특성을 더욱 정확하게 파악할 필요가 있다. 개인 검사 외 학교 내에서 실시할 수 있는 구체적 진로지도 방안으로는 다음과 같다. 첫째, 교과 연계 진로지도이다. 교과목에서 배우는 지식과 관련한 직업을 조사하게 하여 교과 내에서 자연스럽게 진로지도가 이루어지도록 한다. 둘째, 외부 강사를 초청한다. 특정 전문성을 가진 외부 강사를 통해 자신의 진로선택 경험을 공유한다.

208 생활지도 · 진로지도 이론 #파슨스 #로우 #진로지도

개별 특수성에 맞는 맞춤형 진로지도를 위해 파슨스와 로우의 이론을 활용할 수 있다. 파슨스에 따를 때 진로지도 시 고려해야 할 요인은 다음과 같다. 첫째, 학습자 개인의 적성, 흥미, 가치, 성격 등 개인이 가진 고유의 특징을 고려한다. 둘째, 직무에서 요구하는 조건, 직무내용의 특징을 고려한다. 한편 로우에 따를 때 학습자를 이해하기 위해 추가적으로 확인해야 할 사항으로는 유아기에 아동과 부모와의 관계를 들 수 있다. 아동이 최초로 경험하는 부모와의 관계가 아동의 욕구에 영향을 미치므로 진로지도를 위해 이를 파악할 필요가 있다.

209 생활지도 · 진로지도 이론

#홀랜드 #육각형모형

맞춤형 진로지도를 위해 홀랜드의 RIASEC을 활용할 수 있다. RIASEC은 개인과 직업 환경에 대해 유형을 구분하고 유사한 유형들의 매칭을 강조하는 모형이다. 이 모형에 따른 진로지도의 의의로는 학습자의 성격을 유형별로 구분하여 개인의 성격별로 최적화된 맞춤형 진로지도가 가능하다는 점을 들 수 있다. 제시문의 혜영이의 경우 사람들과 어울리는 것을 좋아하면서도 기계 · 도구 등에는 관심이 없는데, RIASEC에 따를 때 혜영이의 성격 유형은 사회형이라고 할 수 있다. 사회형은 가르치거나 봉사에 관심이 많으므로 혜영이에게 적합한 직업은 교사와 같은 교육자를 들 수 있다.

210 생활지도 · 진로지도 이론

#크럼볼츠 #사회학습이론

사회학습이론에서는 진로 결정에 다양한 요인이 영향을 미친다고 본다. 진로 결정에 영향을 주는 요인으로는 다음과 같다. 첫째, 환경적 측면에서 사회 · 경제적 여건, 취업과 훈련의 기회, 사회정책과 같은 환경적 조건과 사건이 있다. 둘째, 개인적 측면에서 개인이 환경을 이해하고 미래를 예견하는 능력 등인 과제접근기술이 있다. 또한 크럼볼츠는 "계획된 우연"이라는 개념을 제시하였는데 이는 개인의 계획과 노력이 우연한 사건과 만나 성공으로 이어질 수 있다는 것을 의미한다. 이를 촉진하기 위한 교사의 진로지도 방안으로는 다음과 같다. 교사가 학생들에게 다양한 직업과 관련된 정보를 제공하고, 직업체험활동을 통해 직업에 대한 경험을 쌓을 수 있도록 지원한다.

211 생활지도 · 진로지도 이론

#블라우

진로교육을 통해 학교에서의 배움과 학생의 삶을 일치시키는 교육이 가능하다. 이를 위한 구체적인 방법으로는 첫째, 교과 간 연계를 통해 통합주제 중심으로 진로 교육을 실시한다. 둘째, 학생이 직업 현장을 직접 방문하는 직업체험, 진로캠프 등을 실시하여 진로 교육의 현장 적합성을 높인다. 한편, 블라우는 학생의 진로 결정에 사회적 요인이 영향을 미친다고 본다. 이때 사회적 요인으로는 다음과 같다. 첫째, 가정이다. 진로교육을 할 때 자녀에 대한 부모의 기대, 가족의 가치관, 부모의 사회경제적 지위 등이 학생의 진로 결정에 영향을 미친다. 둘째, 지역사회이다. 지역사회의 가치관, 지역사회 자원 등도 진로 결정에 영향을 미친다. 이처럼 사회적 요인을 고려한 진로교육을 통해 배움과 삶을 일치시키는 교육을 실시할 수 있다.

212 정신건강 #시험불안

시험은 학생들의 학습결과를 평가하는 것으로서 필연적으로 불안을 발생시킨다. 시험 시 발생하는 불안의 순기능으로는 적절한 긴장을 통해 주의집중력을 향상시킨다는 것을 들 수 있다. 이러한 불안을 촉진적 불안이라 한다. 반면 불안의 역기능으로는 불안이 지나친 경우 정신적 스트레스를 가져와 신체적 악영향을 미칠 수 있다는 것을 들 수 있다. 이러한 불안을 방해적 불안이라 한다. 제시문과 같이 발표시험에 따른 불안을 최소화하기 위한 교사의 실행전략은 다음과 같다. 첫째, 잦은 발표는 방해적 불안을 유발하므로 적당한 횟수로 실시하고 발표를 만회할 대안적 과제를 제공한다. 둘째, 경우에 따라서는 학생들 앞이 아닌 별도의 공간에서 교사를 대상으로만 발표하게 하여 학생들의 발표 부담을 덜어준다.

213 정신건강 #방어기제

학생들의 인격적 성장을 위해 스트레스로부터 자신을 보호하는 전략을 알려줄 필요가 있다. 시험 실패로 인한 스트레스를 방어할 수 있는 기제로는 다음과 같다. 첫째, 보상이다. 시험 실패에 따른 열등감과 무력감을 극복하기 위해 다른 행동을 선택하는 것으로서 시험을 실패했지만 잘하는 운동에 집중하게 하는 방법을 예시로 들 수 있다. 둘째, 합리화이다. 시험 실패에 대해서 자신의 무능이 아니라, 외적인 요인에 두는 것으로서, 아파서 시험공부를 충분히 하지 못했다고 변명하는 것을 예시로 들 수 있다. 셋째, 백일몽이다. 공상의 세계에서 만족감을 구하는 것으로 시험을 잘 치른 자신을 상상하며 만족감을 느끼는 것을 예시로 들 수 있다.

214 상담의 기본적 이해 #상담 #비밀보장의 원칙

진실한 상담을 위한 기본 조건으로 래포 형성을 들 수 있다. 래포는 상호간의 신뢰하고 감정적으로 친근감을 느끼는 인간관계로서 이를 갖추기 위해 상담자인 교사의 태도로는 경청을 들 수 있다. 경청을 통해 학생(내담자)의 고민을 수용하고 공감하면서 교사-학생간 래포 형성이 가능하다. 진실한 상담을 위해 상담의 내용은 외부에 발설해서는 안 되는데, 이러한 원칙을 비밀보장의 원칙이라 한다. 특별한 경우가 아니면 이 원칙을 준수해야 하는데, 특별한 사유로는 「아동·청소년의 성보호에 관한 법률」에 근거하여 상담 과정에서 내담자(학생)에 대한 성범죄의 발생 사실을 알게 된 때를 들 수 있다. 이 경우 비밀보장의 원칙을 파기하고 즉시 수사기관에 신고하여야 한다.

215   상담의 기본적 이해   #집단상담

학교 현장에서는 개별상담 외에 집단 상담이 활용되기도 한다. 집단상담의 장점은 한 번에 여러 학생들을 상담할 수 있어 시간과 비용상 효율적이나, 단점으로는 개별 맞춤형 상담이 곤란하며 개인이 가지고 있는 문제를 심층적으로 이해하는 데 한계가 있다는 점을 들 수 있다. 학생들의 문제를 명확히 이해하기 위해 활용할 수 있는 집단상담 기법으로는 다음과 같다. 첫째, 적극적 경청이다. 집단 구성원들이 가지고 있는 문제를 경청하면서 학생들이 가지고 있는 문제를 명확하게 이해할 수 있다. 둘째, 명료화하기이다. 집단 상담은 개별 상담에 비해 개인에게 할애 할 수 있는 시간이 많지 않은데, 구성원들의 의견을 명확하게 하거나 그러기를 요구하면서 학생들이 가진 문제를 명확하게 이해할 수 있다.

216   학생상담이론   #프로이트 #행동주의 상담

인간에 대한 관점에 따라 상담과정과 기법이 달라진다. 유 교사는 무의식을 가진 인간을 전제하며, 황 교사는 인간의 본성은 중립적이고 외부 자극에 의해 반응하는 인간이라고 전제한다. 세훈이는 학생들 앞에서 발표하는 것을 어려워하는 문제를 지니고 있는데, 각 교사의 인간관에 근거한 구체적 상담기법은 다음과 같다. 첫째, 유 교사는 자유연상 또는 꿈의 분석을 통해 세훈이의 무의식에 있는 발표 공포를 드러내고 이를 의식화시켜 해결할 수 있다. 둘째, 황 교사는 체계적 둔감법을 이용해 발표내용을 써 봤을 때, 쓴 자료를 보고 혼자서 읽었을 때, 자료를 보면서 남들 앞에서 발표할 때, 안 보고 남들 앞에서 발표할 때로 나누어 강화물을 제공하면서 단계적으로 발표 공포증을 해소할 수 있다.

217   학생상담이론   #아들러 #열등감

아들러는 개인의 삶에서 열등감이 필연적으로 발생한다고 보면서 이를 긍정적으로 해결할 때 내담자의 문제가 해결된다고 본다. 따라서 아들러의 개인심리상담이론에 근거할 때 상담의 목적으로는 첫째, 열등감을 인정하고 이를 긍정적으로 승화시키는 것, 둘째, 열등감에 따라 형성된 잘못된 생의 목표와 생활양식을 수정하는 것을 들 수 있다. 제시문의 오 교사는 열등감을 극복하기 위한 방법으로 단추누르기 기법을 실시하려 한다. 이 기법은 어떤 경험에 대해 감정 단추를 누르게 함으로써 자신의 감정을 스스로 컨트롤 할 수 있다는 믿음을 심어준다. 이를 통해 열등감이 생기더라도 긍정적으로 승화시킬 수 있다는 믿음을 형성한다는 점에서 교육적 효과를 지닌다.

218 학생상담이론

엘리스의 합리적 정서적 행동치료이론에서는 내담자가 가진 비합리적 신념을 해결하는 방법을 제시한다. 이러한 비합리적 신념이 발생한 원인으로는 나에 대한 당위성을 들 수 있다. 제시문의 민호 역시 의대에 진학하려면 수학과 과학을 만점 받아야만 한다는 당위성이 있었고 이것이 무산되자 비합리적 신념이 발생했다. 이러한 비합리적 신념을 해결하는 방법으로 논박을 들 수 있다. 수학, 과학을 만점 받지 않고도 의대에 진학 사례 등을 제시하면서 민호의 비합리적 신념을 경험적으로 논박할 수 있다. 한편 해결중심 상담에서 강조하는 질문을 통해 민호의 문제를 해결할 수 있다. 질문의 방법으로 첫째, 기적질문이다. 문제를 몇 개 틀렸음에도 의대에 진학한 상황을 상상하며 이를 위해서 앞으로 무엇을 해야 할지 질문한다. 둘째, 예외질문이다. 학교에 열심히 다니고 학업에 열중했던 경험을 질문하여 시험문제와 상관없이 학업에 성공했던 경험을 떠올리게 하여 자아존중감을 강화한다.

05

219 학생상담이론

로저스의 비지시적 상담이론을 통해 인간의 주체적인 성장을 도모할 수 있다. 비지시적 상담이론에서 가정하는 인간의 특성으로는 첫째, 인간은 각자 가치를 지니고 독특하고 유일하다는 것, 둘째, 인간은 적극적인 성장력을 지니며 스스로 자신의 운명을 결정할 선택권을 가지고 있다는 것을 들 수 있다. 이러한 입장은 지시와 통제 중심의 지시적 상담이론과 비교되는데, 비지시적 상담이론에서는 개별 인간에 대한 존중을 바탕으로 수용과 공감, 경청의 기법을 주로 활용한다. 따라서 상담자의 역할 또한 지시·통제자가 아니라 내담자의 자발적 선택을 도와주는 보조자로서 역할을 수행한다.

220 상담의 실제

사회의 변화에 따라 비대면 학부모 상담이 늘어가고 있다. 비대면 학부모 상담의 장점으로는 시간적 공간적 제약을 탈피하여 상담이 진행되어 상담이 경제적이라는 점을 들 수 있다. 반면 단점으로는 교사와 학부모 간의 래포 형성이 어려워 대면 상담에 비해 피상적인 상담이 진행될 수 있다는 점을 들 수 있다. 성공적인 비대면 상담을 위해 성 교사가 지녀야 할 태도는 다음과 같다. 첫째, 적극적인 태도이다. 비대면 상담이더라도 학부모의 이야기를 경청하고, 이해하려는 노력을 기울이며, 문제를 해결하기 위해 함께 고민하는 모습을 보여야 한다. 둘째, 존중하는 태도이다. 학부모는 가장 오랜 시간 학생을 지켜봐 왔고 누구보다 학생을 잘 알고 있으므로 학부모의 의견을 존중하면서 학생 이해에 기초자료로 삼아야 한다.

221　교육행정의 의의
#봉사적 성격 #민주적 성격

교육행정의 일반적 성격에는 봉사적 성격, 민주적 성격이 있다. 첫째, 봉사적 성격이란 교육행정을 교수·
학습 활동을 지원하기 위한 조성활동으로 보는 것이다. 둘째, 민주적 성격은 우리나라의 기본 이념인
자유 민주주의에 따라 조직, 인사, 내용, 운영 등에서 자율성과 민주성을 중요시하는 것이다. 제시문의
그림과 같이 현재 우리나라 사회는 초저출산에 따른 학령인구의 감소 상황에 직면하고 있다. 이러한
상황에서 학생 맞춤형 교육 수요 증가에 대응하기 위한 교육행정의 방향으로는 첫째, 교수·학습 방법
연수 확대, 전문적 학습공동체 지원 등 봉사적 지원 기능을 강화한다. 둘째, 단위학교의 교육과정 자율
편성 권한을 확대하는 등 민주적 성격을 강화한다.

222　교육행정의 발달사
#과학적 관리론 #인간관계론

조직의 효과적 운영을 위해 행정이론적 논의를 검토할 필요가 있다. 박 교사는 조직의 목적 달성을 위해
단 하나의 최선의 방법을 적용할 것을 강조하는데 여기에 전제되어있는 이론을 과학적 관리론이라 한다.
따라서 박 교사는 명확한 규칙과 절차에 따른 업무 처리 방식을 선호하며, 성과급의 지급과 같이 외적
보상을 통한 직무 동기유발 방법을 선호한다. 반면 차 교사는 사람들 간의 상호작용을 중시하는 조직
운영을 강조하는데 여기에 전제되어있는 이론을 인간관계론이라 한다. 따라서 차 교사는 민주적 회의를
통한 업무 처리 방식을 선호하며, 인간적 배려·소통과 같은 상호작용의 활성화를 통한 직무 동기유발
방법을 선호한다.

223 교육행정의 발달사 #관료제

학교조직을 올바르게 이해하기 위해 관료제적 측면에서 학교를 바라볼 수 있어야 한다. 관료제는 계층제, 법규에 의한 지배, 분업화, 문서화 등을 특징으로 하는 조직을 의미한다. 이에 근거할 때 학교조직을 관료제라고 볼 수 있는 이유는 다음과 같다. 첫째, 학교조직은 교장−교감−부장교사−일반교사로 이어지는 계층제의 특성을 지닌다. 둘째, 학교조직은 초중등교육법, 학칙 등 법규와 공식화된 절차에 의해 운영된다. 학교폭력, 학교 안전사고 등 문제상황이 발생했을 때 학교의 관료제적 특성이 갖는 장점으로는 상부의 지시에 따라 하부구성원까지 통일된 방식으로 업무를 처리할 수 있어 문제 상황에 조직 전체가 하나의 유기체로서 대응할 수 있다. 반면 단점으로는 법규와 절차에 매몰되는 경우 융통성을 발휘하기 힘들어 효과적인 문제해결에 장애가 될 수 있다.

224 교육행정의 발달사 #체제론

체제론에서 사회는 수많은 체제로 구성되어 있으며, 다양한 체제 간의 상호작용이 지속된다고 본다. 따라서 행정에 영향을 미치는 외적인 요인을 총체적으로 고려한다. 체제론적 관점에 근거할 때 학교 행정에 영향을 미치는 환경적 요인으로는 다음과 같다. 첫째, 사회의 요구이다. 학교는 사회에서 필요로 하는 인재를 육성하는 기관으로서 학부모, 지역사회의 수요 등이 교육행정에 영향을 미친다. 둘째, 법과 규범이다. 학교는 공교육을 실시하는 장으로 공적인 규칙과 절차의 영향을 받는다. 학교계획 수립 시 이러한 환경적 요인을 고려하는 구체적인 방법으로는 첫째, 학부모 설문조사, 사회 동향 관련 자료 수집을 통해 사회의 요구를 파악한다. 둘째, 초·중등교육법, 교육과정 총론 등의 공식 규범 조사를 통해 학교계획 수립 시 필수적으로 반영되어야 할 요소와 절차를 확인한다. 이를 통해 사회 속의 학교를 실천할 수 있다.

225 동기의 내용이론 #직무동기 #내용이론

교사의 동기 유발을 통해 교사의 자율성과 책임이 조화로운 교육을 실현할 수 있다. 교사 동기의 기능으로는 첫째, 행동의 발생적 기능이다. 동기가 발생한다면 교사 스스로 자신의 직무에 헌신할 수 있는 행동을 유발한다. 둘째, 행동의 지속화 기능이다. 동기가 충분한 경우 교사는 책임감을 가지고 목표 달성을 위해 끊임없이 노력한다. 윤 교사는 "무엇이" 동기를 유발하는가에 초점을 두므로 동기의 내용이론에 따라 동기를 유발하고자 한다. 교사 동기를 유발하는 구체적인 방안으로는 첫째, 자율성, 책임감 등 자아실현욕구를 추구할 수 있도록 교원 상담 및 지원을 통해 매슬로우가 말한 결핍 욕구를 최대한 충족시킨다. 둘째, 적극적 직무 태도의 유발을 위해 사제동행 프로그램, 학습 동아리 활성화 등을 실시하여 허즈버그가 말한 동기 요인을 자극한다.

226   동기의 내용이론   #내용이론 #매슬로우 #욕구위계론

구성원들의 직무동기 유발을 위해 교사들의 욕구를 이해할 필요가 있다. A학교 교사들은 타 지역과 교류가 제한되어 있는 상태로서 매슬로우의 욕구위계론에서 제시하는 사회적 욕구가 결핍되어 있다고 할 수 있다. 따라서 이를 충족시키기 위해 교장이 강구할 수 있는 지원 방안은 다음과 같다. 첫째, 학교 주관 온라인 전문적 학습 공동체를 구성하고 온라인 내에서 수업사례 공유 및 동료장학 등을 통해 타 지역 교사와의 비대면 만남을 지원한다. 둘째, 지역 내 공공기관, 마을공동체와의 비공식조직, 협력적 행사 등을 통해 구성원들이 다양한 사회적 경험을 쌓도록 지원한다.

227   동기의 내용이론   #내용이론 #허즈버그 #동기위생요인

허즈버그는 직무 수행에 만족을 주는 동기요인과 불만족을 주는 위생요인으로 구분하고, 이에 따른 태도의 유형을 동기추구자와 위생추구자로 구분한다. 전 교사는 동기추구자로서, 가르치는 일 자체를 보람차다고 생각한다는 점에서 알 수 있다. 반면 교장은 성과에 따른 보상을 강조하는 위생추구자이다. 교장의 태도가 갖는 한계로는 성과급의 강조를 통해 불만족을 감소시킬 수는 있지만 직무 만족을 발생 시키지 않아 행동을 지속시키는 내재적 동기를 유발하기 곤란하다는 점을 들 수 있다. 따라서 전 교사의 동기를 유발하기 위한 구체적인 방법을 동료 교사와의 협력 측면에서 제시한다면 다음과 같다. 첫째, 동아리 등 비공식 조직을 활성화하여 좋은 수업을 위한 교사 간 공동연구의 기회를 확대한다. 둘째, 교과협의회의 재량권 확대 및 활성화를 통해 교육과정 재구성, 자율적 운영을 지원한다.

228   동기의 과정이론   #과정이론 #브룸 #기대이론

브룸은 노력이 업무성과를 가져올 수 있는 기대치, 업무성과가 바람직한 보상을 가져올 것이라고 믿는 수단성, 보상이 개인의 욕구나 목표를 충족시켜주는 유인가의 정도에 따라 개인의 동기가 결정된다고 본다. 지문의 성과급이 이 교사에게 동기를 부여하지 못하는 이유는 첫째, 성과급 자체가 적어 만족스럽지 못해 유인가가 낮다는 점, 둘째, 성과가 아닌 경력이 보상으로 이어지므로 수단성이 떨어진다는 점을 들 수 있다. 이러한 문제를 해결하기 위한 학교 차원의 지원 방안으로는 다음과 같다. 첫째, 유인가를 높여주기 위해 성과급 또는 성과급을 보완·대체할 보상책을 충분히 확보한다. 둘째, 수단성을 높이기 위해 성과평가의 규칙을 확립한다. 이때 전 직원 참여에 의한 규칙을 수립하는 경우 규칙에 대한 수용도를 높일 수 있다.

229 동기의 과정이론

공정성 이론에서는 타인과 비교하여 얼마나 공정한 대우를 받고 있느냐에 따라 행동을 결정한다고 본다. 이 이론에 따를 때 학교에서 교사가 공정성 여부를 판단하는 기준으로는 투입 대비 성과, 즉 자신이 업무에 투자한 시간 대비 보수라고 할 수 있다. 정 교사의 경우 동기인 김 교사와 비교했을 때 투입 대비 성과가 공정하지 않다고 판단한다. 따라서 정 교사가 공정성을 확보하기 위해 실시할 수 있는 전략은 다음과 같다. 첫째, 투입을 조정한다. 예를 들어 교장선생님에게 오랜 시간 업무를 하지 않아도 되는 타 업무로의 변경을 요청하고 업무시간을 줄이면서 공정성을 확보할 수 있다. 둘째, 비교 대상을 변경한다. 예를 들어 비교 대상을 타 업무 담당자에서 타 학교 동일업무 담당자로 변경하면서 심리적 공정성을 확보할 수 있다.

230 동기의 과정이론

로크의 목표 설정 이론은 개인이 목표를 어떤 형태로 설정하는가에 따라 목표를 추진하고자 하는 동기가 달라진다는 이론이다. 이 이론에 따른 좋은 과업 목표의 특징은 다음과 같다. 첫째, 구체성을 지닌다. 구체적 목표는 모호성을 감소시키고, 행동의 방향성을 명확하게 제시하므로 성과를 높일 수 있다. 둘째, 곤란성을 지닌다. 다소 어려운 목표는 도전감을 주고, 문제 해결에 많은 노력을 집중하도록 자극하므로 성과를 높일 수 있다. 좋은 목표를 설정하기 위한 방법으로 다음과 같다. 첫째, 구성원의 참여로 설정한다. 구성원이 목표 설정 과정에 참여하면 직무만족도가 높아지므로 성과를 높일 수 있다. 둘째, 피드백을 통해 목표를 수정할 수 있는 기회를 제공한다. 구성원 간 상호작용을 바탕으로 직무 수행 과정 중에도 목표를 수정할 수 있도록 하여 지속적으로 동기를 자극할 수 있다.

231 지도성의 관점 변화

리핏과 화이트는 리더십을 권위적, 민주적, 자유방임적 리더십으로 제시한다. 지문의 신규 교사는 모든 의사결정을 학생들에게 맡겨 놓는다는 것으로 보아 자유방임적 리더십을 가진 교사이다. 최 교사가 우려하는 신규 교사 리더십의 한계는 학생의 자유만 지나치게 강조하여 학급 내 의사결정이 목적과 절차를 상실하고 표류할 수 있다는 점이다. 이러한 한계를 극복하기 위해 신규 교사가 가져야 할 리더십은 민주적 리더십이다. 이는 집단결정을 존중하면서 결정에 대해 객관적 기준에 의해 평가하는 리더십으로서 이를 실천하기 위한 교사의 행동으로는 첫째, 목적을 분명하게 제시하여 의사결정의 방향을 설정한다. 둘째, 규칙과 절차를 설정하여 체계적인 의사결정을 돕는다. 이처럼 교사의 리더십을 바탕으로 학습자 주도의 교육을 실현할 수 있다.

232 지도성의 관점 변화   #상황이론

조직 내 효과적 지도성을 마련하기 위해 상황을 고려할 수 있다. 제시문에서의 교장은 이전에 지도성을
특성과 행동에 따라 해석하였는데 이러한 관점의 한계는 다음과 같다. 첫째, 동일한 지도성이라도 조직이
직면하는 상황에 따라 효과가 달라질 수 있는데 이를 고려하지 못한다. 둘째, 조직은 리더와 구성원들로
구성되어 있음에도, 이전의 관점은 리더에만 초점을 두어 리더와 구성원의 관계, 상호작용과 같은 조직의
실제적 측면을 반영하지 못한다. 이에 제시문의 교장은 피들러의 지도성이론에 근거하면서 지도성을
발휘하는 상황에 집중하고자 한다. 이 이론에 따를 때 지도성에 영향을 주는 상황 요인으로는 다음과
같다. 첫째, 지도자와 구성원의 관계이다. 이는 지도자에 대한 구성원의 존경도, 지도자가 가지고 있는
구성원에 대한 신뢰 등을 포함한다. 둘째, 과업구조이다. 이는 과업의 특성, 과업이 세분화되어 있는
정도를 의미한다.

233 지도성의 관점 변화   #상황이론 #3차원모형

효과적인 리더십은 상황에 따라 변화한다. 이러한 입장과 관련하여 레딘의 3차원모형에서는 리더십의
효과성을 판별하는 기준으로서 상황의 적절성을 제시한다. 이때 상황에는 과제 수행 방법과 기술,
조직철학, 상급자와 동료와의 관계 등이 포함된다. 이 이론에 따르면 특정 리더십 유형이 효과적인 경우와
비효과적인 경우가 있다고 본다. 제시문의 유형 1의 경우 관계지향성도 낮고 과업지향성도 낮은 분리형에
해당한다. 분리형의 리더라도 일상적인 업무를 반복적으로 처리하거나, 규칙을 준수하면서 조직을 안정적
으로 유지해야 하는 상황에서는 효과적일 수 있다. 유형 2의 경우 관계지향성은 높지만 과업지향성은
낮은 관계형에 해당한다. 관계형의 리더는 위기 상황에서 구성원의 의견만 듣고 주체적인 결정을 하지
못해 비효과적일 수 있다.

234 지도성의 관점 변화   #상황이론 #허쉬와 블랜차드

허시와 블랜차드는 상황에 따라 효과적인 리더십의 유형이 다르다고 보면서, 상황에 영향을 미치는
요인으로 동기 등의 심리성숙도와 능력 등의 직무성숙도 등의 개념을 통해 구성원의 성숙도를 제시한다.
이에 따라 제시문의 학교 상황을 분석하면 다음과 같다. 첫째 저연차 교사들이 뭔가 하려고 하는 의지는
있으므로 심리성숙도는 높지만, 둘째, 교직 경력이 짧아 아직 노하우가 부족하므로 직무성숙도는 낮다고
볼 수 있다. 이런 상황에서 교장이 가져야 할 적절한 리더십은 지도형(또는 설득형)이다. 이를 실천하기
위해 교장은 교사들에게 기본방향을 제시하고, 우수사례 등을 제시하면서 교장의 결정과 방향을 수용할
수 있도록 한다.

235 | 최근의 지도성 이론 | #변혁적 지도성

변혁적 리더십은 구성원과의 비전 공유 및 지적 자극을 통해 동기를 부여하고, 더 많은 노력과 헌신을 통해 기대 이상의 성과를 이끌어 내는 지도성을 의미한다. 최근 참여적 의사결정의 확대 등 교육행정에서 민주성의 원리가 강조되고 있다. 따라서 교사에게 변혁적 리더십이 필요한 이유로는, 이 리더십을 통해 학급 내 의사결정 상황에서 학생들의 의사를 존중하고 쌍방향 소통을 촉진하여 민주성의 원리를 실현한다는 점을 들 수 있다. 학급 운영 시 변혁적 리더십을 실행하기 위한 전략으로는 첫째, 감화력을 보인다. 학급 회의 등을 통해 학급 비전과 목표를 세우는 데 학생을 적극 참여시켜 학급과 자신에 관한 긍정적이고 발전적인 사고를 유발한다. 둘째, 개별적 배려를 확대한다. 온 · 오프라인 수시 상담 등을 통해 학생 개개인의 욕구에 관심을 기울이고 이를 바탕으로 새로운 학습의 기회를 부여한다.

236 | 최근의 지도성 이론 | #변혁적 지도성

급변하는 사회환경에서 조직을 성공적으로 이끌기 위해 변혁적 지도성이 강조되고 있다. 변혁적 지도성의 특징은 다음과 같다. 첫째, 영감적 동기화이다. 조직 비전을 창출하는 데 구성원을 참여시키고 구성원의 동기를 끊임없이 자극한다. 둘째, 지적 자극이다. 일상적 생각에 의문을 제기하고 문제 상황에 대한 새로운 접근을 유도하면서 혁신적이고 창의적 생각을 유도한다. 교사의 변혁적 지도성을 함양하기 위한 학교차원의 지원 방안은 다음과 같다. 첫째, 차년도 또는 중장기 학교발전계획 수립 과정에 일선 교사들을 참여시키면서 조직 비전을 창출하는 데 기여하게 한다. 둘째, 전문적 학습 공동체, 비공식조직 등 쌍방향 소통채널을 활성화하고 해당 채널을 통해 새로운 문제 해결 방안을 소통할 수 있도록 한다.

06

237 | 최근의 지도성 이론 | #슈퍼 리더십

슈퍼 리더십은 구성원들이 스스로 지도자로 성장할 수 있도록 도와주는 리더십으로, 슈퍼 리더십이 필요한 이유는 다음과 같다. 첫째, 교사 측면에서는 최근 교육과정 재구성 등이 강조되는 상황에서 교사를 자율성과 전문성을 갖춘 교육의 리더로 성장시킬 필요가 있기 때문이다. 둘째, 학생 측면에서는 자기주도적 학습 등이 강조되는 상황에서 지속적인 학생 성장을 위해 학생을 학습의 리더로 성장시킬 필요가 있기 때문이다. 구성원들의 슈퍼 리더십을 발휘하게 하는 실행전략으로는, 첫째, 사례를 통해 구성원을 격려하고 고무시킨다. 스스로 셀프 리더가 되어 우수 모델을 정립한 후 이를 구성원들에게 안내한다. 둘째, 조직 내 의사결정에 구성원을 참여시킨다. 목표 설정, 대안 마련 등에 구성원이 자유롭게 의견을 개진할 수 있도록 정보와 시간을 충분히 부여한다. 이처럼 슈퍼 리더십을 통해 주도성을 갖춘 미래 인재를 육성할 수 있다.

238 최근의 지도성 이론 #서지오반니 #도덕적 리더십

효과적인 학교조직 운영을 위해 학교조직의 특성을 반영한 도덕적 리더십을 고려할 필요가 있다. 이러한 리더십을 학교조직에 적용 가능한 이유로는 첫째, 학교는 가치 지향적인 조직이기 때문이다. 학교는 학생을 바람직한 사람으로 성장시키려는 목적을 지닌 조직으로서 조직의 공통된 규범과 핵심 가치를 추구한다. 둘째, 학교는 전문성과 자율성을 강조하는 조직이기 때문이다. 학교는 교사로 하여금 전문가 의식을 갖고 가르치는 일에 집중하고 이를 통해 이를 통해 일에 대한 몰입감을 형성하게 한다. 따라서 도덕적 리더십이 적용된 학교조직의 모습은 다음과 같다. 첫째, 가치와 비전 중심의 교육공동체이다. 공동의 노력을 통해 규칙을 설정하고 이를 구성원들과 공유한다. 둘째, 교류와 협력을 통해 성장이 이루어지는 학습공동체이다. 교장으로부터 부여받은 자율권과 재량권을 기반으로 구성원 간의 동료의식을 통해 지속적으로 전문성을 향상시킨다.

239 조직의 형태 #비공식조직

학생의 창의성을 길러주는 교육을 위해 학교 차원에서 조직할 수 있는 비공식조직의 유형은 교사 동아리이다. 이 조직의 긍정적 효과는 교사 동아리 내에서 동료 교사 간 활발한 의사소통을 통해 창의성을 길러주는 수업과 평가 방법에 관한 노하우를 공유할 수 있다는 것을 들 수 있다. 긍정적 효과를 극대화 하기 위해 조직·운영 시 유의점은 다음과 같다. 첫째, 파벌을 형성하지 않는다. 학연, 지연 등으로 조직하는 것이 아니라 규칙과 기준에 의해서 동아리를 조직하고 사적인 감정을 최소화한다. 둘째, 동아리의 목적과 학교의 목적을 일치시킨다. 창의성 함양이라는 공통의 목적하에 동아리를 운영하여 공식조직의 목표를 효과적으로 달성할 수 있도록 한다.

240 조직의 형태 #비공식조직

공식조직 내에서 자연발생적으로 형성된 비공식조직은 구성원 간의 높은 신뢰를 특징으로 한다. 이와 같은 특징이 갖는 순기능으로는 첫째, 신뢰를 바탕으로 조직 내 의사소통이 원활해지고 그 과정에서 구성원이 갖고 있는 전문성이 공유된다. 둘째, 신뢰를 통해 구성원 간 상호 공감, 이해도가 높아지면서 갈등을 예방할 수 있게 된다. 반면 역기능으로는 비공식조직 내부 구성원끼리만 신뢰가 과해지는 경우 하나의 파벌이 형성되고 비공식조직 외부 구성원에 대해서는 배타적으로 행동한다.

241 　조직의 형태　　　　　　　　　　　　　　　　　　　　　　　　　#학교조직의 특성

학교는 관료적 성격과 전문적 성격을 모두 갖춘 조직이라는 특징을 지닌다. 첫째, 관료적 성격으로 학교는 교장-교감-부장 교사-평교사의 계층제를 통해 상의하달식으로 조직이 운영된다. 둘째, 전문적 성격으로 교수학습과 관련해서 교사는 상당한 재량권을 갖는다. 학교조직 운영의 효율성을 확보하기 위한 방향은 다음과 같다. 첫째, 계층제 내에서 효율적 업무 수행을 위해 불필요한 지시를 최소화하고, 보고 과정을 간소화한다. 이를 통해 급변하는 환경 변화에 신속한 대응이 가능해진다. 둘째, 교수학습과 관련한 전문성을 함양할 수 있도록 교원 연수를 다양화하거나 동료 장학 등을 활성화한다. 이를 통해 교수학습의 질을 지속 개선할 수 있다.

242 　조직의 유형　　　　　　　　　　　　　　　　　　　　　　　　　#파슨스 #칼슨

다양한 이론에 근거하여 학교조직을 분류할 수 있다. 강 교사는 중학교에서 사회 가치 등을 보존하는 기능을 강조하는데, 파슨스의 분류에 따를 때 이러한 기능을 수행하는 조직을 유형유지 조직이라 한다. 한 교사는 일반중학교에서 학생과 학교 모두 상호선택권이 없다고 보는데, 칼슨의 분류에 따를 때 이러한 조직을 사육조직이라 한다. 한편 중학교 배정과 관련하여 조직과 고객에 선택권을 부여하지 않는 이유로는 다음과 같다. 헌법 제31조를 통해 의무교육을 규정하고 있는데, 의무교육은 지역, 능력 등에 차이 없이 동일한 교육을 받게 하는 것으로 이를 실현하기 위해서 학교와 학생에게 상호선택권을 부여하지 않는 것이 타당하다.

243 　조직의 유형　　　　　　　　　　　　　　　　　　　　　　　　　#조직화된 무질서

조직화된 무질서 조직이란 어떤 조직이 조직화는 되어 있지만 조직을 구성하는 요소들이 불분명하고 유동적인 상태에 있는 조직을 의미한다. 조직화된 무질서 조직의 특징은 다음과 같다. 첫째, 불분명한 목표이다. 학교에서의 목표는 "꿈을 찾는 아이들"과 같이 추상적이며, 이를 해석하는 사람에 따라 다르게 규정된다. 둘째, 불확실한 기술이다. 교사, 행정가, 장학 요원들이 사용하는 기술이 과학적으로 명확하지 않고, 적용하는 주체에 따라 적용의 정도나 수준이 다르다. 셋째, 유동적인 참여이다. 학생, 학부모, 지역사회의 참여가 고정적이지 않고 주체에 따라서 조직에 투자하는 시간과 노력의 정도가 다양하다.

244   **조직의 유형**   #학습조직

학습을 통해 지속적으로 발전하는 학습조직의 원리와 이를 적용한 학교조직의 모습은 다음과 같다. 첫째,
자기숙련의 원리이다. 이는 개인의 역량을 지속적으로 심화하는 행위로서 학교조직에서 교사는 자기장학,
연수 등을 통해 교사 전문성을 향상시킨다. 둘째, 비전 공유의 원리이다. 이는 공동의 목적 달성을 위해
공감대를 형성하고 미래에 대한 바람직한 이미지를 공유하는 것을 의미하는데, 학교조직에서 교사는
동 교과 협의회 등을 통해 바람직한 교육에 대한 정보를 공유한다. 이처럼 학교가 학습조직으로서
작동하는 경우 유용성은 다음과 같다. 첫째, 자기 숙련을 통해 수업 기술 등 전문성이 향상되면서 수업의
질이 지속적으로 높아진다. 비전 공유를 통해 조직에 대한 교사의 책임감, 소속감이 형성되고 이를 통해
직무동기가 높아지게 된다.

245   **조직의 유형**   #전문적 학습공동체

교수방법의 질 개선을 위해 전통적인 장학, 기관 중심의 연수에서 벗어나 교원들이 자율적으로 상호
학습을 위해 모임을 갖는 전문적 학습공동체가 강조되고 있다. 전문적 학습공동체의 주요 활동으로는
다음과 같다. 첫째, 공동연구이다. 수석교사, 석박사 학위 소지자를 중심으로 수업 개선에 관한 연구주제를
자율적으로 선정하고 동료 교사와 공동연구를 수행한다. 둘째, 성과 공유이다. 연구 또는 개인적 경험을
통해 얻은 교수 방법에 관한 사례를 온·오프라인으로 공유하여 성과를 확산한다. 전문적 학습공동체의
성공조건으로는 다음과 같다. 첫째, 연구수행을 위한 인프라의 확보이다. 연구수행을 위한 시간뿐 아니라
연구에 필요한 기자재가 충분한 경우 성공 가능성이 높아진다. 둘째, 구성원 간 수평적 의사소통이다.
동료 교사 간 대등한 관계에서 의견과 성과를 공유함으로써 수업 개선의 효과를 극대화할 수 있다.

246   **조직 문화**   #학교문화

세씨아와 글리노우는 조직의 관심이 인간 또는 성과에 있는가에 따라 조직문화의 유형을 4가지로 분류
한다. 이때 ○○중학교 교사들이 서로에게 무관심하고 업무에도 관심이 낮은데 이러한 학교 문화를
냉담문화라고 한다. 이러한 문화를 가진 학교의 경우 업무효율이 낮고 일부에 의해서만 업무가 진행되어
교사들의 직무동기가 낮을 수 있다는 문제점을 지닌다. 따라서 ○○중학교가 바람직한 학교 문화를
창출하기 위한 운영방안은 다음과 같다. 첫째, 위임전결권을 조정하여 교사들에게 자율권을 부여하고
성과에 대한 책임을 유도하면서 성과에 대한 관심을 높인다. 둘째, 교사의 개인적인 상황을 존중해주고
비공식조직을 활성화하면서 인간에 대한 관심을 높인다.

247　조직 문화

스타인호프와 오웬스는 학교에서 발견될 수 있는 고유의 문화형질을 통해 학교문화를 분류한다. 이중 기계문화는 학교를 공장에 비유하면서 교사를 학교의 목적달성을 위해 활용하는 기계, 즉 수단으로 보는 문화를 의미한다. 이때 교장은 수단인 교사를 이용하는 기계공의 역할을 하면서 교사의 인간적인 측면을 무시한다. 학교라는 조직은 관료제의 특성과 전문조직으로서의 특성을 모두 갖고 있는데, 기계문화에 따라 학교를 운영할 때 장점으로는 관료제적 목적 달성을 위해 효율적인 업무처리가 가능하다는 점을 들 수 있다. 반면, 단점으로는 교사를 기계, 부품으로 대해서 전문가로서 교사를 대우하지 못하고 교사의 사기를 떨어뜨린다는 점을 들 수 있다.

248　조직 문화

건강한 학교조직은 조직의 기능을 효과적으로 수행하면서 그 기능을 잘 수행할 수 있는 체제로 발전과 성장을 지속하려고 노력하는 조직을 의미한다. 건강한 학교조직이 과업 수행 방법상의 특징은 다음과 같다. 첫째, 목표에 대해 관심을 갖는다. 건강한 조직에서는 조직 목표가 합리적이고 명료하며 구성원의 수용도가 높다. 둘째, 권력을 적절하게 분산한다. 구성원 간 협동적 태도를 통해 영향력을 공정하게 배분한다. 건강한 학교조직의 지속 성장을 위해 추구하는 가치로는 다음과 같다. 첫째, 혁신성을 추구한다. 원격수업 실시 등 새로운 교육환경 변화에 대응해 교육부·교육청의 지시만을 따르는 것이 아니라 새로운 조직을 만들거나 절차와 목표를 자체적으로 설정해 새로운 성과를 창출한다. 둘째, 자율성을 추구한다. 교사의 전문성을 신뢰하면서 교사 동아리, 전문적 학습공동체를 활성화한다.

249　조직 풍토

핼핀과 크로프트는 학교의 풍토를 6가지로 구분한다. 제시문의 학교의 경우 교장은 성과만을 강조하면서 일선 교사의 사회적 욕구 충족에는 관심이 없는데, 이러한 학교풍토를 통제적 풍토라고 한다. 이러한 학교풍토를 개선하기 위한 구체적 방안은 다음과 같다. 첫째, 권한위임을 통해 일선 교사에게 재량권을 부여하고 업무의 자발성을 높인다. 둘째, 비공식조직 활성화, 교사 간 상담을 통해 교사들의 사회적 욕구를 파악한다.

250 조직 풍토

#윌로워 #학교풍토

윌로워는 학교에서 학생을 어떻게 통제하느냐에 따라 학교풍토를 분류한다. 제시문의 ○○고등학교는 학교의 질서 유지를 위해 엄격하고 고도로 통제된 상황을 조장하고 교사는 엄격한 규율과 체벌로 학생을 통제하는데, 이러한 학교풍토를 보호지향적 학교풍토라고 한다. 이러한 학교풍토의 장점으로는 상급학교 진학이라는 외재적 목적을 절대적으로 신뢰하고 있는 상황이라면 효율적 목표달성에는 도움이 된다는 것을 들 수 있다. 하지만 단점으로는 지나치게 학생통제를 강조하여 전인적 성장이라는 교육의 궁극적 목적, 즉, 내재적 목적달성에는 역효과를 줄 수 있다는 점을 들 수 있다.

251 조직 관리

#갈등관리

다양한 이해관계가 있는 학교조직에서는 소통의 과정에서 갈등이 필연적으로 발생하기도 한다. 학교조직 내에서 갈등의 역기능으로는 학교 내 협력적 분위기를 저해하고 학교 교육의 질 저하라는 부정적 파급효과를 불러일으킬 수 있다. 갈등의 순기능으로는 갈등을 해결하는 과정에서 교사 간 상호이해의 폭을 넓혀주고 다양한 측면을 고려한 수용도 높은 방안을 도출할 수 있다. 역기능을 최소화하고 순기능을 극대화하기 위한 갈등관리 전략으로는 다음과 같다. 첫째, 갈등 예방전략으로서 구성원 간 소통의 장을 확대한다. 교과협의회 등 공식조직을 통한 소통뿐 아니라 동아리 등 비공식조직을 통한 소통을 활성화하여 상호이해도를 제고한다. 둘째, 갈등 조성전략으로서 정보를 과다 제공한다. 교육과 관련한 타 교과 사례, 타 학교 사례 등을 제공하면서 기존 학교 교육에 관해 문제의식을 불러일으키고 보다 나은 대안을 탐색할 수 있다.

252 조직 관리

#갈등관리 #라힘

학교의 발전을 위해서 학교에서 발생할 수 있는 갈등을 이해하고 갈등을 효과적으로 관리하는 것이 필요하다. 학교 내에서 발생할 수 있는 갈등의 유형으로 업무 분장 상 갈등을 들 수 있다. 다음 학기를 앞두고 자신의 상황과 전문성에 맞는 업무, 역할을 주장하는 과정에서 교사간 욕구 충돌이 발생할 수 있다. 한편 A학교 교사들은 갈등이 발생하면 자신의 상황만 강조하는데, 라힘의 갈등관리 전략에 따르면 자신의 욕구 충족만 주장하고 상대방의 욕구 충족에는 비협조적인 전략을 강요 전략이라 한다. 강요 전략의 문제점으로는 강요로 인해 승자와 패자가 존재하게 되고 이로 인해 조직 내 분위기가 저해될 수 있다는 점을 들 수 있다. 이러한 조직에서는 구성원들로 하여금 상대방의 욕구충족에도 협조적이게 되어 협력 전략으로 전환시키는 것이 바람직하다. 따라서 A학교에서 실시할 수 있는 방안으로는 교사 연찬회, 동아리 활동 활성화 등을 통해 상호간에 이해도를 높일 수 있다.

253 　의사소통의 이해　　　　　　　　　　　　　　　　#의사소통

통합 교육과정의 성공적 운영을 위해 학교 내 교직원 간 의사소통을 활성화해야 한다. 학교 내 의사소통에 영향을 미치는 요인으로는 다음과 같다. 첫째, 구성원의 측면에서 개인 간 가치관의 차이이다. 구성원 간의 가치관이 유사하면 의사소통이 활발해진다. 둘째, 조직의 측면에서 의사소통 채널이다. 소통 채널에 대한 접근성이 높고, 다양할수록 의사소통이 활발해진다. 따라서 통합 교육과정의 성공적 운영을 위한 학교 내 의사소통 활성화 방안은 다음과 같다. 첫째, 학교 내 비공식활동을 촉진하여 교육과정 운영에 관한 교사 간 상호이해도의 폭을 넓힌다. 둘째, 수석교사 등 경력교사를 중심으로 온·오프라인 교과 간 협의회를 정례화하여 통합 교육과정 운영을 위한 교육내용과 방법을 공유한다.

254 　의사소통의 이해　　　　　　　　　　　　　　　　#조해리의 창

조해리의 창에서는 자신에 대한 것을 자신과 타인이 아는 정도에 따라 4가지 의사소통 방식을 구분한다. 제시문의 이 교사는 자신의 단점에 대해 스스로는 모르지만 타인은 알고 있는 상황에 놓여있는데 이때 나오는 의사소통 방식을 독단형이라 한다. 독단형에서는 타인의 비판을 수용하지 않는다. 김 교사는 자신의 단점에 대해 알고 있지만 타인은 모르는 상황에 놓여있는데 이때 나오는 의사소통 방식을 과묵형 이라 한다. 이러한 의사소통 방식 하에서는 의사소통이 원활하지 않게 된다. 효과적인 의사소통은 모든 것이 개방적일 때 나타나게 된다. 따라서 이를 위해서 필요한 조직 문화를 개방적 존중문화라고 할 수 있다. 이 문화에서 구성원들은 서로 간의 정보를 공개하고 서로를 존중하면서 적극적인 의사소통을 진행한다는 특성을 지닌다.

255 　의사소통 모형　　　　　　　　　　　　　　　　　#브리지스 모형

학교의 민주적 운영을 위해 의사결정과정에 구성원의 참여가 강조되고 있다. 조직 내 의사결정과정에 구성원의 참여가 필요한 이유는 다음과 같다. 첫째, 참여를 통해 구성원의 사기를 제고하고 조직에 대한 애착감을 형성할 수 있다. 둘째, 참여가 있으면 추후 의사결정 결과에 대한 구성원의 수용도가 높아진다. 참여적 의사결정모형으로서 브리지스는 구성원의 상황을 적절성과 전문성을 기준으로 4가지로 구분한다. 제시문의 2그룹은 고경력 교사들로서 업무분장에 관한 전문성을 가지고 있으나, 내년에 학교를 떠날 교사들로서 업무분장 규칙이 주는 이해관계, 즉 적절성은 없다. 이러한 교사들은 브리지스 모형에서는 전문성 한계 영역에 있다고 판단한다. 이러한 상황에서 김 교장은 2그룹의 구성원들이 업무분장을 위한 대안, 아이디어를 제공할 수 있도록 참여 수준을 정하는 것이 바람직하다.

06

256　의사소통 모형　　　　　　　　　　　　　　　　　#호이와 타터 모형

호이와 타터는 브리지스의 참여적 의사결정 모형을 발전시켰다. 이 모형에서 교사가 속한 수용영역을 판단하는 기준은 다음과 같다. 첫째, 관련성 여부이다. 이는 의사결정이 구성원의 이해관계에 영향을 미치는지를 의미한다. 둘째, 전문성 여부이다. 이는 의사결정을 함에 있어서 구성원이 전문적인 기여를 할 수 있는지를 의미한다. 이러한 기준에 따를 때 ○○중학교의 경우 대다수가 연구학교에 관한 전문성을 가지고 있고, 학교 자율시간은 모든 학급에 적용되므로 관련성도 있는 상황이다. 이때 구성원들은 수용영역 밖에 있게 되는데, 서로가 전적으로 신뢰를 하고 있으므로 구성원들은 처음부터 의사결정에 적극 참여할 필요가 있다. 따라서 이때 학교장의 역할은 집단합의를 구할 경우 통합자로서 다양한 의견과 관점을 조화시키거나, 다수결을 따를 경우 의회인으로서 개방적 토론을 촉진하는 것이 바람직하다.

257　교육기획　　　　　　　　　　　　　　　　　　　　　　　　#교육기획

미래 교육활동에 대한 사전 준비과정으로서 교육기획은 학교조직의 특성을 반영하여 실시할 필요가 있다. 전문적 관료제라는 학교조직의 특성을 고려했을 때 교육기획 시 따라야 하는 원리는 첫째, 효율성의 원리이다. 제한된 자원을 능률적, 효과적으로 사용하기 위해서는 규범과 명확한 절차에 따라서 가장 효율적인 방법을 마련해야 한다. 둘째, 전문성의 원리이다. 학교는 다양한 교과전문가들로 구성되어 있으므로 교육기획 시 구성원들의 적극적인 참여와 검토를 필요로 한다. 학교에서 실시할 수 있는 교육기획의 구체적인 방법은 다음과 같다. 첫째, 수익률에 의한 접근방법이다. 학교가 가진 자원과 해당 자원을 활용했을 때 효과를 수치화하고 이를 기준으로 효율적으로 기획의 우선순위를 결정한다. 둘째, 구성원의 수요에 의한 접근방법이다. 학교에 대한 학생, 학부모, 교원의 요구를 고려하여 이에 대응하는 전문적인 대안을 결정한다.

258　교육기획　　　　　　　　　　　　　　　　#교육기획 #학부모참여

학교의 효율적·안정적 운영을 위해 교육기획을 실천할 필요가 있다. 이때 교육계획을 실제로 기획하는 기획단계에서 해야 하는 일은 다음과 같다. 첫째, 학교 상황을 진단한다. 학교구성원의 특성, 학교가 가진 자원, 학교의 문제점 등을 상담, 내부자료 분석 등을 통해 확인한다. 둘째, 대안을 마련하고 대안별 우선순위를 결정한다. 이때 대안별로 투입되는 비용, 노력 등을 수치화하고 학교상황에 부합하는 최우선 대안 등을 제시한다. 한편 기획단계 이후에는 기획의 민주성을 확보하기 위해 학부모를 참여시킬 수 있는데 그 방안은 다음과 같다. 첫째, 계획 형성 단계에서 계획을 구체적으로 문서화하면 이를 확정하기 전에 학부모 공개 토론회를 통해 시안에 대한 의견을 수렴한다. 둘째, 평가와 수정 단계에서 계획의 운영 결과에 대한 학부모 만족도조사 등을 실시하여 이를 평가에 반영한다.

259 교육정책 결정 #교육기획

합리적 관점에 따른 의사결정은 의사결정자가 문제해결과정에서 문제의 성격과 필요를 완벽하게 파악하고 가장 합리적인 대안을 발견한다는 특성을 지닌다. 따라서 이러한 의사결정의 장점으로는 여러 대안의 장단점을 비교하여 오류가 없는 최선의 대안을 마련한다는 점을 들 수 있지만, 단점으로는 의사결정자의 전지전능성을 전제하여 현실적으로 실현되기 곤란하다는 점을 들 수 있다. 최근 교육행정의 민주성이 강조되면서 참여적 관점에 따른 의사결정이 부각되고 있는데, 학교 현장에서 합리적 관점과 참여적 관점을 조화시킬 수 있는 방안은 다음과 같다. 교장은 문제와 여러 제약조건들을 제시한 이후 교직원회의를 통해 문제를 해결할 수 있는 여러 대안과 대안별 장단점을 분석한다. 그 이후 교장은 토론을 거쳐 가장 합리적인 대안을 선택한다면 합리적 관점과 참여적 관점을 조화시킬 수 있다.

260 교육정책 결정 #쓰레기통 모형

조 장학사는 문제, 대안, 구성원, 의사결정의 기회가 우연하게 모여서 의사결정이 이루어진다고 보는데, 이와 관련한 의사결정 모형을 쓰레기통 모형이라고 한다. 쓰레기통 모형에 따른 의사결정은 표류하던 의사결정이 갑자기 해결되는 경우를 설명해준다는 시사점을 가진다. 학교에서 쓰레기통 모형에 따른 의사결정이 나타날 수 있는 상황으로는 이전의 사례가 없는 위기 상황을 제시할 수 있다. 예를 들어 신생 학교에서 발생한 학교폭력 문제가 사회문제로까지 비춰질 정도로 위급한 경우, 합리적 대안 검토나, 구성원들의 참여에 따른 의사결정보다는 우연한 계기로 또는 외적인 요인들로 의사결정이 이루어질 수 있다.

261 교육정책 평가 #정책평가 #학교운영위원회

학교가 실시한 의사결정에 대한 평가를 통해 학교를 개선할 수 있다. 학교에서 실시하는 의사결정에 대한 평가 시 기준으로는 다음과 같다. 첫째, 효과성이다. 학교의 의사결정이 당초 계획한 목표를 어느 정도까지 달성했는지 평가해야 한다. 둘째, 형평성이다. 모든 학생들의 성장을 추구하는 교육의 본질상 학교 의사결정의 혜택이 여러 집단에게 고루 분포되어 있는지 평가해야 한다. 한편 제시문에서처럼 학교운영위원회를 통해 학교의 의사결정을 평가하는 경우 장점은 다음과 같다. 첫째, 민주성을 확보할 수 있다. 학교와 관련있는 다양한 구성원들의 참여를 통해 민주적인 평가가 가능해진다. 둘째, 전문성을 확보할 수 있다. 학부모, 지역위원들이 가진 전문성을 충분히 활용하여 의사결정의 효과성과 형평성을 전문적으로 평가하는 것이 가능해진다.

262 국가와 지역의 협력   #학교 자율성 #분권화

민주성과 전문성의 원리를 실현하는 것으로서 조직 분권화는 교육행정에서 단위학교의 자율성으로
나타난다. 조직 분권화가 필요한 이유로는 첫째, 학교 외적인 측면에서 지방의 특수성을 반영한 민주적
교육 운영을 들 수 있다. 둘째, 학교 내적인 측면에서 창의적인 교육을 위한 전문성 확보를 들 수 있다.
이러한 조직 분권화를 활성화하기 위해 역할로는, 첫째, 정부 차원에서는 분권화의 지침과 규정을 마련
하고 이를 교육청 및 일선 학교에 배포한다. 둘째, 학교장 차원에서는 분권화가 실현될 수 있도록 적극적
이고 개방적인 태도를 지니고 학교 내에서도 권한 위임 등을 통해 교사의 자율성과 전문성을 신뢰한다.

263 국가와 지역의 협력   #학교 자율성

교육행정의 측면에서 학교 자율적 운영의 필요성으로 학교별 상황에 맞는 맞춤형 교육을 가능하게 한다는
점을 들 수 있다. 자율적 운영을 통해 학교가 가진 자원을 효율적으로 활용하고 학교의 문제, 수요 등에
효과적으로 대응할 수 있다. 학교의 자율적 운영 방법으로는 단위학교 책임 경영제를 들 수 있다.
구체적으로 학교운영위원회, 단위학교 예산제도를 예를 들 수 있다. 학교 자율적 운영의 성공조건으로는
다음과 같다. 첫째, 자율적 운영에 관한 충분한 인적 역량이다. 연수를 통해 교원, 행정직 등 모든
교직원들이 관련 전문성을 함양하면 학교 자율 운영의 성공 가능성이 높아진다. 둘째, 자율권을 충분히
보장하는 법과 제도이다. 자율권의 범위와 절차 등이 초중등교육법 등에 명확하게 제시되는 경우 안정적
이면서 자율적인 학교 운영이 가능해진다.

264 전문성 향상   #자기장학

자기 장학은 교사 개인이 자신의 전문적 발달을 위하여 스스로 체계적인 계획을 세우고 이를 실천해
나가는 활동을 의미한다. 자기장학의 장점으로는 자신이 부족한 점을 스스로 분석하고 목적과 방법을
결정할 수 있으므로 장학의 결과에 대한 수용성이 높다는 것이다. 자기장학의 유형으로는 스스로 자신의
수업영상을 촬영해서 기준에 따라 평가하는 자기수업 분석이 대표적이다. 이러한 자기장학을 활성화하기
위한 학교의 지원 방안으로는 첫째, 자기장학과 관련한 물적 자원을 제공한다. 영상촬영 장비나 공간 등을
제공하여 자기장학을 위한 환경을 조성한다. 둘째, 자기장학에 성공한 사례를 제공한다. 고경력 교사,
수석교사 등이 자기장학에 성공한 사례, 방법, 평가 기준 등의 예시를 제공하여 이를 모델링할 수 있도록
지원한다. 이처럼 자기장학을 통해 교사의 자율성과 전문성을 지속적으로 향상시키고 수업의 질 개선을
촉진할 수 있다.

265 | 전문성 향상 #동료장학

동료장학이란 동료 교사들이 수업개선을 위해 수업연구, 수업 공개, 공동 과제 및 관심사의 협의, 연구 등을 공동으로 노력하는 활동을 의미한다. 동료장학의 특징으로는 다음과 같다. 첫째, 학교 내 인적 자원을 활용함으로써 추가적인 비용없이 효율적으로 전문성을 함양할 수 있다. 둘째, 교원의 자발적 협력을 통해 이루어지므로 장학의 수용도를 높일 수 있다. 이러한 특징이 실현된 모습으로는 다음과 같다. 첫째, 학교 내 인적자원을 활용한 대표적 모습으로 멘토멘티교사제 운영이 있다. 고경력 교사와 저경력 교사를 짝을 이루게 함으로써 고경력 교사의 노하우를 자연스럽게 전달할 수 있다. 둘째, 자발적 협력이 실현된 모습으로 전문적 학습공동체를 통한 공동연구를 들 수 있다. 수석교사, 부장교사를 중심으로 학습공동체를 구성하고 수업개선을 위한 연구활동을 자발적으로 실시하면서 좋은 수업 방안을 적극적으로 수용할 수 있다.

266 | 전문성 향상 #마이크로티칭

06

송 교사가 말한 장학은 마이크로티칭으로서 이는 모의 수업을 영상으로 촬영하여 장학담당자에게 코칭을 받는 것을 의미한다. 마이크로티칭은 장학담당자와 교사 간 상하관계보다는 쌍방적 동료관계를 지향한 다는 특징을 지닌다. 마이크로티칭의 성공조건으로는 첫째, 장학담당자의 충분한 역량이다. 장학담당자가 교수 경험, 기술뿐 아니라 의사소통 능력이 충분한 경우 장학의 효과가 높아진다. 둘째, 수업 개선에 대한 교사의 의지이다. 교사가 자발적 의사에 따라 장학에 참여하는 경우, 조언 등에 대한 교사의 수용도가 높아져 장학의 효과를 제고할 수 있다.

267 | 전문성 향상 #컨설팅 장학

컨설팅 장학이란 교원의 자발적 의뢰에 따라 전문성을 갖춘 장학요원들이 교육의 질 개선을 위해 제공 하는 전문적 활동을 의미한다. 컨설팅 장학의 원리로는 첫째, 교원의 자발적 의뢰를 전제하는 자발성의 원리, 둘째, 수업 개선, 학급 경영 등에 관한 전문적 컨설팅을 제공한다는 전문성의 원리를 들 수 있다. 컨설팅 장학의 성공을 위한 지원 방안으로는 첫째, 전문성 함양 관련 충분한 예산 확보와 자율권 확대이다. 기관주도의 연수, 장학에서 벗어나 학교중심, 교사주도로 컨설팅 장학에 참여할 수 있도록 단위학교의 예선편성 및 운영 시 자율권을 제도적으로 확대·보장한다. 둘째, 인적자원의 제공이다. 교육청 차원에서 지역별 컨설팅 장학 전문요원 풀을 구축하고 이를 단위학교에 제공하여 전문가에 대한 단위학교의 접근성을 강화한다.

268 인사행정

#수석교사제

수석교사제를 통해 학교 교육의 질 개선을 도모할 수 있다. 수석교사제는 교원의 동기부여 측면에서 다음의 효과를 지닌다. 첫째, 수업시수 절감을 통해 교사는 좋은 수업을 만들기 위한 연구활동에 집중할 수 있게 되고, 이로 인해 교사의 내재적 동기를 유발할 수 있다. 둘째, 연구비를 지급하면서 교사의 외재적 동기를 유발할 수 있다. 학교 교육의 질 개선을 위해 수석교사를 학교에서 활용할 수 있는 방안은 다음과 같다. 첫째, 학교 자율장학에서 장학 담당자로서의 역할을 부여하여 수업 노하우를 공유할 수 있도록 한다. 둘째, 학교 내 전문적 학습공동체의 파트 리더로서 역할을 부여하여 교육활동 개선을 위한 다양한 연구 활동을 수행하도록 한다.

269 인사행정

#교원능력개발평가

학교 교원의 전문성을 평가하는 교원능력개발평가의 순기능은 다음과 같다. 첫째, 교원의 자기성찰 및 능력 향상의 기회를 제공하여 전문성을 확보하게 해준다. 둘째, 학생·학부모의 공식적 의견제시 창구로서 기능하여 학교 교육의 민주성을 확보하게 해준다. 성공적인 교원능력개발평가를 위한 운영방안은 다음과 같다. 첫째, 교원능력개발평가 항목에 전문성 항목을 강화한다. 현재 바라는 점, 좋은 점을 쓰도록 하는데, 이를 좀더 분명하게 세분화하여 해당 항목의 결과를 바탕으로 교사의 업무능력 개선에 활용할 수 있도록 해야 한다. 둘째, 학생평가 시 공식적 의견제시의 책무성을 강화한다. 현재 운영되는 의견 필터링 기능을 수시로 업데이트하고 부적절한 의견을 제시하는 경우 처벌 규정을 확립할 필요가 있다.

270 교육재정

#품목별 예산제도

공공의 목적을 달성하기 위해 지출항목을 세분화하고 해당 항목에 따라서만 지출을 허용한 전통적 예산편성·운영기법은 다음의 가치를 추구하고 한다. 첫째, 공정성이다. 공공의 목적을 달성하기 위해 공공의 이익을 형평적으로 고려하여 예산을 편성한다. 둘째, 책무성이다. 국민의 세금으로부터 재원을 확보하므로 명확한 지출 계획과 법률에 근거하여 예산을 편성하고, 당초 계획과 다른 항목 간 이전용을 지양한다. 그러나 전통적 예산편성 기법은 지출 항목 간의 이전용을 제한하면서 교육환경 변화에 융통성 있게 대응하는데 한계를 지니게 된다. 따라서 이를 극복하기 위한 방안으로는 이전용에 대한 기준을 완화하여 환경변화에 신축적으로 대응하도록 할 수 있다.

271 교육재정 #총액배분 자율편성 #영기준 예산제도

예산 활용의 효과성을 극대화하기 위해 대안적 예산제도를 활용할 수 있다. A 예산제도는 총액배분 자율편성 예산제도로서 이 예산제도는 단위학교에 자율성을 최대한 부여하여 학교 상황에 맞는 운영을 가능하게 한다. B 예산제도는 영기준 예산제도로서 이 예산제도는 우선순위에 따라 예산을 편성·운영하게 함으로써 예산 활용의 효과성을 제고할 수 있다. 이러한 대안적 예산제도의 성공적 운영을 위해서 학교는 학교운영위원회, 교직원 회의 등 구성원들의 참여를 통해 예산편성의 기준을 마련할 수 있다.

272 교육법 #학교안전사고

안전한 교육환경 조성을 위해 학교안전사고를 예방·해결해야 한다. 학교안전사고의 유형으로는 첫째, 혹서기에 발생할 수 있는 일사병, 둘째, 급식실에서 발생할 수 있는 식중독 또는 가스중독 등이 있다. 이러한 사고를 예방·해결하기 위한 학교의 조치로는 다음과 같다. 첫째, 일사병과 같이 자연재해에 따른 안전사고가 우려되는 경우, 학교장은 예방차원에서 휴업을 결정한다. 둘째, 중독관련 사고와 같이 학교내에서 해결하기 어려운 안전사고가 발생하면 관련 기관에 신고를 즉시하고 학교 보험 등을 통해 치료를 지원한다.

273 학교 경영 #목표관리제

참여의 과정을 통해 조직의 목표를 명료화·체계화하는 목표관리제에 따라 학교를 경영했을 때 장점은 다음과 같다. 첫째, 참여와 합의를 통해 목표를 설정하면서 교육의 민주화·분권화를 촉진할 수 있다. 둘째, 목표와 책임에 대한 명확한 설정을 통해 조직 운영의 방향을 분명하게 해주고 조직 운영의 효율성과 책무성을 확보할 수 있다. 목표관리제의 운영을 위한 학교장의 구체적 역할은 다음과 같다. 첫째, 구성원들이 적극적으로 목표설정 과정에 참여할 수 있도록 온·오프라인 교직원 회의 등 참여의 기회를 제공하고 동기를 유발한다. 둘째, 타 교사의 아이디어를 비판하고 지시·통제하기 보다는 학교장 또한 함께 목표를 구성하는 참여자로서 적극적으로 아이디어를 개진한다.

274   학교 경영   #학교운영위원회

단위학교에 운영상 자율성을 부여하는 학교운영위원회의 의의로는 단위학교 특성에 맞는 다양하고 창의적인 교육을 할 수 있다는 점을 들 수 있다. 학교운영위원회는 학칙 제·개정, 학교예결산 등 학교의 운영과 관련한 사항을 심의·의결하는 기능을 수행한다. 이러한 학교 운영위원회의 성공을 위한 구체적 운영방안으로는 다음과 같다. 첫째, 지역사회의 특성을 반영하기 위해 대표성있는 위원을 선발한다. 학부모위원 선발 시 대외 홍보를 강화하고, 공모절차를 투명하게 하며, 지역위원 선발 시에는 지자체와의 협력을 강화해 지역 내 유능한 인사에 관한 인력풀을 활용한다. 둘째, 학교운영위원회가 교장의 거수 기구로 전락되는 것을 방지하기 위해 회의록을 공개하거나 회의 과정을 온라인을 통해 학부모들에게 공개하는 방법을 실시할 수 있다.

275   학급 경영   #학급 경영

학급 경영이란 교육목표를 효과적으로 달성하기 위해 학급 내 인적·물적 자원을 효율적으로 관리하는 활동을 의미한다. 학급 경영은 크게 기초조사-목표설정-활동-평가의 단계를 거친다. 이중 기초조사 단계는 학급의 특성을 이해하기 위한 자료를 수집하는 단계로서, 이 단계에서 조사하는 내용은 다음과 같다. 첫째, 과거 학생부 확인 또는 상담 등을 통해 학생의 특성을 조사한다. 둘째, 가정환경 조사서, 지역 사회 분석 자료를 통해 가정환경과 지역 사회의 특성을 조사한다. 한편, 학급 경영의 성공을 위한 교사의 태도로는 다음과 같다. 첫째, 교사는 확고한 교육철학을 정립한다. 이를 통해 학급 경영 계획을 수립하고 1년 동안 학급을 안정적으로 운영한다. 둘째, 동료 교사와 협동을 통해 학급 경영에 관한 전문성을 함양한다. 학습동아리 등을 조직하여 학급에서 발생할 수 있는 문제를 예상하고 해결방안을 모색하면서 다양한 학급 문제에 효과적으로 대응할 수 있도록 한다.

276   학급 경영   #학부모

학부모의 학교 참여가 필요한 이유로는 첫째, 다양한 교육 수요를 파악하고 교육의 민주성을 확보할 수 있다. 둘째, 학생 성장을 위한 협력을 도모함으로써 학교 공동체의 책무성을 확보할 수 있다. 참여 효과를 극대화하기 위해 학부모의 폭넓은 학교 참여를 유도해야 하는데 그 방법은 다음과 같다. 첫째, 참여 방법을 다양화한다. 학부모들이 손쉽게 학교에 참여할 수 있도록 단체대화방, 실시간 화상회의 등 온라인 참여 채널을 운영한다. 둘째, 참여 시간대를 조정한다. 맞벌이가정 등을 고려하여 참여 가능 시간대를 조사하고 이를 반영한다.

교육사회학

본문 p.152

277　기능론

#기능론

박 교사는 안정을 지향하는 사회를 가정하는데 이러한 관점을 기능론이라 한다. 기능론에 근거할 때 학교의 기능으로는 다음과 같다. 첫째, 사회화 기능이다. 학교는 사회에 필요한 인재를 육성하면서 사회의 안정화에 기여한다. 둘째, 인재 선발과 양성 기능이다. 학교는 재능있는 사람을 분류, 선발하고 적재적소에 배치하면서 효과적으로 사람을 기능하게 한다. 이러한 기능과 관련했을 때 교사의 역할로는 다음과 같다. 첫째, 공식적 교육과정에 충실하면서 사회에서 중요한 가치인 민주성, 형평성 등의 가치를 전수한다. 둘째, 사회적 가치가 반영된 규칙, 명확한 판별기준 등에 충실하면서 학생을 평가하고 선별한다.

278　기능론

#드리븐 #규범교육이론

기능론의 대표적인 이론인 드리븐의 규범교육이론에 근거할 때 학교에서 규범교육이 필요한 이유는 다음과 같다. 첫째, 규범은 사회가 합의한 가치, 규칙이므로 개인이 이를 학습하면서 사회에 적응하기 때문이다. 둘째, 규범에는 사회적으로 필요한 역량이 들어있으므로 이를 학습하면서 사회에서 필요로 하는 인재로 성장하기 때문이다. 한편 조 교사의 의견을 참고할 때 학교에서 습득하는 규범은 다음과 같다. 첫째, 독립성 규범이다. 학교에서 독립적으로 과제를 수행하면서 자신의 일은 스스로 책임져야 한다는 규범을 습득할 수 있다. 둘째, 성취성 규범이다. 학교에서 과제수행 결과에 따라 보상을 받고 자신의 성취와 대우를 타 학생과 비교하면서 노력한 만큼 성취하고 보상받을 수 있다는 규범을 습득할 수 있다.

279   갈등론   #갈등론 #탈학교론

갈등론에서는 사회를 경쟁과 갈등이 필연적으로 나타나는 장이라고 본다. 따라서 학교의 역기능을 강조하는데, 학교의 역기능으로는 다음과 같다. 첫째, 불평등 재생산이다. 학교는 지배계급의 이익을 종속계급에게 내면화시키는 기능을 한다고 본다. 둘째, 순응적 노동자 양성이다. 학교는 지배계급 중심의 사회에 순응하는 노동자를 육성한다고 본다. 이에 따라 일리치를 비롯한 탈학교론자들은 학교의 대안으로서 교육 네트워크를 제안한다. 교육 네트워크의 특성으로는 다음과 같다. 첫째, 학습자라면 누구나 학습에 필요한 자료에 쉽게 접근할 수 있도록 자료망이 구축되어야 한다. 둘째, 학습자가 자신이 원하는 전문가, 준전문가들을 쉽게 만날 수 있도록 교육자망이 구축되어야 한다.

280   갈등론   #부르디외 #문화자본

부르디외는 문화자본이 학업성취에 영향을 미친다고 보았다. 문화자본이란 사회적으로 물려받은 계급적 배경에 의해 자연스럽게 형성된 지속적인 문화적 취향을 의미하는데 문화자본은 크게 3가지 유형으로 구분된다. 첫째, 아비투스적 문화자본이다. 이는 유년 시절부터 자연스럽게 체화된 문화적 취향을 의미한다. 둘째, 객관화된 문화자본이다. 이는 책, 예술품 등과 같이 사회적으로 인정되는 문화적 재화이다. 셋째, 제도화된 문화자본이다. 이는 졸업증, 자격증과 같이 제도적으로 인정된 것을 의미한다. 이러한 지배계급의 문화자본이 학교에서 재생산되는 양태로는, 수행평가 시 지배계층에게 유리한 주제, 문제로 평가 문항이 구성되는 경우 학생들은 높은 점수를 얻기 위해 지배계층 중심의 지식을 습득하게 되고 그것이 타당하다고 자연스럽게 받아들이는 것을 제시할 수 있다.

281   갈등론   #프레이리 #문제제기식 교육

프레이리는 교사가 지식을 독점하는 은행예금식 교육에 반대하면서 학생들을 의식화시키는 교육을 강조하였는데 이때 필요한 교육의 명칭을 문제제기식 교육이라 한다. 문제제기식 교육에서는 교사 학생 간 상호소통하면서 서로 간의 생각을 공유하는 협력적 관계를 강조한다. 이러한 교육은 학습자 스스로 상황을 비판적으로 볼 수 있는 문제를 제시하여, 학습자의 비판의식, 자기주도성을 함양할 수 있다는 점에서 의의를 가진다.

282 미시적 접근
#신교육사회학 #맥닐 #방어적 교수법

제시문의 배 교사는 교육 현상을 연구하면서 교사와 학생의 상호작용에 초점을 둔다. 이러한 관점을 미시적 접근이라 하는데, 이러한 접근이 타당한 이유로는 사회구조적 관점에서 벗어나 교사와 학생에 초점을 두면서 교실 현장의 실제적 모습을 이해하는데 용이하기 때문이다. 한편 이러한 관점을 따르는 대표적인 연구로 맥닐의 방어적 교수법이 있는데, 이 이론에서 말하는 구체적인 전략은 다음과 같다. 첫째, 단편화로서, 여러 관련있는 주제들의 복합적인 관계를 설명하지 않고 분절적으로 개념만 가르치는 전략을 의미한다. 둘째, 신비화로서, 논란의 여지가 있거나 복잡한 주제를 알지 않아도 되는 것처럼 신비화하여 토론을 방지하는 전략을 의미한다. 방어적 교수법 연구는 교육과정이 교사에 의해 왜곡되는 과정을 설명해준다는 의의를 지닌다.

283 미시적 접근
#하그리브스 #번스타인

하그리브스는 교사의 유형을 조련사형, 연예인형, 낭만가형으로 구분한다. 이중 학습자의 자기 주도성을 키워주는 교육과 관련한 유형은 낭만가형으로서 이 유형의 교사는 학습자의 능력과 의지를 신뢰하면서 학습자가 학습 내용을 스스로 선택할 수 있도록 조력한다는 특징을 지닌다. 한편 번스타인의 구분에 따를 때 학습자의 자기 주도성을 키워주는 데 피해야 하는 교수법으로는 보이지 않는 교수법(비가시적 교수법)을 들 수 있다. 이 방법은 교사와 학생 간 수직적 관계를 통해 지식의 전달을 강조한다. 반면 적절한 교수법으로는, 보이는 교수법(가시적 교수법)을 들 수 있다. 이 방법은 교사와 학생 간 수평적 관계, 협력적 관계를 전제하고 지식의 획득과 학습자의 역량 함양을 강조한다.

07

284 대안교육
#홈스쿨링

가정에서 학교 교육을 대신하는 것을 홈스쿨링이라 한다. 홈스쿨링은 사전에 정해진 교육을 받지 않는 비정형성이라는 특징을 가지는데, 이러한 특징이 가지는 순기능으로는 다음과 같다. 첫째, 개별 맞춤형 교육이 가능해진다. 공식적 교육과정의 틀에서 벗어나 학생의 적성과 흥미에 맞는 교육을 자유롭게 실시할 수 있다. 둘째, 다양한 형태로의 응용이 가능해진다. 교실이라는 물리적 공간을 넘어서 비정형적인 장소에서 다양한 교사와의 만남이 가능해지고 사회변화에 신속하게 대응할 수 있게 된다. 하지만 홈스쿨링의 역기능으로는 비정형성으로 인해 사회에서 꼭 필요한 학습내용을 학습하기엔 한계가 있다.

285 학력상승

#사교육 #기술기능이론 #지위경쟁이론

최근 사교육비가 눈에 띄게 상승하였는데, 이 상승의 이유는 다양하게 제시할 수 있다. 보고서에서는 기술기능이론과 지위경쟁이론을 활용하는데 구체적인 사교육비 상승 이유는 다음과 같다. 첫째, 기술기능이론에 근거할 때, 4차 산업혁명, AI 기술의 발달이라는 현실에서 직업 환경에 대응하기 위해서 사교육이 확대된다고 할 수 있다. 둘째, 지위경쟁이론에 근거할 때 한정된 재화와 좋은 직업을 획득하기 위한 경쟁에서 승리하기 위해 사교육이 확대된다고 할 수 있다. 한편 보고서에서는 사교육비 절감 대책 중 하나로 제시된 학교 예술교육을 분석하고자 한다. 이 정책에 대한 긍정적 평가로는 학교 예술교육 확대 시 기존 정규 음악·미술 교과 교육보다 더 발전한 예술 기능을 함양할 수 있다는 것을 제시할 수 있지만, 부정적 평가로는 학교 예술교육 확대를 통해 남들보다 우위에 설 수 있는 사람은 한정적이므로 실질적 사교육비 억제에는 한계가 있다는 것을 제시할 수 있다.

286 사회이동

#지위획득모형 #교육수익률곡선

교육이 사회이동에 기여하는지와 관련해 상반된 입장이 존재한다. 우선, 교육을 통해서 사회적 지위가 이동 가능하다는 것은 지위획득모형을 통해 설명 가능하다. 즉, 교육을 통해 개인의 능력이 향상되고, 첫 번째 직업이 결정되며, 이를 통해 개인의 현재 지위에 영향을 주게 된다. 다음으로 교육을 통해서 사회적 지위가 이동 불가하다는 것은 교육수익률곡선을 통해서 설명할 수 있다. 즉, 교육수익률이 높은 초기에는 중·상류 계층만 혜택을 받고 하류계층이 교육이 받을 때는 이미 교육이 보편화되어 교육수익률이 낮아 사회이동이 제한된다는 것이다. 한편 제시문의 정 교사 또한 교육을 통한 사회적 지위 이동에 대해 부정적인데, 디지털 대전환 시대에 이러한 관점이 갖는 한계로는 과거와 달리 지금은 누구나 지식에 접근이 가능하기 때문에 과거와 달리 특정 계층만 교육의 수혜를 받는 것을 전제할 수 없다는 점을 제시할 수 있다.

287 교육평등론

#콜맨리포트

교육 평등에 관한 콜맨리포트에 따르면 학생 학업성취에 가장 큰 영향을 미치는 요소는 학생의 가정 배경이라고 제시한다. 즉, 가정의 사회경제적 지위, 학생에 대한 관심 등이 학업성취에 가장 큰 영향을 미친다고 본다. 이러한 요소를 고려했을 때 결과의 평등을 달성하기 위한 교육적 조치는 다음과 같다. 첫째, 가정에서 지원받기 어려운 교육 물품을 지원한다. 예를 들어, 태블릿 PC, 인터넷 통신비를 지원하여 에듀테크 활용 교육이 강조되는 상황에서도 교육 평등을 실현할 수 있게 해준다. 둘째, 가정에서 해주지 못하는 진로지도, 학업지도를 실시한다. 예를 들어, 학생 진로상담, 학업계획서 작성 및 상담을 통해 개별 맞춤형 지도가 될 수 있도록 지원한다.

288   교육평등론   #평등관

교육평등의 관점 중 보상적 평등이란 교육 결과가 같아야 평등이라는 관점으로 부모의 사회경제적 지위가 낮은 집단의 교육적 결손을 해소하는 것을 의미한다. 이러한 평등관을 실현하는 교육제도 또는 교육 방법으로는 다음과 같다. 첫째, 우리나라의 지역균형선발제도가 있다. 이는 입시에서 지역별 학령인구 등을 반영하는 것으로 입시결과의 평등이라는 관점을 지향한다. 둘째, 학습지원대상 학생 대상 보충학습이 있다. 기초학력 보장이 필요한 학습지원대상 학생에게 방과 후, 또는 방학 중 보충학습을 제공하여 최소한도의 성취수준을 보장하고자 한다.

289   기초학력 보장   #기초학력

기초학력 보장을 위해 종합적인 지원이 필요하다. 기초학력 저하를 유발하는 요인으로는 다음과 같다. 첫째, 학습자의 능력 측면에서 낮은 인지적 능력 또는 낮은 학습 동기, 둘째, 학습자의 환경 측면에서 학습에 비친화적인 가정환경 등을 제시할 수 있다. 따라서 기초학력 보장을 위해서 학습을 저해하는 요인을 진단하고 학습자별 맞춤형 처방이 필요하다. 구체적 진단방안으로는 학교 내에서는 우선 교사가 학생을 관찰하고 면담한 후 학습지원대상 학생협의회와 같은 교사협의체를 구성하여 학습자의 학습을 저해하는 요인을 분석한다. 이어서 구체적 처방방안으로는 외부 학습종합클리닉센터를 통한 전문적 보충학습 프로그램을 제공할 수 있다.

07

290   기초학력 보장   #기초학력

기초학력 보장을 위해 다양한 교육 방법을 활용할 수 있다. 한 교사는 협력수업을 실시하고자 하는데, 이러한 교육 방법은 정규 수업 중 다른 학생들에게 지장이 가지 않는 범위 내에서 보조교사가 학습에 어려움을 겪는 학생에게 즉각적으로 피드백이 가능하여 기초학력 보장에 도움이 된다. 또한 송 교사는 방과후·방학 중 보충수업을 실시하고자 하는데, 이러한 교육 방법은 시간적 제약 없이 학생별 맞춤형 교육이 가능하여 기초학력 보장에 도움이 된다. 한편, 기초학력 관련 내용을 학부모에게 안내할 때 유의점으로는 학부모의 불안감 최소화를 위해 학생의 발전가능성을 주로 언급하며, 학습지원을 위한 기관과 프로그램 등 정확한 정보를 제공할 필요가 있다.

291   **선발과 시험**   #시험 #학생부종합전형

기능론과 갈등론에 근거하여 입시제도와 같은 시험의 타당성을 평가할 수 있다. 일반적인 시험의 기능
으로는 다음과 같다. 첫째, 기능론의 입장에서 시험은 경쟁을 촉진하고, 우수한 사람을 선발하여 사회를
발전시키는 원동력이 된다. 둘째, 갈등론의 입장에서 시험은 지식의 공식화와 위계화를 초래하며, 사회를
통제하는 수단이 된다. 이러한 관점에서 학생부종합전형 제도의 타당성을 분석하면 다음과 같다. 기능론의
관점에서 학생부종합전형은 사회에서 필요로 하는 인재를 사회변화에 맞도록 융통성 있게 선발해주는
역할을 한다는 점에서 타당성이 있다고 평가할 수 있다. 그러나 갈등론의 관점에서는 학생부종합전형에는
부모의 경제적 기반이 영향을 미치고, 제도 그 자체가 사회 지배계급의 이익이 반영되었다는 점에서
타당성이 낮다고 평가할 수 있다.

292   **학업성취 격차**   #학습격차 #조건적 평등관

에듀테크 기술을 활용한 교육은 학습자의 흥미와 동기를 유발한다는 장점이 있지만 학습격차를 발생시킨
다는 단점도 있다. 이때 학습격차가 발생하는 원인으로는 첫째, 학교 내적인 측면에서 교사의 에듀테크
기술 활용 역량의 차이를 들 수 있다. 컴퓨터 활용 능력 등의 차이에 따라 교수의 질적 차이가 발생할
수 있다. 둘째, 학교 외적인 측면에서 부모의 관심과 기대를 들 수 있다. 새로운 교육에 관한 부모의
관심도가 학생의 학습 참여, 동기에 영향을 미쳐 학습격차를 발생시킬 수 있다. 이러한 학습격차를 완화
하기 위한 방안을 조건적 평등의 관점에서 제시한다면 다음과 같다. 첫째, 교사의 에듀테크 활용 역량
함양을 위한 연수를 실시한다. 이를 통해 학교 간의 차이를 최소화할 수 있다. 둘째, 중앙차원의 학부모
연수 프로그램을 통해 에듀테크 활용 수업에 관한 학부모의 관심도를 높인다. 이를 통해 학교별로 다를
수 있는 부모의 관심도 차이를 최소화할 수 있다.

293   **학업성취 격차**   #학습격차

학업성취 격차를 줄이기 위해 가정적 요인을 확인하고 교실 내에서 이를 보충해줄 필요가 있다. 학업성취
수준에 영향을 주는 가정의 사회적 자본은 다음과 같다. 첫째, 가정 내 사회적 자본으로서 부모의 학습지원,
자녀에 대한 기대가 있다. 학생에 대한 관심과 기대가 높을수록 학업성취에 긍정적 영향을 미치게 된다.
둘째, 가정 외 사회적 자본으로서 부모의 대외적 관계로부터 얻는 정보의 차이이다. 부모의 친구 관계,
직업 등으로부터 비롯된 교육에 대한 정보 차이가 학업성취 수준에 영향을 미치게 된다. 이를 고려했을
때 학업성취 격차를 최소화할 수 있는 학교 차원의 방안은 다음과 같다. 첫째, 학부모 상담을 통해 학생에
대한 부모의 기대와 관심 수준을 제고한다. 둘째, 학교 온·오프라인 커뮤니티를 통해 입시, 학습지도와
관련한 정보제공을 활성화하여 교육에 관한 정보격차를 최소화한다.

294 | 비행이론 #낙인이론 #차별적 접촉이론

청소년 비행 원인을 이론적으로 분석하면 다음과 같다. 첫째, 낙인이론의 관점에서 타인 또는 사회의 낙인으로 인해 학생의 자기지각에 영향을 미치고 학생은 계속해서 비행하게 될 수 있다. 둘째, 차별적 접촉이론의 관점에서 미성숙한 학생이 비행을 하는 동료, 선배 등을 모방하는 과정에서 비행이 발생할 수 있다. 따라서 청소년 비행을 최소화하기 위한 학급경영 전략은 다음과 같다. 첫째, 기존에 비행을 했던 학생이 학급에 있는 경우, 기존 비행 사건에만 집중하고 관련 없는 다른 비행행동으로 이어질 것이라는 성급한 해석을 자제하여 낙인을 찍지 않도록 한다. 둘째, 비행을 했던 학생들이 여럿 있는 경우 학급 내 자리 배치에서 거리를 확보하거나, 학급 내 모둠학습, 자치활동 등에서 비행 학생들은 같은 소집단에 편성하지 않도록 유의한다.

295 | 비행이론 #사회통제이론

비행 등 학습자의 일탈이 발생하는 이유로 사회통제이론에서는 사회적 유대가 약화되는 경우 사회통제력이 저하되고 이로 인해 일탈이 발생한다고 본다. 사회적 유대는 가정 내 애착, 교사와 학생 간의 긍정적 상호관계 등이 포함된다. 따라서 학습자의 일탈을 방지하기 위해서 사회적 유대를 높여주는 것이 필요하다. 이를 위한 구체적 실행방안은 다음과 같다. 첫째, 가정 내 애착의 필요성과 관련한 학부모 교육을 강화한다. 교사 학부모간 소통채널을 온·오프라인 등 다원화하고 학부모 교육내용도 사례 중심으로 구성하여 가정 내 애착의 중요성을 강조한다. 둘째, 교사, 학생 간의 긍정적 상호관계를 유발하기 위해 사제동행 프로그램을 실시한다. 교사·학생 공동연수, 함께하는 진로체험 등 프로그램을 다양화함으로써 사회적 유대를 제고한다.

296 | 비행이론 #학교폭력

학습자를 실제적으로 변화시키기 위해 실천중심의 학교폭력 예방교육을 실시할 수 있다. 기존 학교폭력 예방교육은 일회성의 강의식 중심으로 이루어져 인지적 측면에만 강조를 두었고, 이로인해 실질적인 행동변화로 이어지는 데 한계가 있다는 것을 문제점으로 들 수 있다. 따라서 이를 극복하기 위한 실천중심의 학교폭력 예방교육으로는 다음과 같다. 첫째, 학교폭력 관련 역할놀이를 통해 피해자와 가해자의 감정을 이해해보면서 학교폭력 감수성을 확보할 수 있도록 한다. 둘째, 투게더 프로젝트와 같은 학교 예술교육을 활성화하여 공동의 목표를 달성하는 과정에서 공동체감을 형성할 수 있도록 한다.

297 **평생교육**   #랑그랑 #평생교육

교육에 대한 국가의 책무성 확대는 평생교육으로까지 이어진다. 평생교육의 필요한 이유는 다음과 같다. 첫째, 의료기술의 발달로 수직적 차원에서 국가가 책임져야 하는 고령층이 증가했기 때문에 인생 2, 3모작을 위해 평생교육이 필요하다고 볼 수 있다. 둘째, 지식정보화의 촉진으로 수평적 차원에서 교육의 방식과 교육 공간이 확대되었기 때문에 평생교육이 필요하다고 볼 수 있다. 한편 최근 강조되는 평생교육은 학교의 모습까지 변화시킨다. 예를 들어, 최근 증가되는 지역 소규모학교를 방과후나 방학 중에 평생교육 기관화하여 지역민에게 교육 장소로 개방하기도 한다.

298 **평생교육**   #평생교육

평생교육의 원리는 다음과 같다. 첫째, 전체성이다. 평생교육은 학교 안에서의 교육뿐 아니라 학교 밖에서의 교육에도 정통성을 부여한다. 둘째, 자기주도성이다. 평생교육은 개인의 자발적인 필요에 의해서 학습 내용과 시기를 결정한다. 평생교육의 실천원리를 제시한 들로어 보고서에서는 존재하기 위한 학습을 강조하는데, 이는 평생교육이 그 어떤 목표보다도 지속적인 개인의 자아실현이라는 궁극적 목적을 추구해야 한다는 것을 나타낸 것이라 할 수 있다.

299 **다문화교육**   #다문화주의 #동화주의

다문화교육과 관련하여 용광로 이론과 샐러드 볼 이론이 있다. 용광로 이론은 다문화 사회에서 각 집단의 문화를 한데 모아 용광로에 넣어 녹이듯 하나의 문화로 만든다는 것이고 샐러드 볼 이론은 샐러드처럼 다양한 사회구성원들이 상호공존하며 각각이 색깔과 향기를 지니고 조화로운 통합을 이룬다는 논리이다. 정 교사는 샐러드 볼 이론에 근거하여 교육활동을 진행하고자 하는데, 구체적인 교육활동은 다음과 같다. 첫째, 월 1회 다문화데이를 실시하여 다문화 음식을 체험하거나 다문화 복장을 입는 행사를 실시할 수 있다. 둘째, 다문화가정 학부모를 초청하여 해당 국가의 문화, 역사에 대한 일일특강을 실시할 수 있다.

300 다문화교육   #다문화교육

다문화가정의 학생들이 경험할 수 있는 교육적 결손은 다음과 같다. 첫째, 인지적 측면에서 언어적 결손이다. 가정의 언어와 학교에서의 언어가 차이 나는 경우 학습자는 교육내용을 이해하기 어렵고 학업성취 저하로 이어질 수 있다. 둘째, 정의적 측면에서 사회성 결손이다. 편견 등에 따라 왕따와 같은 학교폭력의 피해자가 되는 경우 학교생활에 대한 동기부여가 어렵게 된다. 이를 해결하기 위한 학교 차원의 지원방안은 다음과 같다. 첫째, 방과후 시간 학부모와 함께하는 언어 공동 프로그램을 실시하여 언어적 결손을 최소화한다. 둘째, 역할 놀이를 통해 상호 역할을 바꿔가며 포용력을 높이고 사회성 결손을 최소화한다.

최원휘 SELF 교육학
미라클모닝 300제

부록

최원휘 SELF 교육학
마인드맵

Mind Map

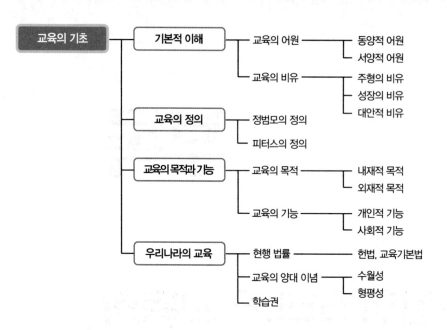

- 교육의 기초
  - 기본적 이해
    - 교육의 어원
      - 동양적 어원
      - 서양적 어원
    - 교육의 비유
      - 주형의 비유
      - 성장의 비유
      - 대안적 비유
  - 교육의 정의
    - 정범모의 정의
    - 피터스의 정의
  - 교육의 목적과 기능
    - 교육의 목적
      - 내재적 목적
      - 외재적 목적
    - 교육의 기능
      - 개인적 기능
      - 사회적 기능
  - 우리나라의 교육
    - 현행 법률 ── 헌법, 교육기본법
    - 교육의 양대 이념
      - 수월성
      - 형평성
    - 학습권

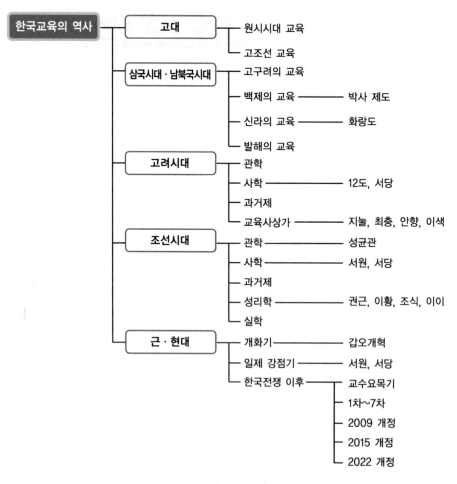

- 한국교육의 역사
  - 고대
    - 원시시대 교육
    - 고조선 교육
  - 삼국시대·남북국시대
    - 고구려의 교육
    - 백제의 교육 ── 박사 제도
    - 신라의 교육 ── 화랑도
    - 발해의 교육
  - 고려시대
    - 관학
    - 사학 ── 12도, 서당
    - 과거제
    - 교육사상가 ── 지눌, 최충, 안향, 이색
  - 조선시대
    - 관학 ── 성균관
    - 사학 ── 서원, 서당
    - 과거제
    - 성리학 ── 권근, 이황, 조식, 이이
    - 실학
  - 근·현대
    - 개화기 ── 갑오개혁
    - 일제 강점기 ── 서원, 서당
    - 한국전쟁 이후
      - 교수요목기
      - 1차~7차
      - 2009 개정
      - 2015 개정
      - 2022 개정

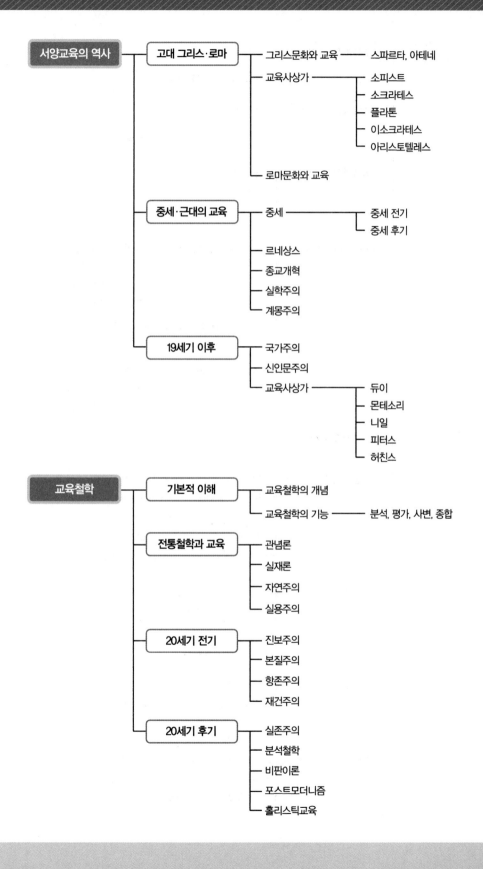

서양교육의 역사 ── 고대 그리스·로마 ── 그리스문화와 교육 ── 스파르타, 아테네
　　　　　　　　　　　　　　　　 ── 교육사상가 ── 소피스트
　　　　　　　　　　　　　　　　　　　　　　　── 소크라테스
　　　　　　　　　　　　　　　　　　　　　　　── 플라톤
　　　　　　　　　　　　　　　　　　　　　　　── 이소크라테스
　　　　　　　　　　　　　　　　　　　　　　　── 아리스토텔레스
　　　　　　　　　　　　　　　　 ── 로마문화와 교육

　　　　　　　　── 중세·근대의 교육 ── 중세 ── 중세 전기
　　　　　　　　　　　　　　　　　　　　　　── 중세 후기
　　　　　　　　　　　　　　　　 ── 르네상스
　　　　　　　　　　　　　　　　 ── 종교개혁
　　　　　　　　　　　　　　　　 ── 실학주의
　　　　　　　　　　　　　　　　 ── 계몽주의

　　　　　　　　── 19세기 이후 ── 국가주의
　　　　　　　　　　　　　　 ── 신인문주의
　　　　　　　　　　　　　　 ── 교육사상가 ── 듀이
　　　　　　　　　　　　　　　　　　　　　── 몬테소리
　　　　　　　　　　　　　　　　　　　　　── 니일
　　　　　　　　　　　　　　　　　　　　　── 피터스
　　　　　　　　　　　　　　　　　　　　　── 허친스

교육철학 ── 기본적 이해 ── 교육철학의 개념
　　　　　　　　　　　　── 교육철학의 기능 ── 분석, 평가, 사변, 종합

　　　　── 전통철학과 교육 ── 관념론
　　　　　　　　　　　　　── 실재론
　　　　　　　　　　　　　── 자연주의
　　　　　　　　　　　　　── 실용주의

　　　　── 20세기 전기 ── 진보주의
　　　　　　　　　　　── 본질주의
　　　　　　　　　　　── 항존주의
　　　　　　　　　　　── 재건주의

　　　　── 20세기 후기 ── 실존주의
　　　　　　　　　　　── 분석철학
　　　　　　　　　　　── 비판이론
　　　　　　　　　　　── 포스트모더니즘
　　　　　　　　　　　── 홀리스틱교육

Mind Map

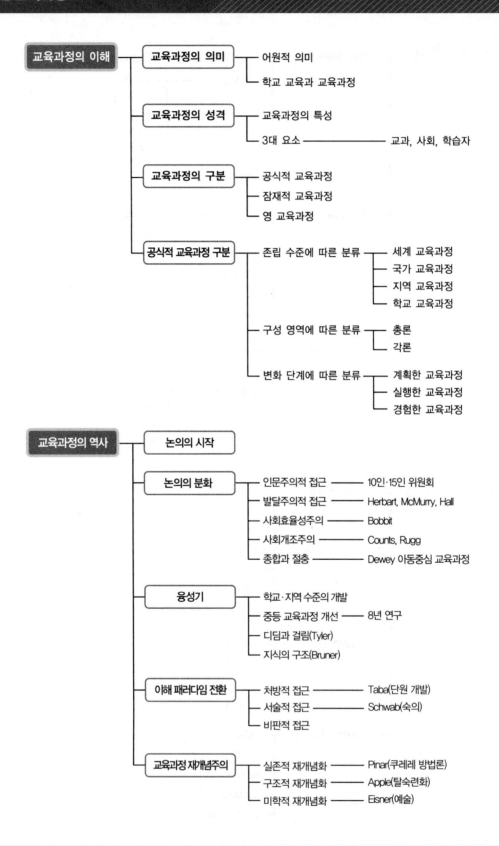

교육과정의 이해 ── 교육과정의 의미 ── 어원적 의미
                                ── 학교 교육과 교육과정

              ── 교육과정의 성격 ── 교육과정의 특성
                                ── 3대 요소 ───── 교과, 사회, 학습자

              ── 교육과정의 구분 ── 공식적 교육과정
                                ── 잠재적 교육과정
                                ── 영 교육과정

              ── 공식적 교육과정 구분 ── 존립 수준에 따른 분류 ── 세계 교육과정
                                                        ── 국가 교육과정
                                                        ── 지역 교육과정
                                                        ── 학교 교육과정

                                    ── 구성 영역에 따른 분류 ── 총론
                                                        ── 각론

                                    ── 변화 단계에 따른 분류 ── 계획한 교육과정
                                                        ── 실행한 교육과정
                                                        ── 경험한 교육과정

교육과정의 역사 ── 논의의 시작

              ── 논의의 분화 ── 인문주의적 접근 ───── 10인·15인 위원회
                            ── 발달주의적 접근 ───── Herbart, McMurry, Hall
                            ── 사회효율성주의 ───── Bobbit
                            ── 사회개조주의 ───── Counts, Rugg
                            ── 종합과 절충 ───── Dewey 아동중심 교육과정

              ── 융성기 ── 학교·지역 수준의 개발
                        ── 중등 교육과정 개선 ───── 8년 연구
                        ── 디딤과 걸림(Tyler)
                        ── 지식의 구조(Bruner)

              ── 이해 패러다임 전환 ── 처방적 접근 ───── Taba(단원 개발)
                                  ── 서술적 접근 ───── Schwab(숙의)
                                  ── 비판적 접근

              ── 교육과정 재개념주의 ── 실존적 재개념화 ───── Pinar(쿠레레 방법론)
                                    ── 구조적 재개념화 ───── Apple(탈숙련화)
                                    ── 미학적 재개념화 ───── Eisner(예술)

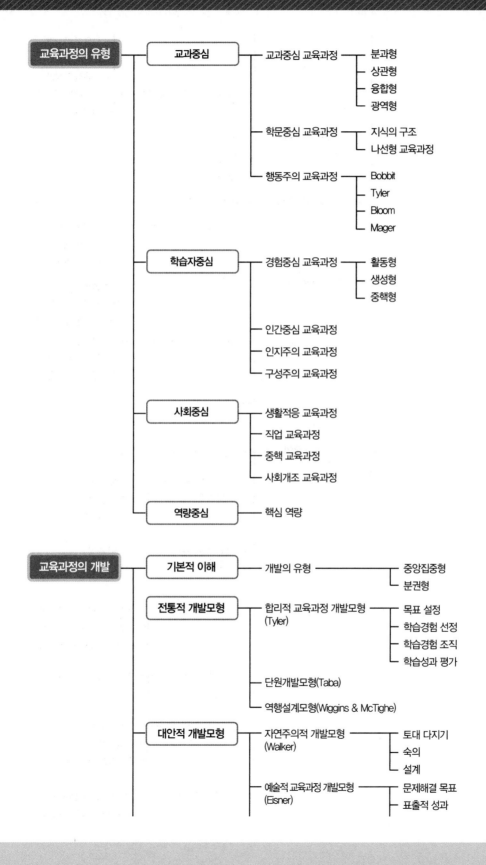

교육과정의 유형
- 교과중심
  - 교과중심 교육과정
    - 분과형
    - 상관형
    - 융합형
    - 광역형
  - 학문중심 교육과정
    - 지식의 구조
    - 나선형 교육과정
  - 행동주의 교육과정
    - Bobbit
    - Tyler
    - Bloom
    - Mager
- 학습자중심
  - 경험중심 교육과정
    - 활동형
    - 생성형
    - 중핵형
  - 인간중심 교육과정
  - 인지주의 교육과정
  - 구성주의 교육과정
- 사회중심
  - 생활적응 교육과정
  - 직업 교육과정
  - 중핵 교육과정
  - 사회개조 교육과정
- 역량중심
  - 핵심 역량

교육과정의 개발
- 기본적 이해
  - 개발의 유형
    - 중앙집중형
    - 분권형
- 전통적 개발모형
  - 합리적 교육과정 개발모형 (Tyler)
    - 목표 설정
    - 학습경험 선정
    - 학습경험 조직
    - 학습성과 평가
  - 단원개발모형(Taba)
  - 역행설계모형(Wiggins & McTighe)
- 대안적 개발모형
  - 자연주의적 개발모형 (Walker)
    - 토대 다지기
    - 숙의
    - 설계
  - 예술적 교육과정 개발모형 (Eisner)
    - 문제해결 목표
    - 표출적 성과

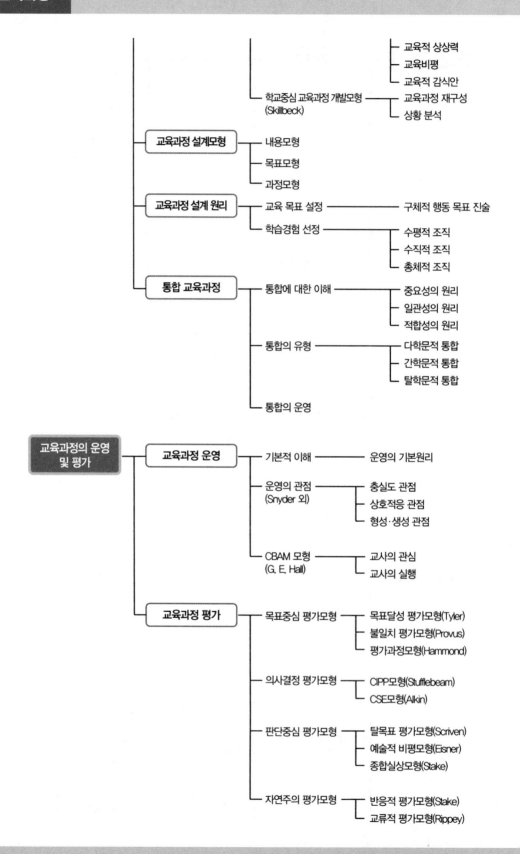

- 학교중심 교육과정 개발모형 (Skillbeck)
  - 교육적 상상력
  - 교육비평
  - 교육적 감식안
  - 교육과정 재구성
  - 상황 분석

- **교육과정 설계모형**
  - 내용모형
  - 목표모형
  - 과정모형

- **교육과정 설계 원리**
  - 교육 목표 설정 ── 구체적 행동 목표 진술
  - 학습경험 선정
    - 수평적 조직
    - 수직적 조직
    - 총체적 조직

- **통합 교육과정**
  - 통합에 대한 이해
    - 중요성의 원리
    - 일관성의 원리
    - 적합성의 원리
  - 통합의 유형
    - 다학문적 통합
    - 간학문적 통합
    - 탈학문적 통합
  - 통합의 운영

- 교육과정의 운영 및 평가
  - **교육과정 운영**
    - 기본적 이해 ── 운영의 기본원리
    - 운영의 관점 (Snyder 외)
      - 충실도 관점
      - 상호적응 관점
      - 형성·생성 관점
    - CBAM 모형 (G. E. Hall)
      - 교사의 관심
      - 교사의 실행
  - **교육과정 평가**
    - 목표중심 평가모형
      - 목표달성 평가모형(Tyler)
      - 불일치 평가모형(Provus)
      - 평가과정모형(Hammond)
    - 의사결정 평가모형
      - CIPP모형(Stufflebeam)
      - CSE모형(Alkin)
    - 판단중심 평가모형
      - 탈목표 평가모형(Scriven)
      - 예술적 비평모형(Eisner)
      - 종합실상모형(Stake)
    - 자연주의 평가모형
      - 반응적 평가모형(Stake)
      - 교류적 평가모형(Rippey)

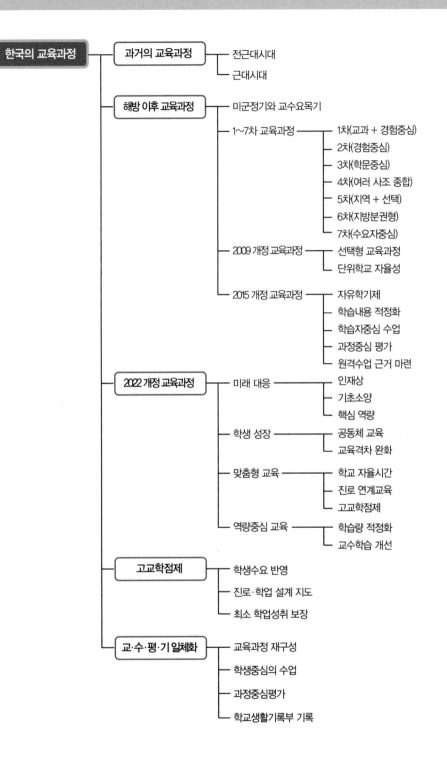

한국의 교육과정

과거의 교육과정 ─ 전근대시대
               └ 근대시대

해방 이후 교육과정 ─ 미군정기와 교수요목기
                 ├ 1~7차 교육과정 ─ 1차(교과 + 경험중심)
                 │   ├ 2차(경험중심)
                 │   ├ 3차(학문중심)
                 │   ├ 4차(여러 사조 종합)
                 │   ├ 5차(지역 + 선택)
                 │   ├ 6차(지방분권형)
                 │   └ 7차(수요자중심)
                 ├ 2009 개정 교육과정 ─ 선택형 교육과정
                 │   └ 단위학교 자율성
                 └ 2015 개정 교육과정 ─ 자유학기제
                                      ├ 학습내용 적정화
                                      ├ 학습자중심 수업
                                      ├ 과정중심 평가
                                      └ 원격수업 근거 마련

2022 개정 교육과정 ─ 미래 대응 ─ 인재상
                             ├ 기초소양
                             └ 핵심 역량
                 ├ 학생 성장 ─ 공동체 교육
                 │   └ 교육격차 완화
                 ├ 맞춤형 교육 ─ 학교 자율시간
                 │   ├ 진로 연계교육
                 │   └ 고교학점제
                 └ 역량중심 교육 ─ 학습량 적정화
                                └ 교수학습 개선

고교학점제 ─ 학생수요 반영
           ├ 진로·학업 설계 지도
           └ 최소 학업성취 보장

교·수·평·기 일체화 ─ 교육과정 재구성
                  ├ 학생중심의 수업
                  ├ 과정중심평가
                  └ 학교생활기록부 기록

Mind Map

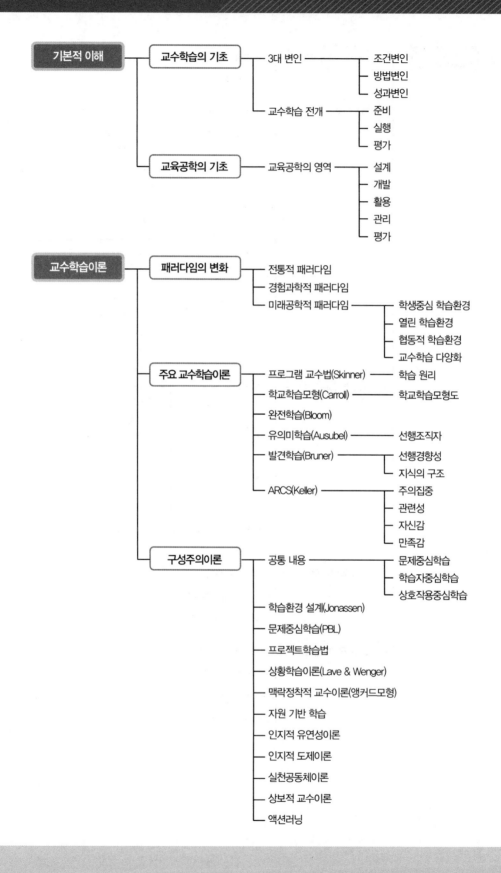

기본적 이해 ── **교수학습의 기초** ── 3대 변인 ── 조건변인
  방법변인
  성과변인

교수학습 전개 ── 준비
  실행
  평가

교육공학의 기초 ── 교육공학의 영역 ── 설계
  개발
  활용
  관리
  평가

교수학습이론 ── **패러다임의 변화** ── 전통적 패러다임
  경험과학적 패러다임
  미래공학적 패러다임 ── 학생중심 학습환경
  열린 학습환경
  협동적 학습환경
  교수학습 다양화

주요 교수학습이론 ── 프로그램 교수법(Skinner) ── 학습 원리
  학교학습모형(Carroll) ── 학교학습모형도
  완전학습(Bloom)
  유의미학습(Ausubel) ── 선행조직자
  발견학습(Bruner) ── 선행경향성
  지식의 구조
  ARCS(Keller) ── 주의집중
  관련성
  자신감
  만족감

구성주의이론 ── 공통 내용 ── 문제중심학습
  학습자중심학습
  상호작용중심학습

학습환경 설계(Jonassen)
문제중심학습(PBL)
프로젝트학습법
상황학습이론(Lave & Wenger)
맥락정착적 교수이론(앵커드모형)
자원 기반 학습
인지적 유연성이론
인지적 도제이론
실천공동체이론
상보적 교수이론
액션러닝

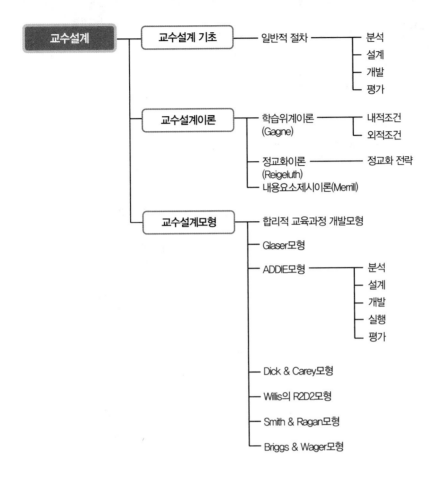

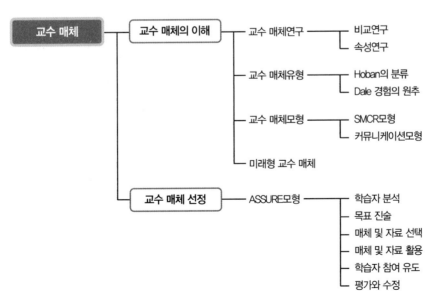

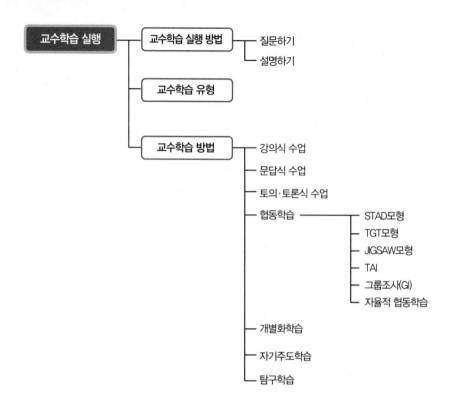

- 교수학습 실행
  - 교수학습 실행 방법
    - 질문하기
    - 설명하기
  - 교수학습 유형
  - 교수학습 방법
    - 강의식 수업
    - 문답식 수업
    - 토의·토론식 수업
    - 협동학습
      - STAD모형
      - TGT모형
      - JIGSAW모형
      - TAI
      - 그룹조사(GI)
      - 자율적 협동학습
    - 개별화학습
    - 자기주도학습
    - 탐구학습

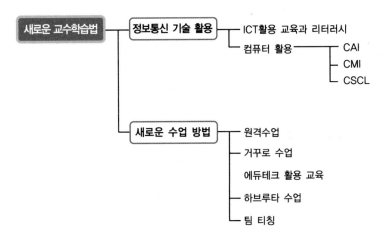

Mind Map

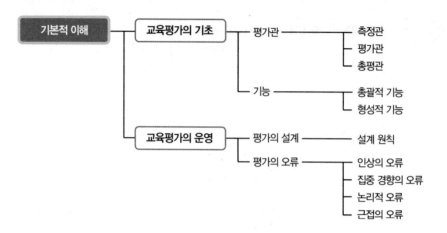

- 기본적 이해
  - 교육평가의 기초
    - 평가관
      - 측정관
      - 평가관
      - 총평관
    - 기능
      - 총괄적 기능
      - 형성적 기능
  - 교육평가의 운영
    - 평가의 설계 —— 설계 원칙
    - 평가의 오류
      - 인상의 오류
      - 집중 경향의 오류
      - 논리적 오류
      - 근접의 오류

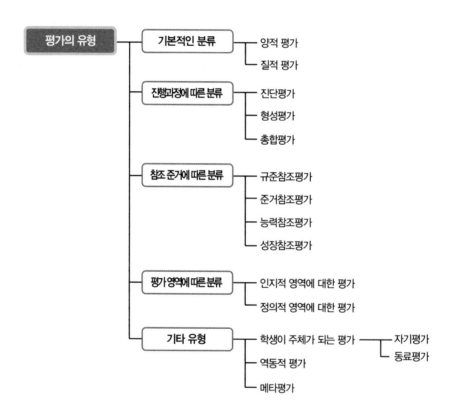

- 평가의 유형
  - 기본적인 분류
    - 양적 평가
    - 질적 평가
  - 진행과정에 따른 분류
    - 진단평가
    - 형성평가
    - 총합평가
  - 참조 준거에 따른 분류
    - 규준참조평가
    - 준거참조평가
    - 능력참조평가
    - 성장참조평가
  - 평가영역에 따른 분류
    - 인지적 영역에 대한 평가
    - 정의적 영역에 대한 평가
  - 기타 유형
    - 학생이 주체가 되는 평가
      - 자기평가
      - 동료평가
    - 역동적 평가
    - 메타평가

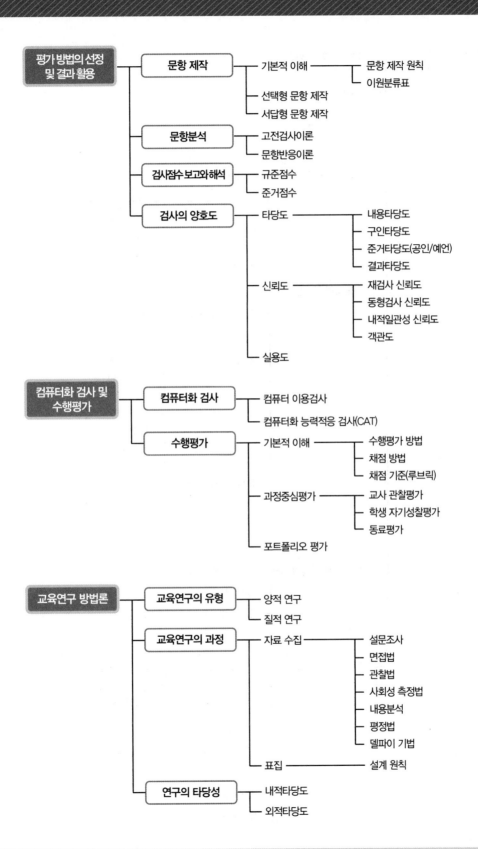

평가 방법의 선정 및 결과 활용

문항 제작
- 기본적 이해
  - 문항 제작 원칙
  - 이원분류표
- 선택형 문항 제작
- 서답형 문항 제작

문항분석
- 고전검사이론
- 문항반응이론

검사점수 보고와 해석
- 규준점수
- 준거점수

검사의 양호도
- 타당도
  - 내용타당도
  - 구인타당도
  - 준거타당도(공인/예언)
  - 결과타당도
- 신뢰도
  - 재검사 신뢰도
  - 동형검사 신뢰도
  - 내적일관성 신뢰도
  - 객관도
- 실용도

컴퓨터화 검사 및 수행평가

컴퓨터화 검사
- 컴퓨터 이용검사
- 컴퓨터화 능력적응 검사(CAT)

수행평가
- 기본적 이해
  - 수행평가 방법
  - 채점 방법
  - 채점 기준(루브릭)
- 과정중심평가
  - 교사 관찰평가
  - 학생 자기성찰평가
  - 동료평가
- 포트폴리오 평가

교육연구 방법론

교육연구의 유형
- 양적 연구
- 질적 연구

교육연구의 과정
- 자료 수집
  - 설문조사
  - 면접법
  - 관찰법
  - 사회성 측정법
  - 내용분석
  - 평정법
  - 델파이 기법
- 표집
  - 설계 원칙

연구의 타당성
- 내적타당도
- 외적타당도

Mind Map

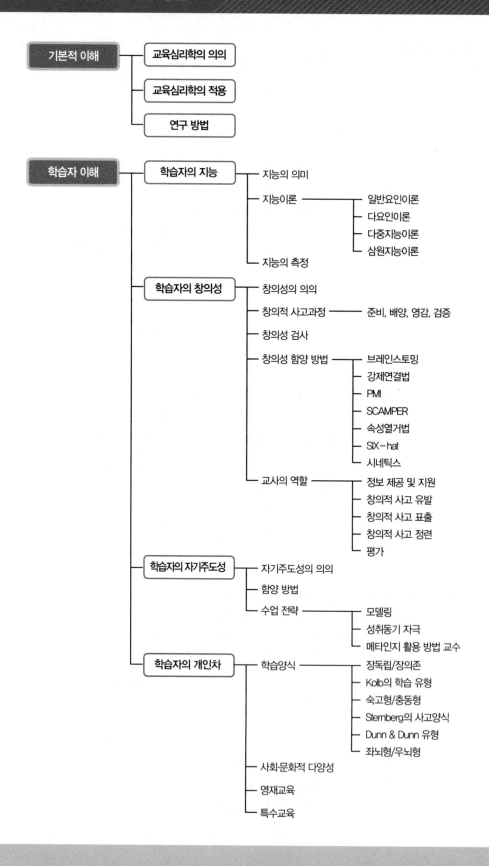

기본적 이해
- 교육심리학의 의의
- 교육심리학의 적용
- 연구 방법

학습자 이해
- 학습자의 지능
  - 지능의 의미
  - 지능이론
    - 일반요인이론
    - 다요인이론
    - 다중지능이론
    - 삼원지능이론
  - 지능의 측정
- 학습자의 창의성
  - 창의성의 의의
  - 창의적 사고과정 ── 준비, 배양, 영감, 검증
  - 창의성 검사
  - 창의성 함양 방법
    - 브레인스토밍
    - 강제연결법
    - PMI
    - SCAMPER
    - 속성열거법
    - SIX-hat
    - 시네틱스
  - 교사의 역할
    - 정보 제공 및 지원
    - 창의적 사고 유발
    - 창의적 사고 표출
    - 창의적 사고 정련
    - 평가
- 학습자의 자기주도성
  - 자기주도성의 의의
  - 함양 방법
  - 수업 전략
    - 모델링
    - 성취동기 자극
    - 메타인지 활용 방법 교수
- 학습자의 개인차
  - 학습양식
    - 장독립/장의존
    - Kolb의 학습 유형
    - 숙고형/충동형
    - Sternberg의 사고양식
    - Dunn & Dunn 유형
    - 좌뇌형/우뇌형
  - 사회·문화적 다양성
  - 영재교육
  - 특수교육

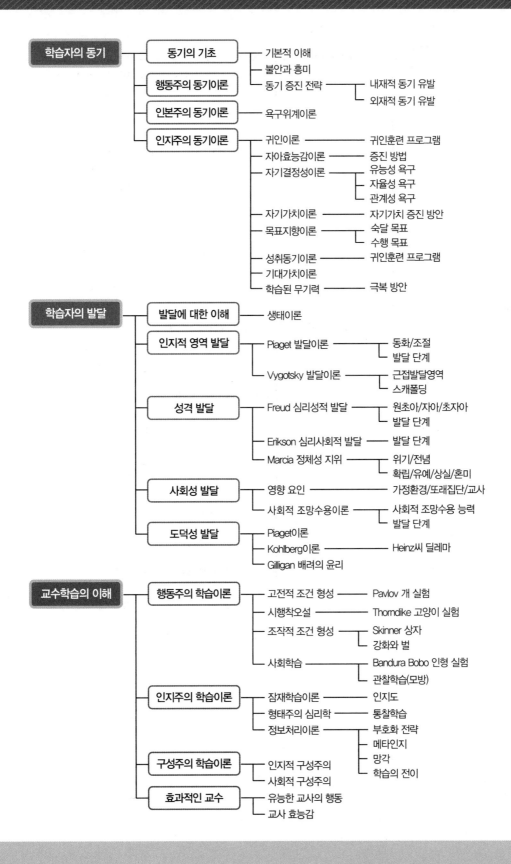

학습자의 동기
- 동기의 기초
  - 기본적 이해
  - 불안과 흥미
  - 동기 증진 전략
    - 내재적 동기 유발
    - 외재적 동기 유발
- 행동주의 동기이론
- 인본주의 동기이론
  - 욕구위계이론
- 인지주의 동기이론
  - 귀인이론 ── 귀인훈련 프로그램
  - 자아효능감이론 ── 증진 방법
  - 자기결정성이론
    - 유능성 욕구
    - 자율성 욕구
    - 관계성 욕구
  - 자기가치이론 ── 자기가치 증진 방안
  - 목표지향이론
    - 숙달 목표
    - 수행 목표
  - 성취동기이론 ── 귀인훈련 프로그램
  - 기대가치이론
  - 학습된 무기력 ── 극복 방안

학습자의 발달
- 발달에 대한 이해 ── 생태이론
- 인지적 영역 발달
  - Piaget 발달이론
    - 동화/조절
    - 발달 단계
  - Vygotsky 발달이론
    - 근접발달영역
    - 스캐폴딩
- 성격 발달
  - Freud 심리성적 발달
    - 원초아/자아/초자아
    - 발달 단계
  - Erikson 심리사회적 발달 ── 발달 단계
  - Marcia 정체성 지위
    - 위기/전념
    - 확립/유예/상실/혼미
- 사회성 발달
  - 영향 요인 ── 가정환경/또래집단/교사
  - 사회적 조망수용이론
    - 사회적 조망수용 능력
    - 발달 단계
- 도덕성 발달
  - Piaget이론
  - Kohlberg이론 ── Heinz씨 딜레마
  - Gilligan 배려의 윤리

교수학습의 이해
- 행동주의 학습이론
  - 고전적 조건 형성 ── Pavlov 개 실험
  - 시행착오설 ── Thorndike 고양이 실험
  - 조작적 조건 형성
    - Skinner 상자
    - 강화와 벌
  - 사회학습
    - Bandura Bobo 인형 실험
    - 관찰학습(모방)
- 인지주의 학습이론
  - 잠재학습이론 ── 인지도
  - 형태주의 심리학 ── 통찰학습
  - 정보처리이론
    - 부호화 전략
    - 메타인지
    - 망각
    - 학습의 전이
- 구성주의 학습이론
  - 인지적 구성주의
  - 사회적 구성주의
- 효과적인 교수
  - 유능한 교사의 행동
  - 교사 효능감

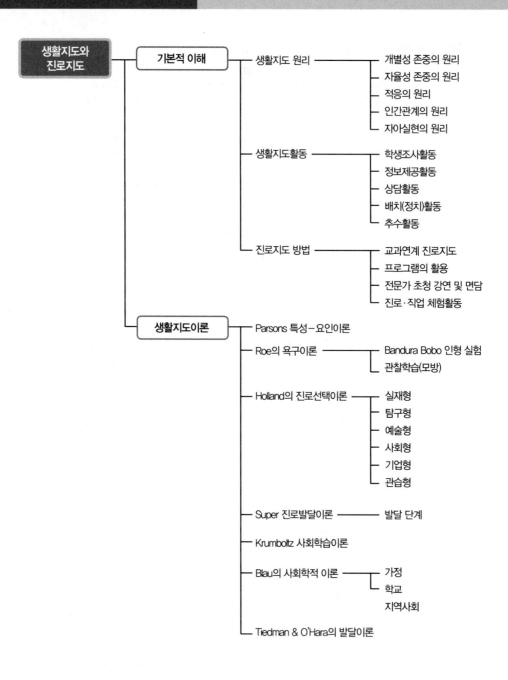

생활지도와 진로지도

기본적 이해

생활지도 원리
- 개별성 존중의 원리
- 자율성 존중의 원리
- 적응의 원리
- 인간관계의 원리
- 자아실현의 원리

생활지도활동
- 학생조사활동
- 정보제공활동
- 상담활동
- 배치(정치)활동
- 추수활동

진로지도 방법
- 교과연계 진로지도
- 프로그램의 활용
- 전문가 초청 강연 및 면담
- 진로·직업 체험활동

생활지도이론

Parsons 특성–요인이론

Roe의 욕구이론
- Bandura Bobo 인형 실험
- 관찰학습(모방)

Holland의 진로선택이론
- 실재형
- 탐구형
- 예술형
- 사회형
- 기업형
- 관습형

Super 진로발달이론 ── 발달 단계

Krumboltz 사회학습이론

Blau의 사회학적 이론
- 가정
- 학교
- 지역사회

Tiedman & O'Hara의 발달이론

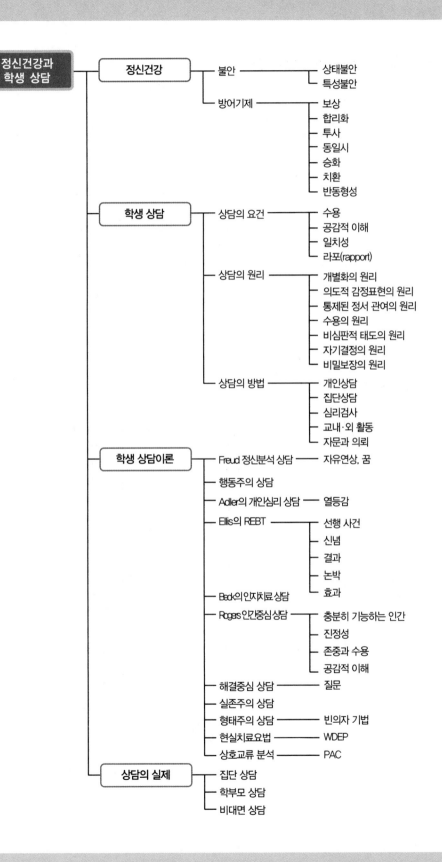

정신건강과
학생 상담

정신건강 ─── 불안 ─── 상태불안
                        특성불안
              방어기제 ─── 보상
                          합리화
                          투사
                          동일시
                          승화
                          치환
                          반동형성

학생 상담 ─── 상담의 요건 ─── 수용
                            공감적 이해
                            일치성
                            라포(rapport)
              상담의 원리 ─── 개별화의 원리
                            의도적 감정표현의 원리
                            통제된 정서 관여의 원리
                            수용의 원리
                            비심판적 태도의 원리
                            자기결정의 원리
                            비밀보장의 원리
              상담의 방법 ─── 개인상담
                            집단상담
                            심리검사
                            교내·외 활동
                            자문과 의뢰

학생 상담이론 ─── Freud 정신분석 상담 ─── 자유연상, 꿈
                 행동주의 상담
                 Adler의 개인심리 상담 ─── 열등감
                 Ellis의 REBT ─── 선행 사건
                                  신념
                                  결과
                                  논박
                                  효과
                 Beck의 인지치료 상담
                 Rogers 인간중심 상담 ─── 충분히 기능하는 인간
                                        진정성
                                        존중과 수용
                                        공감적 이해
                 해결중심 상담 ─── 질문
                 실존주의 상담
                 형태주의 상담 ─── 빈의자 기법
                 현실치료요법 ─── WDEP
                 상호교류 분석 ─── PAC

상담의 실제 ─── 집단 상담
              학부모 상담
              비대면 상담

Mind Map

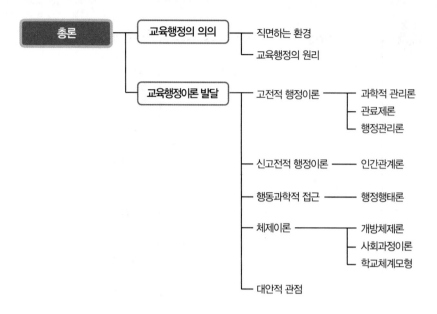

```
총론 ─┬─ 교육행정의 의의 ─┬─ 직면하는 환경
      │                   └─ 교육행정의 원리
      │
      └─ 교육행정이론 발달 ─┬─ 고전적 행정이론 ─┬─ 과학적 관리론
                           │                   ├─ 관료제론
                           │                   └─ 행정관리론
                           │
                           ├─ 신고전적 행정이론 ── 인간관계론
                           │
                           ├─ 행동과학적 접근 ── 행정행태론
                           │
                           ├─ 체제이론 ─┬─ 개방체제론
                           │            ├─ 사회과정이론
                           │            └─ 학교체계모형
                           │
                           └─ 대안적 관점
```

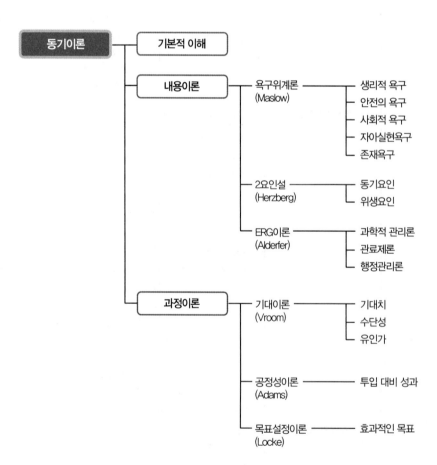

```
동기이론 ─┬─ 기본적 이해
          │
          ├─ 내용이론 ─┬─ 욕구위계론 ─┬─ 생리적 욕구
          │            │  (Maslow)    ├─ 안전의 욕구
          │            │              ├─ 사회적 욕구
          │            │              ├─ 자아실현욕구
          │            │              └─ 존재욕구
          │            │
          │            ├─ 2요인설 ─┬─ 동기요인
          │            │  (Herzberg) └─ 위생요인
          │            │
          │            └─ ERG이론 ─┬─ 과학적 관리론
          │               (Alderfer) ├─ 관료제론
          │                          └─ 행정관리론
          │
          └─ 과정이론 ─┬─ 기대이론 ─┬─ 기대치
                       │  (Vroom)    ├─ 수단성
                       │             └─ 유인가
                       │
                       ├─ 공정성이론 ── 투입 대비 성과
                       │  (Adams)
                       │
                       └─ 목표설정이론 ── 효과적인 목표
                          (Locke)
```

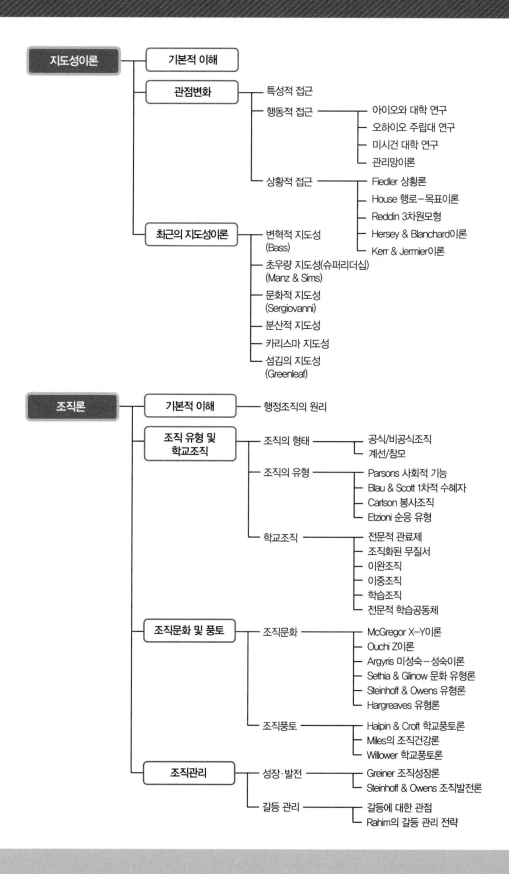

지도성이론 ─── 기본적 이해

관점변화 ─── 특성적 접근

행동적 접근 ─── 아이오와 대학 연구

오하이오 주립대 연구

미시건 대학 연구

관리망이론

상황적 접근 ─── Fiedler 상황론

House 행로−목표이론

Reddin 3차원모형

Hersey & Blanchard이론

Kerr & Jermier이론

최근의 지도성이론 ─── 변혁적 지도성
(Bass)

초우량 지도성(슈퍼리더십)
(Manz & Sims)

문화적 지도성
(Sergiovanni)

분산적 지도성

카리스마 지도성

섬김의 지도성
(Greenleaf)

조직론 ─── 기본적 이해 ─── 행정조직의 원리

조직 유형 및
학교조직 ─── 조직의 형태 ─── 공식/비공식조직

계선/참모

조직의 유형 ─── Parsons 사회적 기능

Blau & Scott 1차적 수혜자

Carlson 봉사조직

Etzioni 순응 유형

학교조직 ─── 전문적 관료제

조직화된 무질서

이완조직

이중조직

학습조직

전문적 학습공동체

조직문화 및 풍토 ─── 조직문화 ─── McGregor X−Y이론

Ouchi Z이론

Argyris 미성숙−성숙이론

Sethia & Glinow 문화 유형론

Steinhoff & Owens 유형론

Hargreaves 유형론

조직풍토 ─── Halpin & Croft 학교풍토론

Miles의 조직건강론

Willower 학교풍토론

조직관리 ─── 성장·발전 ─── Greiner 조직성장론

Steinhoff & Owens 조직발전론

갈등 관리 ─── 갈등에 대한 관점

Rahim의 갈등 관리 전략

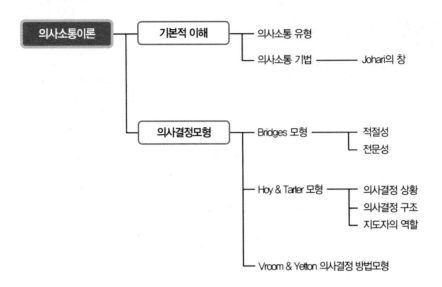

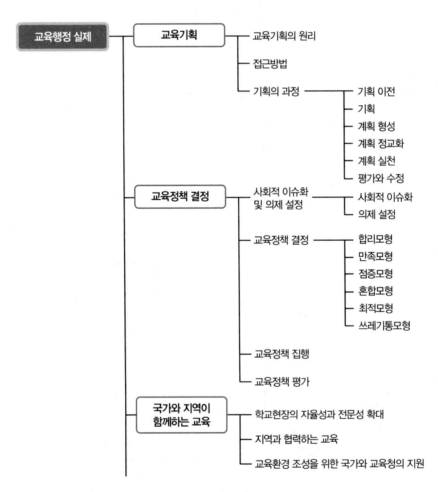

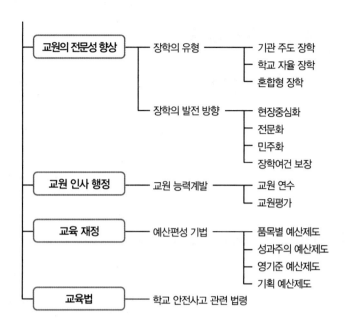

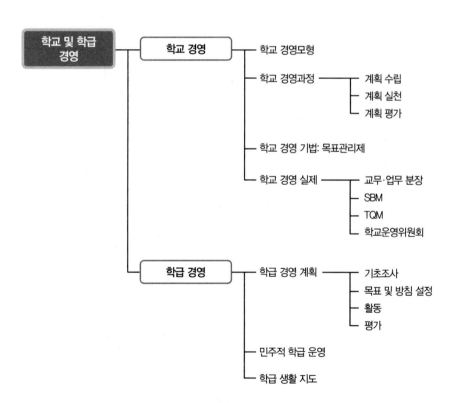

Mind Map

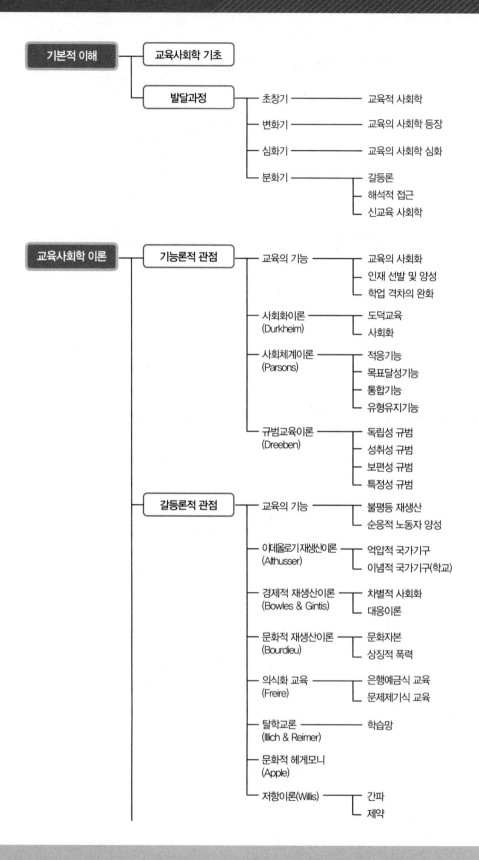

- **기본적 이해**
  - 교육사회학 기초
  - **발달과정**
    - 초창기 ──────── 교육적 사회학
    - 변화기 ──────── 교육의 사회학 등장
    - 심화기 ──────── 교육의 사회학 심화
    - 분화기 ──────── 갈등론
      - 해석적 접근
      - 신교육 사회학

- **교육사회학 이론**
  - **기능론적 관점**
    - 교육의 기능 ──────── 교육의 사회화
      - 인재 선발 및 양성
      - 학업 격차의 완화
    - 사회화이론 ──────── 도덕교육
      (Durkheim) ── 사회화
    - 사회체계이론 ──────── 적응기능
      (Parsons)
      - 목표달성기능
      - 통합기능
      - 유형유지기능
    - 규범교육이론 ──────── 독립성 규범
      (Dreeben)
      - 성취성 규범
      - 보편성 규범
      - 특정성 규범
  - **갈등론적 관점**
    - 교육의 기능 ──────── 불평등 재생산
      - 순응적 노동자 양성
    - 이데올로기재생산이론 ──────── 억압적 국가기구
      (Althusser)
      - 이념적 국가기구(학교)
    - 경제적 재생산이론 ──────── 차별적 사회화
      (Bowles & Gintis)
      - 대응이론
    - 문화적 재생산이론 ──────── 문화자본
      (Bourdieu)
      - 상징적 폭력
    - 의식화 교육 ──────── 은행예금식 교육
      (Freire)
      - 문제제기식 교육
    - 탈학교론 ──────── 학습망
      (Illich & Reimer)
    - 문화적 헤게모니
      (Apple)
    - 저항이론(Willis) ──────── 간파
      - 제약

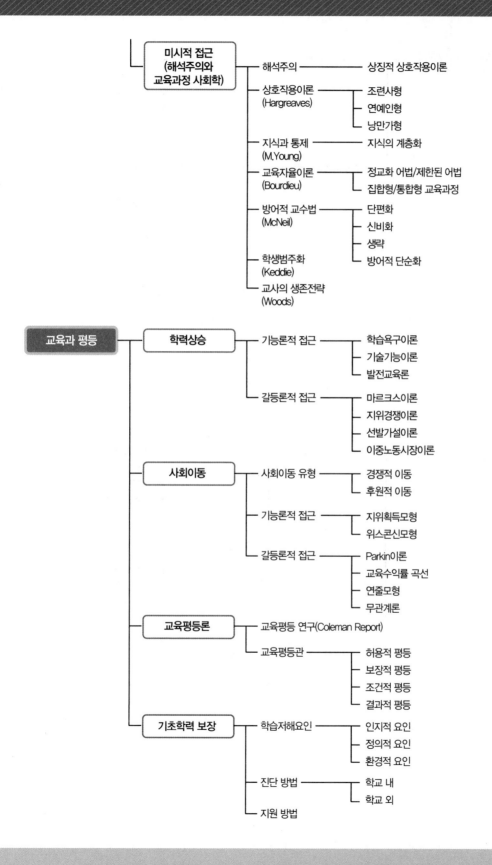

미시적 접근
(해석주의와
교육과정 사회학)

해석주의 —————————— 상징적 상호작용이론

상호작용이론
(Hargreaves)
— 조련사형
— 연예인형
— 낭만가형

지식과 통제 ————————— 지식의 계층화
(M.Young)

교육자율이론
(Bourdieu)
— 정교화 어법/제한된 어법
— 집합형/통합형 교육과정

방어적 교수법
(McNeil)
— 단편화
— 신비화
— 생략
— 방어적 단순화

학생범주화
(Keddie)

교사의 생존전략
(Woods)

교육과 평등

학력상승

기능론적 접근
— 학습욕구이론
— 기술기능이론
— 발전교육론

갈등론적 접근
— 마르크스이론
— 지위경쟁이론
— 선발가설이론
— 이중노동시장이론

사회이동

사회이동 유형
— 경쟁적 이동
— 후원적 이동

기능론적 접근
— 지위획득모형
— 위스콘신모형

갈등론적 접근
— Parkin이론
— 교육수익률 곡선
— 연줄모형
— 무관계론

교육평등론

교육평등 연구(Coleman Report)

교육평등관
— 허용적 평등
— 보장적 평등
— 조건적 평등
— 결과적 평등

기초학력 보장

학습저해요인
— 인지적 요인
— 정의적 요인
— 환경적 요인

진단 방법
— 학교 내
— 학교 외

지원 방법

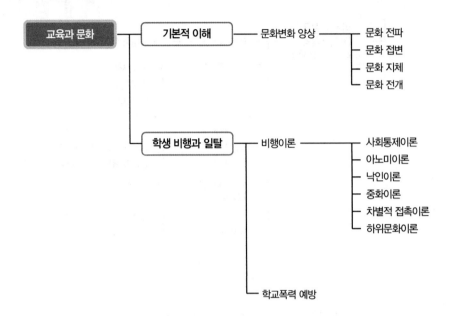

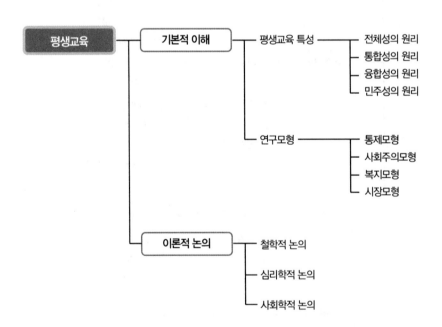

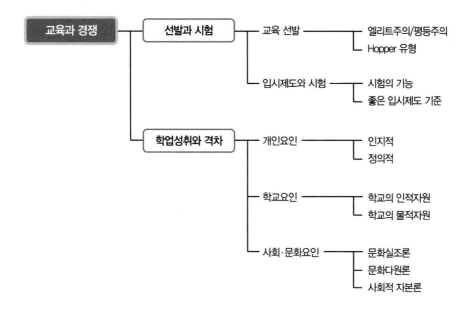

최원휘 SELF 교육학

미라클모닝
300제

초판인쇄 | 2023. 7. 10. **초판발행** | 2023. 7. 15. **저자** | 최원휘

발행인 | 박 용 **발행처** | (주)박문각출판 **등록** | 2015년 4월 29일 제2015-000104호

주소 | 06654 서울특별시 서초구 효령로 283 서경 B/D **팩스** | (02)584-2927

전화 | 교재 문의 (02) 6466-7202, 동영상 문의 (02) 6466-7201

ISBN 979-11-6987-359-8

정가 21,000원